数字经济系列教材

总 主 编 杨 星
总副主编 梅林海 李 彬

数字技术
的经济学分析

主　编　林德光
副主编　杨小金

·广州·

图书在版编目（CIP）数据

数字技术的经济学分析 / 林德光主编 .—广州：华南理工大学出版社，2022.7（2023.8 重印）
（数字经济系列教材 / 杨星总主编）
ISBN 978-7-5623-6947-9

Ⅰ . ①数… Ⅱ . ①林… Ⅲ . ①数字技术 – 应用 – 经济分析 – 教材 Ⅳ . ① F224.12

中国版本图书馆 CIP 数据核字（2021）第 267020 号

Shuzi Jishu De Jingjixue Fenxi
数字技术的经济学分析
主　编　林德光
副主编　杨小金

出 版 人：柯　宁
出版发行：华南理工大学出版社
　　　　　（广州五山华南理工大学 17 号楼，邮编 510640）
　　　　　http//hg.cb.scut.edu.cu　E-mai: scutc13@scut.edu.cn
　　　　　营销部电话：020-87113487　87111048（传真）
策划编辑：袁　泽　刘　锋
责任编辑：刘　锋
责任校对：王洪霞
印 刷 者：广州小明数码印刷有限公司
开　　本：787 mm×1092 mm　1/16　印张：12　字数：232 千
版　　次：2022 年 7 月第 1 版
印　　次：2023 年 8 月第 2 次印刷
定　　价：42.00 元

版权所有　盗版必究　　印装差错　负责调换

前 言

在目前蓬勃发展的数字经济背景下,各高等院校纷纷开设数字经济方面的相关课程,其中,侧重介绍数字经济理论方面的基础课程更是受到了普遍的重视,其理论体系、核心内容、名词术语等也在不断发展和成熟之中。本书即是数字经济学方面的基本教材。

本书侧重从经济学的基本理论方面对数字技术及数字经济做较为规范、详细的分析,从而提升学习者对数字经济基本规律、基本现象的理论分析能力,为学习其他数字经济方面的课程打好基础。

本书共分四篇十章。第一篇从微观经济学的角度对数字技术、数字经济做分析,共四章。第一章是对数字经济的基本介绍,重点介绍数字经济的概念、发展历史、主要数字技术等,同时分析数字经济学的内涵和外延,数字经济学的发展趋势等。第二章介绍数字经济中的几大新特征。首先介绍数字经济中的几大基本规律,然后阐述数字技术给微观经济学基本假设、基本原理、基本分析框架带来的挑战,最后介绍数字技术给经济生活带来的新变化。第三章在传统的供给与需求的分析框架下对数字产品做了详细的分析。第四章分析数字经济中的市场结构,尤其对垄断与竞争在数字经济中的新特征、新发展做了详细的分析。

第二篇从产权与制度经济的角度对数字技术做分析。第五章首先介绍产权与制度经济学的基本概念和分析工具,尤其是交易成本和企业的本质和边界等问题,在此基础上分析数字技术对交易成本带来的新影响,从而讨论数字技术是如何改变企业的本质和边界的。

第三篇从产业经济学的角度对数字技术、数字经济做分析。突出数字产业化和产业数字化两方面，分两章介绍。第六章是数字产业化，介绍数字产业化的概念、发展及相关理论，结合中国的数字产业化实践分析数字产业化的影响。第七章是产业数字化，介绍产业数字化的相关发展和有关理论，然后结合中国产业数字化的实践分析产业数字化的影响。

第四篇从创新经济学的角度对数字技术、数字经济做分析。第八章重点介绍创新经济学的基本概念、理论和方法。重点介绍熊彼特的创新理论和协同创新理论等内容，然后对数字经济中的创新做详细分析。第九章介绍组织模式在数字经济中的创新，传统的组织模式的特点和弊端，数字技术如何为克服这些弊端提供机遇，数字经济中的组织模式新特征等内容。第十章介绍数字经济中的商业模式创新，介绍数字技术对传统商业模式带来的冲击和改造，数字经济中出现了哪些较为重要的新型商业模式等。

数字经济学是近几年才发展起来的一门新学科，其理论体系还在发展中，本书是笔者对这方面的认识和理解的整理。编写过程中参考了大量有关的文献资料，有关出处已在书中做了说明，在此对文献资料的作者表示衷心的感谢。同时，我们也得到了丛书总主编杨星教授，副总主编梅林海教授、李彬教授的细心指导，在此一并表示衷心的感谢。

全书的分工如下：林德光负责第一至五章、第八至十章，杨小金负责第六至七章，由林德光对全书做统一修订。

限于编者水平，书中不完善之处恳请老师和学生以及有关读者批评指正。

编　者

2022 年 6 月

目录

第一篇 数字技术的微观经济学分析 — 1

第1章 数字经济学概述 — 2
1.1 数字经济的产生与发展概述 — 2
1.2 数字经济的基本特征和数字素养 — 19
1.3 数字经济学学科的发展 — 25
小结 — 28

第2章 数字经济的新特征 — 29
2.1 数字经济中的基本规律 — 29
2.2 数字经济对微观经济学的挑战 — 36
2.3 数字技术给经济带来的新特征 — 42
小结 — 45

第3章 数字产品的供给与需求分析 — 47
3.1 数字产品及其特征 — 47
3.2 数字产品和数字生产的特性 — 48
3.3 数字产品的供给与需求分析 — 51
小结 — 55

第4章 数字经济中的市场结构 — 56
4.1 数字经济中的垄断与竞争 — 56
4.2 数字经济中的垄断和竞争分析 — 59
4.3 数字产品的价格歧视 — 69
小结 — 72

第二篇　数字技术的产权与制度经济学分析　75

第5章　数字经济中的产权与制度　76
5.1　产权与制度经济学概述　76
5.2　数字技术对交易费用的影响　82
5.3　数字技术对企业的本质和边界的影响　84
小结　87

第三篇　数字技术的产业经济学分析　89

第6章　数字产业化　91
6.1　数字产业化概述　91
6.2　数字产业化的理论　95
6.3　数字产业化对经济的影响分析　101
小结　113

第7章　产业数字化　115
7.1　产业数字化概述　115
7.2　产业数字化转型的理论　122
7.3　产业数字化对经济的影响分析　131
小结　142

第四篇　数字技术的创新经济学分析　145

第8章　数字经济中的创新　146
8.1　创新概念与基本理论　146
8.2　协同创新理论　150
8.3　数字时代的创新　160
小结　163

第9章　数字经济中组织模式的创新　165
9.1　传统组织模式概述　165
9.2　数字经济中组织模式的创新　167
9.3　案例分析　171
小结　177

第10章　数字经济中商业模式的创新　179
10.1　数字经济中的商业模式　179
10.2　数字经济中的主要商业模式创新　181
小结　184

第一篇
数字技术的微观经济学分析

第1章 数字经济学概述

学习目标

(1) 了解数字经济的基本概念。
(2) 掌握数字经济与传统经济的区别。
(3) 了解数字经济学的基本内容。

过去十多年,数字经济的迅速发展,给全世界的经济社会带来了深远的影响。数字经济(digital economy)是继农业经济、工业经济之后的一种新的经济社会发展形态,具有自身独特的性质,表现出有别于农业经济、工业经济的新特征。

1.1 数字经济的产生与发展概述

1.1.1 数字经济的历史演进

1. 数字经济的定义

人类社会的经济发展目前已进入数字经济时代,数字经济正在极大地改变传统社会的政治、经济、文化等各个方面。目前对数字经济的界定也有众多不同的观点。我们引用宋爽(2021)、赵立斌与张莉莉(2020)、李静等(2021)的观点,叙述如下。数字经济的提法在20个世纪90年代就已出现,被称为"数字经济之父"的美国经济学家唐·塔·普斯科特在1996年出版了《数字经济:智力互联时代 的希望与风险》,该书详细论述了互联网对社会经济的影响,提出了数字经济这一概念。而后,曼纽尔·卡斯特尔的《信息时代:经济、社会与文化》、尼古拉斯·尼葛洛庞帝的《数字化生存》等著作相继出版,推动了数字经济的提法在全世界流通。经济合作与发展组织最早从政府组织层面提出数字经济的说法。此后,各国政府便采取措施将数字经济作为推动经济增长的新动能。1997年，日本通产省开始使用"数字经济"一词。从1998年起，美国商务部以"数字经济"为主题发布了多项年度研究成果。2008年金融危机以来，各国开始认识到数字经济的巨大潜力，认识到数字经济中蕴含的新的经济增长点，从而大力发展数字经济学，纷纷制定数字经济战略。

近年来，我国也高度重视数字经济在引领经济增长、产业结构升级方面的巨大推动作用。2015年3月，《政府工作报告》提出"互联网+"行动计划。2016年在G20峰会上，我国倡导签署了《二十国集团数字经济发展与合作倡议》，这是我国官方文件中第一次使用"数字经济"的提法。2017年《政府工作报告》指出："推动'互联网+'深入发展、促进数字经济加快成长，让企业广泛受益、群众普遍受惠。"同年10月，数字经济被写入十九大报告。我国政府在"十三五"规划中提出了一个重要的国家战略——网络强国战略。未来，我国要从"网络大国"向"网络强国"转变，从工业经济向数字经济、信息经济转型。目前，全球排名前十的互联网企业中有4家是中国企业（宋爽，2021）。

数字经济至今没有一个统一的、为实务界和学术界普遍接受的定义。下面介绍一些有代表性的观点。

2013年澳大利亚政府提出数字经济是通过互联网、移动电话等数字技术实现经济社会的全球网络化。2015年欧洲议会将数字经济描述为通过无数个且不断增长的节点连接起来的多层级或层次的复杂结构。2018年3月美国商务部经济分析局首次发布报告，对美国的数字经济进行了定义和测度，将数字经济定义为包括信息与通信技术（information and communications technology，ICT）行业、计算机网络存在和运行所需的数字使能基础设施、通过计算机系统产生的数字交易（电子商务）以及数字经济用户创造和访问的数字内容（数字媒体）。2016年G20峰会发布的《二十国集团数字经济发展与合作倡议》给数字经济下的定义，比较为人所接受。数字经济是指以使用数字化的知识和信息作为关键生产要素，以现代信息网络为主要载体，以信息通信技术的有效使用作为提升效率、优化经济结构的重要推动力的一系列经济活动。

数字经济的重点在数字，一方面有数字技术的含义，包括大数据、云计算、人工智能、区块链、物联网等日新月异、不断发展变化的新技术，这些新技术极大改变了传统的生产组织经营模式，极大冲击了社会经济政治文化等各个方面，促使社会各行各业纷纷利用新技术提供的新优势和新机会，改革传统做法，更新传统观念，努力提高生产力，培育和发展新的经济形态，提升经济活动的效率，不断增加新价值，推动传统产业转型升级、优化产业结构。另一方面有数据的含义。在数字经济时代，数据日益成为新的生产要素，是继劳动、资本、管理等传统生产要素之外的又一新型要素。在数字经济中，数据发挥着越来越重要的作用，通过合理有效地利用数据，人们可以提高生产效率，提升经营活动水平，开发新的营销模式、创造更多更大的价值。

综上，数字经济是一个不断发展、不断变化的概念，人们对它的内涵和外延也将随着数字经济活动的实践发展而发展。

2. 数字经济的演变过程

数字经济的发展伴随互联网、大数据、云计算、人工智能等数字技术的发展，迄今为止大致经历了几个典型阶段，下面引用赵立斌、张莉莉（2020）的论述，将数字经济的发展分为五个典型阶段，分别是数字经济的发端、数字经济的浮现、数字经济的兴起、数字经济1.0和数字经济2.0阶段。

（1）数字经济的发端（1946—1960年）：信息网络为主导的数字化阶段。

1946年，世界上第一台电子计算机在美国宾夕法尼亚大学诞生，这标志着人类开始步入信息时代，也可以认为数字经济是在此时即开始产生。这一时期主要经济活力是芯片等硬件的生产和制造、操作系统及其他软件的开发，代表公司为微软、英特尔、IBM等。在数字经济起步阶段，语言、文字、音视频等诸多信息内容都被转化为电子计算机能够识别、存储、加工及传输的二进制代码。

（2）数字经济的初步发展（1960—1990年）：以IT与ICT为主的网络化阶段。

20世纪60年代末，IT（information technology，信息技术）的兴起与应用、阿帕网的诞生标志着数字经济进入网络化的萌芽阶段，即通过网络通信技术实现了人与人、人与物、物与物之间的实时连接。20世纪70至90年代，随着IT在传统的行业和领域的大量应用，以与IT相关的软件开发和硬件制造为主体的ICT产业也在迅猛发展，互联网开始兴起并逐渐在各行业得到初步应用，这大大降低了经济系统的运行成本，提升了原有经济系统的运行效率。

（3）数字经济的兴起（1990—2000年）：以数字经济的概念提出。

20世纪90年代，美国充分利用数字经济的极大潜力，大力发展数字经济，创造了世界经济发展历史上的一个奇迹。美国持续116个月经济得到快速平稳发展，呈现出良好的发展局面：高经济增长率、低失业率、低通胀率。美国取得的巨大经济成绩让世界看到了数字经济的巨大潜能，世界各国开始纷纷效仿美国，大力发展数字经济，积极推动计算机和互联网技术的大规模商业化，从而从根本上改变了传统的商品流通、交易与支付方式。

20世纪90年代以后，互联网的全球普及为数字经济发展构筑了至关重要的基础设施。在ICT革命如火如荼、互联网正式开启商业化进程的美国，ICT成为驱动其经济增长的关键要素。1997年，随着曼纽尔·卡斯特（Manuel Castells）的《信息时代三部曲：经济、社会与文化》（*The Information Age Trilogy: Economy, Society and Culture*）与尼古拉斯·尼葛洛庞帝的《数字化生存》等重要著作的出版，让数字经济的现象与趋势成为学术界和产业界进一步关注的焦点。

1997年，日本通产省开始使用"数字经济"的提法；1998年，美国商务部发布了《浮现中的数字经济》报告，对电子商务这一当时最为突出的数字经济形式进行了具体描述，指出数字技术发展已成为各国制定经济战略时考虑的核心问题，并且勾勒出未来25年的数字经济结构蓝图。此后，美国开始持续关注数字经济，与数字经济相关的研究成果不断涌现，数字经济也日益成为美国经济发展的新动力。

（4）数字经济的新发展（2000—2015年）：数字资源的开发和利用。

进入21世纪，随着大数据、云计算、物联网、人工智能、3D打印等数字技术的不断迭代创新，随着数字化概念与数字技术的广泛传播，主要国际组织与各国政府希望以数字经济为抓手促进产业创新、拉动经济增长，也开始将政策重心转向数字经济，纷纷加大对数字经济的研究，标志着整个经济社会进入数据驱动的1.0时代。

2000年，美国商务部发布的《新兴的数字经济》等报告，提出数字经济是20世纪90年代中后期美国经济繁荣增长的重要因素，并第一次从政府官方角度提出数字经济时代已经来临，开始通过设计数字经济的相关测量指标，大量收集相关数据，将数字经济纳入官方统计范畴。从此，数字经济概念与数字技术开始被广泛使用，发展数字经济的理念日趋流行与成熟，世界各主要国家政府也纷纷把发展数字经济提上议事日程，以求通过发展数字经济来促进经济的增长与社会的转型。

OECD连续多年发布和数字经济相关的研究报告与工作论文，并在多项研究的标题中直接使用数字经济一词。特别是在2008年国际金融危机后，为推动全球经济缓慢复苏，世界贸易组织（World Trade Organization，WTO）、联合国贸易和发展会议、亚太经合组织（Asia-Pacific Economic Cooperation，APEC）、国际货币基金组织等国际组织与世界各国便开始纷纷制定数字经济发展战略，期望通过发展数字经济为全球经济增长寻求动力支撑。其中，欧盟最先于2010年公布了数字经济议程，美国则于2015年公布数字经济议程，英国、德国、法国、俄罗斯、日本、韩国、新加坡等国均发布了数字化战略，其余一些国家也在纷纷考虑出台和数字经济相关的战略与政策框架，以通过发展数字经济，推动传统经济的数字化转型，为经济增长提供新的动力。我国出台了《中国制造2025》与"互联网+"两大战略，以通过发展互联网等数字技术和高技术战略新兴产业等推动我国经济结构的转型升级与高质量发展。

（5）数字经济的迅速发展（2015年至今）：数字技术的深入发展

近年来，在数字技术、数字标准与数据商业化快速发展的背景下，数字技术对农业、制造业、服务业等传统行业的数字化改造进程也在不断加速，随着智慧农业、智能制造、智慧物流、互联网金融等领域的快速发展，全球数字经济发展进入一个新的发展历史阶段。

我国十分重视发展数字经济。从2015年开始我国政府先后出台了《中国制造2025》《促进大数据发展行动纲要》等一系列法规文件，从制度、法规、法律的层面为我国数字经济的发展保驾护航。2017年10月，习近平总书记在十九大报告中明确了加快创新型国家、建设数字中国的发展目标和前景，开启了数字经济发展的新的历史时期。目前，我国的数字经济发展成就让世界瞩目。在5G建设、移动支付、电子商务、共享经济等方面，我国的发展远远超过世界其他国家的发展水平。数字经济日益深入人心，日益成为社会经济生活中的最主要的部分。

1.1.2 数字经济与传统经济的联系与区别

数字经济是在传统的农业经济、工业经济基础上，依托数字技术提供的具体推动力量而产生的。数字经济条件下，劳动生产力得到极大发展，各种新型的生产和商业模式得到迅速的发展，从而数字经济与传统的农业经济、工业经济既有密切的联系，又有较大的区别。

1. 数字经济与传统经济的联系

关于数字经济与传统经济的联系，目前已有较多的论述。比如，赵立斌、张莉莉（2020）认为，一方面来看，传统的农业经济、工业经济为数字经济提供了物质基础。传统农业经济与工业经济的生产很主要的一个特点就是大批量、标准化的生产，这就容易导致产品无法及时适应市场和客户的需求，出现只求数量而忽视了质量的问题。为了解决这个问题，更好地满足消费者多样化、个性化的需求，人们开始充分利用数字技术带来的巨大潜力和机会，对传统经济进行数字化和智能化改造，从而以在传统经济提供的物质、人才、资金和市场的支持基础上发展起来。另一方面，传统经济的革新需要以信息与数字技术为核心的数字经济和电子商务的促进与带动。大数据、云计算、移动互联、人工智能、3D（three dimensional，三维）打印技术的大规模运用，导致数字经济时代出现了新型的组织和商业模式，如平台经济、共享经济，生产更加智能化，产品更加符合客户需求，企业管理更加灵活和便捷，更能适应市场的需求，整个经济运行效率更加高效。数字经济不断向传统经济领域渗透，促进传统经济不断创新。而传统经济的创新也需要数字经济的促进和带动，传统经济也离不开数字经济。

2. 数字经济与传统经济的区别

关于数字经济与传统经济的区别，目前已有较多的论述，下面引用一些有代表性的观点。

1）生产方式与生产资料的差异

相比农业经济和工业经济，数字经济最大的区别在于生产方式与生产资料上的区别。农业经济中，劳动者的劳动主要使用的是农业生产工具，土地是最主要的生产要素。工业经济中，劳动者使用的各种工业机器，主要进行批量化、标准化的生产，消费者没有直接参与到生产中去。数字经济时代，数字技术广泛深入应用到生产中，数据日益成为最主要的生产要素之一。利用数字技术和发掘数据中蕴含的巨大价值，企业纷纷进行数字化和智能化转型，既可以批量化、标准化生产，也可以精准预测市场和客户的需求，定制化、柔性化、多样化、区别化地生产产品，灵活便捷地调节供给，使得供求更为均衡。

从产品的生产和销售、企业和客户的关系来看，数字经济时代，消费者和生产者之间的区别逐渐消失，消费者可以直接参与到生产过程，对产品的设计、开发、生产等整个环节和各个流程提出建议，作出改进措施。生产者则利用各种先进的数字技术，挖掘数据和各种信息中蕴含的巨大商业价值，精准定位客户需求，根据客户需求提供产品。这些都跟农业经济和工业经济有较大区别。农业经济时代，农产品直接进入市场交易，没有中间环节；工业经济时代，分工的不断细化促进了大规模专业化的生产，生产者生产的产品经历重重交易才能到达消费者手中，传统商业把时空阻隔的生产者和消费者连接起来，但交易成本比较大。

2）资源配置的差异

传统经济中往往实施的是"看不见的手"的市场机制和"看得见的手"的政府机制相结合的资源配置手段。数字经济则更重视数字技术带来的新型资源配置手段。数字技术使得信息流、资金流、人才流、物资流等方面呈现新的特征，释放了资源配置的红利，提升其在数据挖掘和算法设计方面的优势，从而扩大了资源配置的范围，提高了整个社会的资源利用效率（李静等，2020）。

3）产出总量的差异

据上海社会科学院2017年12月发布的《全球数字经济竞争力指数（2017）》的测算，数字经济时代，传统产业占比正不断收缩，数字经济占比快速上升并占据主导，已经成为全球主要国家的核心竞争力。从国家层面看，2016年美国数字经济规模为11万亿美元，中国数字经济规模为3.8万亿美元，位居第二，但增速位居全球第一，排名其后的新加坡、英国、日本、韩国等，则与中国存在一定的差距。2016年数字经济占GDP（gross domestic product，国内生产总值）比重，德国、英国、美国较为接近，分别为59.3%、58.6%和58.3%，数字经济在其GDP中占据主导地位。日本、韩国、法国、墨西哥、中国数字经济GDP占比也超过30%，分别位列第4—8位。加拿大、巴西、意大利、印度、俄罗斯、澳大利亚、南非、印度尼西亚数字经济GDP占比介于10%~30%。而在企业层面，截至2017年8月的数据，全球前15大互联网公司的市值20年来平均增长了180倍有余，阿里巴巴、腾讯、Facebook年均收入增幅高达60%。随着人们生活水平的不断提高，一个国家的经济和社会越发达，数字经济在整个经济中的作用就越大。

4）收入分配机制的差异

劳动、资本、土地、管理才能等要素是农业经济、工业经济中的主要生产要素，传统经济学的分配理论也一直以这几个要素的收入分配作为主要的研究对象。数字经济的发展突出了信息、技术、创新、科技等数据与知识的作用，从而对传统的分配体制提出挑战。数字经济下知识也将成为一种重要的资本要素，劳动与资本等相关要素都需要重新定义。到底是按知分配还是按劳分配更合理，对传统的按劳分配理论提出了挑战（王健伟和张乃侠，2004；刘培刚，2011；赵立斌、张莉莉，2020）。

1.1.3 数字技术概述

任何一种经济形态都有其对应的基础设施和基础的核心技术。电气化时代，发电厂、电力设施等构成了相应的基础设施，对应的基础核心技术则是电磁学、电力学等相关学科。信息化时代，计算机、网络等是基础设施，通信、信息、网络等方面的技术是其中最为核心的技术内容。同样的，在数字经济时代，也需要相应的基础设施和核心的技术手段作为其中主要支撑部分，以建立在5G或以上的移动互联网、工业互联网、物联网、大数据信息中心等为最主要的基础设施；以云计算技术、大数据分析技术、人工智能技术、区块链技术等为最主要的核心技术。

下面简要介绍每种技术基本情况。20世纪60年代互联网诞生，随后经历了几次较大的发展，从最开始的桌面互联网到移动互联网，从最开始的2G发展到3G、4G，以及目前的5G，发展的势头仍在继续，未来更快更好的网络基础设施正在研制当中。宽带目前已进入迅速成长的时期，光纤宽带已进入千兆宽带时代，宽带日益成为数字经济时代中不可或缺的基础要素。

1.1.3.1 宽带

宽带，是指在基本电子和电子通信上，使用多种频率同时发送许多电子消息的方法。它是描述信号或者电子线路包含或能够同时处理较宽的频率范围。宽带是一种相对的描述方式，频率的范围愈大，也就是带宽愈高时，能够发送的数据也相对增加。比如在无线电通信上，频率范围比较窄的带宽只能发送摩尔斯电码，发送高质量的音乐就需要较大的带宽。电视天线的宽带代表能够接收数量较多的频道。在数据发送方面，同样是以电话线作为信号传递的介质，光纤电缆则愈来愈普及，调制解调器只能够每秒钟发送 64 Kb/s 的数据，宽带的 ADSL 和光纤 Modem 能够提供更高的发送速率。

宽带已成为数字经济发展中不可或缺的战略性基础设施。近年来，我国宽带网络建设取得了巨大成就，已建成覆盖全国的光纤宽带接入（FTTH）网络，截至 2019 年第 1 季度，中国 100 M 以上接入速率用户占比已达 73.3%，固定宽带平均接入速率达到 120.2 Mb/s（估算值），光纤宽带用户在宽带用户中占比达到 91.6%。当前，随着光纤宽带接入技术的进步和新兴高带宽业务如高清视频、智慧家庭及 Cloud VR 的逐步应用，千兆宽带将成为下一步全球宽带发展的焦点。据 OVUM 统计数据，截至 2018 年底全球已有 57 个国家的 234 家运营商发布了千兆宽带建设计划，致力于为经济社会数字化转型构筑坚实基础（宋爽，2021）。

根据有关报道，我国从 2015 年起就开始实施"宽带中国"的战略。该战略将从根本上弥补我国在宽带方面的"短板"。按照规划，到 2015 年，我国基本实现城市光纤到楼入户、农村宽带进乡入村，固定宽带家庭普及率达到 50%，第三代移动通信及其长期演进技术（3G/LTE）用户普及率达到 32.5%，行政村通宽带比例达到 95%，学校、图书馆、医院等公益机构基本实现宽带接入；城市和农村家庭宽带接入能力基本分别达到 20 Mb/s 和 4 Mb/s，部分发达城市达到 100 Mb/s；宽带应用水平大幅提升，移动互联网广泛渗透；网络与信息安全保障能力明显增强。

到 2020 年，宽带网络全面覆盖城乡，固定宽带家庭普及率达到 70%，3G/LTE 用户普及率达到 85%，行政村通宽带比例超过 98%；城市和农村家庭宽带接入能力分别达到 50 Mb/s 和 12 Mb/s，发达城市部分家庭用户可达 1 吉比特每秒（Gb/s）；宽带应用深度融入生产生活，移动互联网全面普及；技术创新和产业竞争力达到国际先进水平，形成较为健全的网络与信息安全保障体系。

为了实现上述阶段性目标，还明确了"宽带中国"战略三个阶段的发展时间表：至 2013 年底前是全面提速阶段，重点加强光纤网络和 3G 网络建设，提高宽带网络接入速率，改善和提升用户上网体验。2014—2015 年是推广普及阶段，重点在继续推进宽带网络提速的同时，加快扩大宽带网络覆盖范围和规模，深化应用普及。2016—

2020年是优化升级阶段,重点推进宽带网络优化和技术演进升级,宽带网络服务质量、应用水平和宽带产业支撑能力达到世界先进水平。

根据相关报道,"宽带中国"战略的实施将成为拉动投资的利器。工信部电信研究院一项统计显示,从2009年3G业务牌照发放以来,全国3G累计投资达到5846.9亿元。3G基础设施规模显著扩大,有效拉动了智能终端产业快速发展,今年上半年3G手机出货量达到2.05亿部,比上年同期增长86%。

宽带基础设施投资,同样带动了互联网及数据通信投资和传输投资的增长。工信部统计显示,2012年我国基础电信运营商宽带投资为3700亿元,加上互联网企业的投入,超过5000亿元。2021上半年,互联网及数据通信投资和传输投资分别完成224.1亿元和361.1亿元,同比增长43.8%和9.5%,在全部投资中占比分别达到17.3%和27.9%,比去年同期分别提高了6.8%和5.6%。

1.1.3.2 云计算

1)云计算的概念

云计算(cloud computing)是分布式计算的一种,指的是通过网络"云"将巨大的数据计算处理程序分解成无数个小程序,然后通过多部服务器组成的系统进行处理和分析,得到结果并返回给用户。通过这项技术,可以在很短的时间内(几秒钟)完成对数以万计的数据进行处理,从而达到强大的网络服务。云计算并不是一种全新的网络技术,而是一种更新的网络应用技术。

云计算的基本特征有共享资源池、计算速度快、可度量服务、按需服务和收费、方便快捷的网络访问。共享资源池指的是计算、网络、存储等资源作了池化和共享处理,从而让所有的用户都可以使用。计算速度快是指云计算能力应对需求的反应速度非常迅速,可度量服务和按需服务是指云计算针对每个用户的具体需求提供相应的服务,并根据每个用户的使用量来具体收费。普遍的网络访问是指可以在任何时间、任何地点通过网络来访问云计算资源。通俗地讲,云计算能力作为一种商品,可以在互联网上流通,就像水、电、煤气一样,可以方便地取用,且价格较为低廉。

云计算的核心就是以互联网为中心,在网站上提供快速且安全的云计算服务与数据存储,让每一个使用互联网的人都可以使用网络上的庞大计算资源与数据中心。

2)云计算的特点

与传统计算机系统相比,云计算具有以下特点(安俊秀等,2020):

(1)具有大规模并行计算能力。云计算系统的计算资源有CPU计算服务器、存储服务器、网络宽带等。一般的企业私有云往往具有上百万台电脑,大规模的电脑设备保证了云计算具有超强的计算能力。

（2）资源虚拟化和弹性调度。云计算的资源有存储资源、处理资源、内存资源等。它们往往是按需分配，根据客户的具体需求提供相应的服务，并采用动态分配资源的方法，比如综合了北京、上海等地的云计算中心的资源来给一个客户提供服务。虚拟化也是云计算的一个特点，是指网络、存储、服务器等都可以虚拟化，从而极大扩展了工作能力。

（3）高可靠性。云计算应用了数据多副本容错、计算节点同构等技术保证了其高可靠性。

（4）高性价比。云计算综合了种种最新技术，从而可以向客户提供高质量的服务，又收取较为低廉的价格。

3）云计算的类型

按照服务模式来看，云计算可分为基础设施即服务（infrastructure as a service, IaaS）、平台即服务（platform as a service, PaaS）和软件即服务（software as a service, SaaS）三种类型。

（1）基础设施即服务：它向云计算提供商的个人或组织提供虚拟化计算资源，如虚拟机、存储、网络和操作系统。IaaS 是对计算、存储、网络等资源进行池化，从而提供接近物理机或虚拟机的计算资源和基础设施服务。IaaS 的典型代表是亚马逊的云计算服务。

（2）平台即服务：是将应用服务的运行和开发环境作为一种服务提供的商业模式，即为开发人员提供了构建应用程序的环境，开发人员不需要考虑底层硬件环境，直接在平台上构建相关的应用程序。

（3）软件即服务：通过互联网提供按需软件付费应用程序，用户只需按使用时间和使用流量付费，不需要安装相应的应用软件，不需要额外的服务硬件等。

按照部署模式来看，云计算可分为公有云、私有云和混合云。其中，公有云是云服务提供者拥有所有软硬件资产，使用者将数据导入其平台以运营企业的应用程序；私有云是企业完全拥有所有资产和数据，在自有的平台内使用；混合云是企业根据业务的关键性和数据的敏感性，同时使用公有云和私有云。

1.1.3.3 大数据

随着大数据时代的到来，"大数据"已经成为互联网信息技术行业的流行词汇。大数据成为继互联网、信息高速公路后又一个基础设施，大数据分析技术已逐渐渗透到社会应用的各个有关领域。

1. 大数据的特点

关于"什么是大数据"这个问题，目前仍没有一个普遍接受的定义。但关于大数据的若干特征，目前比较认同麦肯锡公司提出的关于大数据的"4V"说法。大数据的4个"V"是指：数据量（volume）大，数据类型（variety）繁多、处理速度（velocity）快和价值（value）密度低。

（1）数据量大。

大数据的特征首先就是"数据量大"。人类进入信息社会以后，数据以指数方式增长。从1986年开始到2018年的30多年时间里，全球数据的数量增长1 000倍，今后的数据增长速度将更快，我们正生活在一个"数据爆炸"的时代。今天，世界上只有25%的设备是联网的，大约80%的上网设备是计算机和手机，而在不远的将来，将有更多的用户成为网民，汽车、电视、家用电器、生产机器等各种设备也将接入互联网。存储单位从过去的GB到TB，直至PB、EB。随着网络及信息技术的高速发展，数据将爆炸性地增长。随着Web 2.0和移动互联网的快速发展，社交网络，如博客、微博、微信、移动网络、各种智能终端等，都在每时每刻产生数据和各种信息。

（2）多样性。

大数据的多样性包括两个方面，一是指大数据的类型丰富。大数据可分为三大类，一是结构化数据，如财务系统数据、信息管理数据、医疗数据等，其特点是因果关系强。二是非结构化数据，如音频、视频、图片等数据，其特点是因果关系弱或没有。三是半结构化数据，如HTML文档、邮件、网页等，其特点是因果关系弱。

大数据的多样性第二是指大数据的数据来源众多，科学研究、企业应用和Web应用等都在源源不断地生成新的数据。生物大数据、交通大数据、医疗大数据、电信大数据、电力大数据、金融大数据等都呈现出"井喷式"增长，所涉及的数量十分巨大，已经从TB级别跃升到PB级别。

（3）处理速度快。

大数据时代的数据产生速度非常迅速，在Web 2.0应用领域，在1分钟内，新浪可以产生2万条微博，Twitter可以产生10万条推文，苹果可以下载应用4.7万次，淘宝可以卖出6万件商品，人人网可以发生30万次访问，百度可以产生90万次搜索查询，Facebook可以产生600万次浏览。大名鼎鼎的大型强子对撞机（LHC），大约每秒产生6亿次的碰撞，每秒生成约700 MB的数据，有成千上万台计算机分析这些碰撞。

大数据时代的数据的创建和分析的速度通常要达到秒级响应，速度非常快，在网络时代，通过高速计算机和服务器创建与处理数据已成为普遍趋势，企业和机构必须学会快速处理数据，才能适应大数据时代提出的要求。

（4）价值密度低。

大数据的价值密度远远低于传统关系数据库中已有的那些数据。大数据时代的数据量迅速增大，但有用的信息也许只占整个数据量的一小部分，这就导致大数据的价值密度低。以小区监控视频为例，如果没有意外事件发生，连续不断产生的数据都是没有任何价值的，当发生偷盗等意外情况时，也只有记录了事件过程的那一小段视频有价值。但是，为了能够获得发生偷盗等意外情况时的那一段宝贵的视频，我们不得不投入大量资金购买监控设备、网络设备、存储设备，耗费大量的电能和存储空间，来保存摄像头连续不断传来的监控数据。

2. 大数据的应用价值

随着移动互联网的飞速发展，信息的传输日益方便快捷，端到端的需求也日益突出，纵观整个移动互联网领域，数据已被认为是继云计算、物联网之后的又一大颠覆性的技术性革命，毋庸置疑，大数据市场是待挖掘的金矿，其价值不言而喻。可以说谁能掌握和合理运用大数据的核心资源，谁就能在接下来的技术变革中进一步发展壮大。

纵观人类社会的几次工业革命，都是在重要技术的带动下进行的。比如，蒸汽机、纺纱机、汽船等推动了第一次工业革命的产生，电灯、电子计算机、航天技术等推动了第二次工业革命的产生，而人们普遍认为，大数据技术、新能源技术、数字化和智能化制造技术等将推动第三次工业革命的产生和发展。在这第三次工业革命的发展中，大数据的应用和发展必将是核心的要素，是决定国家、企业和个人能否应对第三次工业革命的挑战，把握机遇创造更多更好价值的关键。

从商业角度而言，大数据中蕴含着无穷的商业价值。麦肯锡公司曾预测，对大数据的合理应用可帮助美国零售业获得60%的净利润增长。企业利用大数据对经营生产情况、客户需求情况等作更精准和有效的预测，并形成了数据管理、数据可视化等专门领域，加强了对决策者的影响，达到决策支持的效果。

对于消费者而言，他们对大数据的需求首先体现在信息能按需搜索，并能提供友好、可信的信息推荐，其次是提供高阶服务，例如智能信息的提供、用户体验更快捷等。

另外，大数据也不断被应用到政府日常管理和为民服务中，并成为推动政府政务公开、完善服务、依法行政的重要力量。我国目前正处于向服务型政府转型的关键时期，政府需要依托大数据利用先进的计算技术来实现政府的信息化、智能化管理，从而进一步提高政府的行政效率、促进科学管理、改善公共服务质量。从户籍制度改革，再到征信体系建设等都对数据库建设提出了更高的目标要求，而此时的数据库更是以大数据为基础的，可见，大数据已成为政府改革和转型的技术支撑杠杆。

3. 大数据分析的基本原理

（1）全样而非抽样。

大数据时代，数据的分析和应用相比传统的数据处理方法发生了根本的改变。传统的数据处理方法采用抽样的方法，即从全集数据中抽取一部分样本数据，通过对样本数据的分析来推断全集数据的总体特征。样本数据规模通常要比全集数据小很多，因此可以在可控的代价内实现数据分析的目的。而在大数据时代，分布式文件系统和数据库技术提供了理论上近乎无限的数据存储能力，分布式并行编程框架 MapReduce 提供了强大的海量数据并行处理能力，所以科学分析完全可以直接针对全集数据而不是抽样数据，并且可以在短时间内迅速得到分析结果。

（2）效率而非精确。

大数据分析不像统计分析那样以观察群体特征为目标，而是以每个个体特征为主要研究对象，并以此服务各种应用，如营销、销售、服务等，所以大数据分析的目标是需要对海量数据进行实时分析，秒级响应，从而大数据分析中更注重的是分析的效率，而不是传统数据分析中的精确。传统数据分析采用抽样分析方法，因为只是针对部分样本的分析，其分析结果被应用到全集数据后，误差会被放大，这就意味着，微小误差被放大到全集数据以后，可能会变成一个很大的误差。因此，为了保证误差被放大后仍然处于可接受的范围，就必须要确保抽样分析结果的精确性。

（3）相关而非因果。

在大数据时代，因果关系不再那么重要，人们转而追求"相关性"而非"因果性"。比如，当用户在当当网购买了一本英语类的读物以后，当当网还会自动提示用户，购买相同物品的其他客户还购买了法语类的读物，这就是数据分析更注重相关性。英语类读物和法语类读物之间是否有因果关系不是大数据分析关心的，大数据分析关心的是从海量的销售数据中，挖掘出客户购买了英语类读物后，往往还会购买法语类读物，这和传统数据分析主要关心数据之间的因果关系有根本的区别。

4. 大数据分析方法

大数据分析需要利用到数据挖掘技术，实现一些高级别的数据分析需求。大数据就是从大量的、不完全的、有噪声的、模糊的、随机的数据中提取隐含在其中的、人们事先不知道的、但又是潜在有用的信息和知识的过程。

（1）数据预处理。

原始数据往往具有较多的问题，比如数据缺失、数据异常、数据重复、数据不一致、数据维度过大等问题，这就需要对数据进行预处理工作，主要方法有数据清洗、数据集成、数据变换、数据规约等。

（2）聚类分析。

聚类分析是划分对象的统计学方法，指把具有某种相似特征的物体或事物归为一类。聚类分析的目的在于辨别在某些特性上相似（但是预先未知）的事物，并按这些特性将样本划分成若干类（群），使在同一类内的事物具有高度的同质性，而不同类的事物则有高度的异质性。

（3）关联分析。

关联分析的目的是找到事物间的关联性，日常生活中事物的关联性随处可见，如经典的超市购物中的"啤酒与尿布"案例。最早的关联分析概念由 Agrawal 等人于 1993 年提出，主要用于超市顾客购买商品的关联分析中。随着关联分析方法的不断发展和丰富，关联分析的应用领域不断扩大。例如在金融领域帮助银行向客户推荐合适的金融产品，在医学领域帮助医生发现病人的某些特征和疾病的关联性等。关联分析中最经典的算法是 Apriori 算法。

（4）回归分析。

回归分析是研究一个变量与其他若干变量之间相关关系的一种数学工具，它是在一组实验或观测数据的基础上，寻找被随机性掩盖了的变量之间的依存关系。通过回归分析，可以把变量间的复杂的、不确定的关系变得简单化、有规律化。

（5）神经网络模型。

从 20 世纪 40 年代开始，人们就已展开了对数据挖掘的神经网络方法的研究。神经网络是指一种由具有自适应性的简单单元构成的广泛并行互联的网络，它的组织结构能模拟生物神经系统对真实世界所做出的交互反应。神经网络通过模拟大脑神经网络的工作方式进行建模，从而实现分类、数据预测、无监督的模式识别等数据挖掘工作。神经网络模型是目前应用最广泛、研究最活跃的领域，在大数据处理技术中占据越来越重要的地位。

1.1.3.4 物联网

物联网（Internet of Things，IoT），顾名思义，就是万物相联的互联网。物联网的概念于 1998 年由 MIT 的 Kevin Ashton 首次提出。通过对在日常生活中普遍使用的生活物品运用射频识别技术和传感器技术，建立了世界上第一个物物相连的互联网。随后的几十年，物联网得到了迅速的发展，在数字经济中发挥着越来越重要的作用。

一个普遍被接受的定义是，物联网是一个物物相连的网络，通过前端的感知设备，如 RFID 系统、红外线感应器、GPS、激光扫描器等，按照既定的标准化协议将物理实体联系在一起，并利用信息智能处理和策略化系统控制等方法实现对物理实体的识别、定位、跟踪和管理的综合信息化系统。可见，物联网是通过各种信息装置与技术，实时采集任何需要监控、连接、互动的物体或过程，采集其声、光、热、电、力学、化学、生物、位置等各种信息，通过各类可能的网络接入，实现物与物、物与人的泛在连接，实现对物品和过程的智能化感知、识别和管理。

欧盟工作组给出了一个四层的物联网结构，即感知层、传输层、处理层和应用层。感知层是指物联网中，信息的交流不只是发生在人与人之间，而是扩展到了人与现实世界之中。网络层是指物联网是建立在现有的网络基础上并融合发展起来的。处理层是指物联网的分析和处理信息的能力。应用层是指物联网在各个领域的广泛应用。物联网与互联网、人工智能、大数据、云计算这些新兴技术密切相关、互相支持、互相推动。物联网并不是孤立的，而是在计算机互联网基础之上不断扩展的。

物联网在工业、农业、服务业等多个行业都有广泛的应用。比如，在工业中，物联网对制造业的供应链管理、生产过程工艺优化、产品设备监控管理、环保监测、工业安全生产管理等多个方面发挥了重要的作用。在农业中，物联网帮助农户对农业综合生态信息进行自动检测，为环境进行自动化控制和智能化管理提供保障，加快智慧农业建设的步伐。越来越多的农户应用先进的物联网技术，及时发现农业中存在的问题，使农业生产自动化、智能化。另外，物联网在智慧城市的建设中作出了重要的贡献，在促使交通、家居、物流、医疗、环保等领域的智慧化中作出了不可或缺的贡献。

1.1.3.5 人工智能

人工智能的定义包括两个部分：人工和智能，使用人工的方法在计算机或机器上实现的智能。但对于什么是智能，目前没有统一的定义。一些计算机专家认为，智能是指可以正确理解、解释外部数据，并利用对这些外部数据的学习，通过灵活的思考来达成特定的目标和任务的能力。通俗地讲，一个机器只要能模拟人的认知功能，如人类思维中的学习和问题求解能力，就认为它具有人工智能。

人工智能是在计算机科学、控制论、信息论、神经心理学、哲学、语言学等多学科的基础上发展起来的一门综合性很强的交叉学科，是一门新思想、新观念、新理论、新技术不断出现的新学科和正在迅速发展的新兴学科。人工智能研究的基本内容有知识表示、机器感知、机器思维、机器学习和机器行为等。人工智能研究的主要领域有自动定律证明、博弈、模式识别、机器视觉、自然语言理解、智能信息检索、数据挖掘于知识发现、专家系统、自动程序设计、机器人等。

随着大数据、云计算、物联网等信息技术的发展，人工智能在算法、算力和数据等方面取得了重要突破，直接支撑了图像学习、语音识别、知识问答、人机博弈、无人驾驶等应用，人工智能进入以深度学习为代表的大数据驱动的人工智能发展时期。

宋爽（2021）分析总结了人工智能发展的四个基础条件：

（1）日益海量化的数据。IDC研究预测2025年全球数据量将达到163 ZB，其中20%的数据蕴藏有颠覆性潜力，注重数据价值的时代已经来临。人工智能时代的大数据和传统意义上的海量数据是有一定区别的，主要表现在两方面：第一，智能时代里大数据的本质是大连接。传统意义上的大数据更多的是指其数据体量大，数据处理复杂，数据属于结构化或非结构化。但在智能时代，更关注数据的内在关联性。数据之间的关联性越强，意味着数据背后蕴藏的价值越大。第二，智能时代大数据的重要指标是标注性。目前，机器学习和深度学习主要集中于监督学习，标注数据对于模型训练意义非凡。在弱人工智能阶段，AI能力输出的背后通常有大量人工成本在支撑着规模惊人的数据集的建造。

（2）不断优化的算法模型。作为人工智能发展的核心要素，从20世纪80年代开始到现在，"算法"不断更迭、演进。AI领域的算法分为三种流派：符号主义流派、贝叶斯流派以及联结主义流派。目前，人工智能算法也已经广泛应用于自然语言处理、语音处理以及计算机视觉等领域，并在某些特定领域取得了突破性进展。在未来，上述三种算法流派的融合将成为主要发展趋势。随着算法模型重要性的进一步凸显，全球科技巨头纷纷加大布局力度和投入，通过成立实验室、开源算法框架、打造生态体系等方式推动算法模型的优化和创新。OpenAI、CaffeOnSpark、DMTK等多家公司已开源了深度学习基础计算框架以及专用领域算法框架（如人脸识别等），希望通过多方参与、资源贡献进一步推动技术创新。

（3）持续提升的计算能力。计算能力是这一波人工智能浪潮的主要推动力。事实上，深度学习算法、神经网络是二十世纪七八十年代就被提出来的概念，为什么一直到最近深度学习才有了飞跃式的发展？从技术角度来看，主要原因是原来的计算能力不够。所有深度学习、神经网络里用到的训练过程都可被归结为矩阵运算范畴，而传统的CPU并不能满足计算能力及效率的需求。近年来，更适于矩阵运算的图形处理器（graphics processing unit，GPU）、云、GPU集群的出现，使得使用海量数据训练一个庞大的模型真正成为可能。目前，Amazon、Google、百度、阿里都已经开始提供基于GPU的计算机集群服务。除了GPU以外，将AI算法注入FPGA这样的轻量级可编程芯片中也能够极大地提高终端的运算速度，这也是人工智能未来发展的趋势之一。

在专用人工智能领域，技术人员正致力于进一步优化芯片功能，尽量减少芯片在其他与计算无关的任务上所浪费的开销，包括缓存、存储的功能等。换言之，我们希望打造仅用于满足深度学习这一特定功能需求的专用芯片，然后再进行固化量产。

（4）不断扩展的应用场景。在技术突破和应用需求的双重驱动下，人工智能技术已走出实验室，向产业的各个领域渗透，产业化水平大幅提升。人工智能已在智能机器人、无人机、金融、医疗、安防、驾驶、搜索、教育等领域得到了较为广泛的应用。

1.1.3.6 区块链

区块链（Blockchain）是一种由多方共同维护，使用密码学保证传输和访问安全，能够实现数据一致存储、难以篡改、防止抵赖的记账技术，也称为分布式账本技术（distributed ledger technology）。区块链凭借其独有的信任建立机制，正在改变诸多行业的应用场景和运行规则，是未来发展数字经济、构建新型信任体最具潜力的技术之一。

区块链包括了区块和链两个部分。区块，是指分布式账本的最基本的单元形式，它记录了一段时间内发生的所有交易以及交易状态改变的结果，此区块记录的内容需要得到所有参与方的共识。链是指每个区块在得到所有参与方的共识后，按照发生顺序串联成链，是整个区块链的日志记录。区块链具有以下一些特征：

（1）去中心化。去中心化是区块链所有特点之中最为突出的，也是区块链最核心的特征。区块链中，每一个节点都拥有完整的数据，都是一个相对独立的个体，每个节点都可以和其他节点自由链接，成为一个新的基本单位。每个节点都可以变成中心，节点和节点之间是互相关联，互相影响但又彼此独立。去中心化带来了区块链呈现出扁平、开放、平等的结构模式。

（2）区块链是一台创造信任的机器。区块链给传统的信任观念带来了根本性的冲击，为人们寻求如何建立信任体系提供了一个新的途径和机制。信任是一个社会中最为宝贵的制度规则，如果人和人之间缺乏信任，整个社会将会因为没有信任而消耗大量的能量。信任和经济活动是密不可分的。比如食品安全问题，当发生毒奶粉、地沟油等事件时，对相关行业的可信度打击非常大，严重遏制了相关行业的健康发展，削弱了消费者对产品的信心和购买意愿。而区块链，通过其去中心化，不可篡改等特征，保证了每个参与者可以信任区块链中的记账内容，从而建立起了信任机制。

（3）共识性和自治性。区块链技术采用一定的技术协议，使得整个系统中的所有节点都能够在信任的环境中自由安全地交换收据，不需要任何第三方的背书，也不需要任何人为的干预，整个区块链就是一个自我管理、自我协同合作的微型社会。

（4）信息不可篡改。区块链使用了密码学技术中种种先进的加密技术，保证了无法或较难篡改区块链上的信息。当区块链达到一定的长度后,要修改某个历史区块中的交易内容,就必须修改区块链中51%以上的区块以及得到区块链中全体成员的认可,这一点有效实现了防篡改。

区块链有广泛的应用。区块链是一个分布式系统,没有中心化的服务器,每个节点都能参与到信息的发布中,从而具有更大的安全性。区块链是一个公开的、开放的记账账本,无法篡改,这就保证了其安全和公开的特征。区块链给予参与者自己编写智能合约的自由,这样交易就可以在区块链中自动执行,节省了大量的人力物力。区块链的这些特征,保证了其具有广泛的应用场景,以下仅举若干最主要的应用场景。

(1) 区块链给银行业的巨大机会。各个银行已认识到区块链的巨大潜力,纷纷投巨资开发区块链技术,有些银行已组成区块链金融联盟,比如金融区块链联盟R3,是由美国区块链创业公司R3CEV和摩根大通银行、巴克莱银行等好几家银行组成的联盟,其目的是共同开发和利用区块链带来的巨大收益。

(2) 区块链给金融支付带来的革命性的改变。传统的跨境支付非常麻烦,涉及众多的步骤,而区块链技术恰好能将金融支付中的中间环节省去,让点到点的支付得以实现,这样区块链就降低了支付的成本,提高了支付的速度。

(3) 区块链在工业上有巨大的应用前景,是工业4.0的底层技术之一。施瓦布说,自蒸汽机、电和计算机发明以来,我们又迎来了第四次工业革命——数字革命,而区块链技术就是第四次工业革命的成果。区块链的出现,实现了工业生产的自动化和智能化,使得传统的互联网从"信息互联网"向"价值互联网"转变,从而极大促使了社会的发展。

(4) 区块链在文化领域的应用。区块链可以保证正版的利益,有效打击盗版的行为。以数字音乐行业的版权保护为例,有了区块链的记录后,歌词曲的作者就可以对产品的播放和使用进行追踪,从而获得相应利益。区块链的去中心化特征还能带来文化娱乐领域传统做法的根本改变,提升了不知名的众多参与者,削弱了少数几个大型垄断者的地位,从而改变了传统格局。

1.2 数字经济的基本特征和数字素养

1.2.1 数字经济的基本特征

目前对数字经济的基本特征已有大量的研究,下面引用其中有代表性的观点。

1. 数字化是数字经济最显著的特征，数据日益成为重要的生产要素

每种经济形态都有其中最为重要和关键的生产要素，以决定该经济形态的基本特征、生产经营组织形式、整体效率。农业经济中，土地和劳动是最主要的和最核心的生产要素。工业经济中，劳动、资本、管理被普遍认为是最主要和最为核心的生产要素。数字经济中，数据则是其中最为重要和最为核心的生产要素。人类进入信息社会以后，数据以指数方式增长。数据日益成为重要的战略资产，庞大的数据资源也将成为企业的核心竞争力，谁掌握了数据，谁就更有优势。美国政府认为，大数据是"未来的新石油"、数字经济中的"货币"以及"陆权、海权、空权之外的另一种国家核心资产"。数据驱动型创新也正在向经济、社会、文化、政治、生态等各个领域扩展渗透，甚至成为推动国家创新的重要动力。大量数据资源不仅为人类社会带来了更多新的价值增值，也为人类价值创造能力发生质的飞跃提供了不竭动力（宋爽，2021；赵立斌、张莉莉，2020；李静等，2021）。

2. 数字技术成为推动数字经济发展的主要力量

（1）数字基础设施建设成为数字经济中的关键基础设施建设。

传统工业经济的迅速发展，离不开对应的公路、铁路和机场等基础设施的建设，正是因这些完善、发达、健全的基础设施，传统的工业经济才有了扎实的发展基础。同样，数字经济也离不开以宽带、大数据、云计算为主要标志的新基础设施的建设，没有这些基础设施的完善和健全，发展数字经济只是空中楼阁，一厢情愿。同时，数字基础设施也包括了数字化组件的传统基础设施或数字技术对传统物理基础设施的数字化改造，即混合型数字基础设施。例如，数字化停车系统、数字化交通系统、数字化监测系统等对传统物理基础设施的数字化改造就属于混合型数字基础设施，这两类基础设施共同构成数字经济的核心基础设施，推动着数字经济迅猛发展。

据《全球数字经济竞争力发展报告（2017）》，数字经济蓬勃发展的前提是数字化基础设施的广泛安装、数字人才和资本等资源的获得与重新组合，在恰当的政策支持下，通过对原有各个领域的改造，创造出全新的流程、商业模式和产品，提升生产率，促进经济增长和可持续发展。《数字经济：中国创新增长新动能》一书认为数字经济是一个阶段性的概念，"云+管+端"成为像水和电一样的生态要素，渗透到经济社会活动的各个环节，成为数字经济的核心基础设施。其中云计算具有资源共享、可扩展性、快速部署、集约高效等优势，使各类用户可以便捷、高效、低成本地使用各类网络计算资源；"管"也称为网，不仅包括原有的互联网，还拓展到物联网领域，不仅包括人与人互联，还包括人与物、物与物的万物互联，使得网络上承载的数据与价值得以空前增长；"端"则是指用户终端，如可穿戴设备、传感器及其他智能终端等，是收集数据的来源与服务提供的媒介。

（2）数字技术的进步是数字经济发展的主要推动力量。

纵观人类经济几次主要的发展阶段，经济要想得到跳跃式的增长，往往有一种或多种技术得到了突破，在社会普遍应用开来，从而极大推动着社会经济的发展和增长。技术的进步和变革是推动人类经济社会发展的核心动力。数字技术的普及应用与日新月异的创新进步，必将引发数字革命，为数字经济不断发展壮大提供核心动力。在推动已有产业生态不断完善的基础上，孕育出更多新模式与新业态；人工智能、无人驾驶、3D打印等数字技术加速与智能制造、量子计算、新材料、再生能源等新技术以指数级速度融合创新、整体演进与群体突破，不断强化未来数字经济发展的动力（宋爽，2021；赵立斌、张莉莉，2020；李静等，2021）。

3. 平台经济成为数字经济中的主流经营模式

近年来，在数字技术突飞猛进发展的动力支撑下，共享经济、众包、众筹、众创等一大批新模式、新业态纷纷涌现，与之相关的大多企业也都采取平台的模式，平台经济已经成为推动数字经济发展的重要组成部分，并不断为依托其生存的大量中小微企业提供更多的创新创业环境与土壤，推动着数字经济快速向前发展。

（1）平台生态化成为数字经济下产业组织的显著特征。

作为数字经济2.0的基础，数字平台依托"云网端"等数字经济基础设施，汇聚了数字经济下的数据等关键生产要素，创造出全新的商业环境，不仅改变了单个企业的运行模式与达到规模经济的条件，也消除了传统商业模式下产品从生产者到消费者过程中存在的层层分销体系，使交易成本大幅度降低，而且依托数字技术，各种类型、各种行业的中小企业借助市场范围极为广泛的数字经济2.0平台，不仅可以摆脱规模小的不利影响，也不再受时间与空间地域的限制，使全球各地的消费者和商家能够实现超大规模的协作，商家获得了更多直接服务消费者的机会从而获得了较大的利润，全世界消费者的福利水平也因借助数字平台服务获得了大幅提升（赵立斌、张莉莉，2020）。

（2）数字平台组织有助于资源的优化配置，促进价值创造与汇聚。

一方面，传统的企业组织加快向数字平台转型的步伐，包括ICT企业与传统制造业。例如，三一重工开发的树根互联工业互联网平台通过实时采集接入平台的遍布全球各地设备的不同运行参数，就能为其客户提供精准的大数据分析与预测、运营支持及售后服务，甚至能帮助客户实现商业模式的创新。另一方面，从20世纪90年代到现在30多年间，制造业、商贸、物流、交通、旅游等各垂直细分领域数字平台如亚马逊、阿里巴巴、Facebook等新主体快速涌现，加深了资源优化配置的程度，其市值增速也远高于传统企业（赵立斌、张莉莉，2020）。

（3）数字平台推动价值创造主体实现多方互利共赢。

不同于工业经济时代传统企业作为价值创造主体采取的上游原材料采购、中游加工生产、下游销售及售后服务的最终品线性价值创造模式，竞争对手越少，利润越丰厚；也不同于传统经济下买卖双方集中在规模有限的大型超市等实体平台实现点对点交易，数字经济时代，不论是新兴平台企业还是传统转型企业，依托互联网的平台，通过整合相互依赖的产品和服务供给者，以去中心化为原则的自动匹配算法作为技术支撑，不但可达到较大规模，也容易形成低成本、高效率的点对点联结，并促成它们之间的适度竞争、交易协作与共同创造价值，从而形成强大的竞争力。本质上是数字经济下的价值创造主体通过广泛采取开放平台策略，有效整合上游供应商、中游竞争者与下游客户群体，由传统的你死我活的竞争转向共建互利共赢的生态系统，增强平台整体及各价值创造主体的吸引力和竞争力，从而可共同抵御外部环境的冲击（孙蕙，2017；赵立斌、张莉莉，2020）。

4. 数字产业成为数字经济中的基础性和先导性的产业

回顾人类历史，每一次大的科技变革，总会带动一些新的行业发展，这些行业往往充分利用新技术带来的发展机遇，出巨资来对传统行业进行改造，创新新的组织和管理、生产和销售模式，从而带动整个社会经济的发展。这些先导性产业引领带动其他产业的创新发展。数字经济时代中，集中大数据、云计算、物联网、人工智能、3D打印等数字技术研发的数字产业成为驱动数字经济革命的基础性、先导性产业（孙蕙，2017；赵立斌、张莉莉，2020）。

随着数字技术突飞猛进的发展，人类经济社会逐渐从传统农业经济、工业经济阶段过渡到数字经济阶段，人类经济活动空间不断从物理空间转移到虚拟网络上，而随着传统行业数字化进程的加快，人类经济活动又从线上、网络上不断向线下、实体空间扩展。

另外，随着数字产业与传统产业的日渐融合，整个经济发展空间也得以不断提升。一方面，数字经济加速从消费向生产、服务，从线上向线下传统产业渗透、拓展，O2O（online to offline，在线离线/线上到线下）、分享经济、众包、众筹等新模式、新业态持续涌现，不断提升着资源利用效率和人类生活体验；另一方面，数字技术对传统产业的改造和融合带来的效率提升与产出增长，已日渐构成数字经济的主要部分，成为不断驱动数字经济发展的主引擎（孙蕙，2017，赵立斌、张莉莉，2020）。

5. 共享化和产业之间互相渗透、互相融合成为数字经济的主要特征

首先，数字经济的一大发展方向应当是不断拓展数字信息资源，发展关于数字技术的集成、存储、分析以及交易业务，在共享时代下释放数字技术资源的新价值。其次，共享时代需要数字技术与产业融合发展，以便创造出更多的商业发展模式。数字技术与产业融合成为数字经济的重要发展方向，通过产业融合，实现产业数字化、智能化，产业的边界逐渐模糊，最终形成产业开放化发展以及产业间价值网络转型升级。再次，随着数字经济的发展，跨界融合的特点日益突出。一是供给方和需求方的界限日益模糊，逐渐成为融合的"产销者"。二是人类社会网络世界和物理世界日益融合。随着数字技术的发展，网络世界不再仅仅是物理世界的虚拟映像，而是真正进化为人类社会的新天地，成为人类新的生存空间，实现了网络世界和人类物理世界的无缝衔接与交互方式，使人类不断走进一个网络世界、物理世界与人类社会三者互联互通的新世界（曹寅，2015；孙蕙，2017；赵立斌、张莉莉，2020）。

6. 多元协同数据治理成为数字经济的核心治理方式

数字经济一个显著的特征就是去中心化，尤其是借助区块链等新型的数字技术手段，极大削弱了传统的中心化时代以政府为主导，企业和个人作为被动的参与者这样一个格局，也让治理管理模式发生了根本性的变化。数字经济时代，企业、个人、政府等多个主体共同参与到社会经济活动中，平台化、虚拟化、线上线下互相融合的趋势越来越强，这些都要求过去仅依靠传统的集中单向、侧重控制的政府封闭式监管的社会治理模式逐渐向平台、企业、用户和消费者等数字经济生态的重要参与者多元参与、侧重协调的、开放协同的数据治理方式转变（孙蕙，2017；赵立斌、张莉莉，2020）。

1.2.2 数字时代中的数字素养

数字经济与其他经济形态一个非常不同的特点就是，农业经济和工业经济时代，对消费者的本身素养没有过多的要求；但数字经济时代，对参与其中的全体公民所必须具备的基本数字素养则有很高的要求。

数字素养、数字技能、数字知识，已成为普通消费者以及各行各业劳动者都必须具备的基本技能、基本素质。"数字素养"的概念，最早由以色列学者约拉姆·埃谢特·阿尔卡莱（Yoram Eshet-Alkalai）于1994年提出。保罗·吉尔斯特（Paul Gilster）在1997年指出数字素养主要包括获取、理解与整合数字信息的能力，具体包括网络搜索、超文本阅读、数字信息批判与整合等技能，有效区分了数字素养和传统的印刷读写能力，即利用先进的数字技术，在信息获取、整合、评价、交流的整个过程中开发和使用数字资源，提高人们参与社会经济活动的能力（宋爽，2021）。

随着数字技术向各领域渗透，劳动者越来越需要具有双重技能——数字技能和专业技能。各国普遍存在数字技术人才不足的现象，40%的公司表示难以找到他们需要的数字人才，具有较高的数字素养将成为劳动者在就业市场胜出的重要因素。消费者若不具备基本的数字素养，将无法正确运用数字化产品和服务。因此，在数字经济条件下，数字素养成为劳动者和消费者都应具备的重要能力。

随着数字经济的深入发展，数字技术在整个社会的应用程度不断加大，对各阶层成员产生深远影响的"数字鸿沟"现象将会出现，强者越强、赢家通吃。为了应对数字鸿沟的不良影响，社会每个成员都应当将提高自己的数字素养作为适应数字经济环境下最重要的事情。互联网的使用是一项最基本的技能，而在世界欠发展地区，仍有大量的人无法使用互联网掌握基本的信息技术知识，从而导致在数字经济中获取、掌握、理解、整合和使用数字资源，参与数字经济全球建设的过程受到极大阻碍。

可见，数字经济时代加强对每个公民的数字素养的培养是一项非常重要和紧迫的任务，每个公民都应将自己的数字素养提升到与听、说、读、写同等重要的地位，这样才能在数字经济中不被淘汰，更好更多地从数字经济中获得价值和利益，提升自己的价值。

提升每个公民的数字素养对国家而言，也具有重要意义。数字鸿沟拉大了每个国家在数字经济时代中的差距。数字经济较为发达的国家占据了行业标准的先机，垄断了相关的技术规范，从而导致落后国家发展数字经济越来越落后，国家间的差距进一步加大。发展数字经济，提升每个公民的数字素养是最为关键和重要的工作，发展中国家只有不断努力提升国内公民的数字素养，才能很好地改善与发达国家的数字鸿沟并解决国内的结构性失业和贫富差距问题。

为了提高全民的数字素养水平，需要学校、政府和社会等多方面的共同努力。首先，政府应将提升公民的数字素养提升到国家发展战略的高度，在法律法规的层面对公民的数字素养的培养提供保障；其次，学校要将数字素养纳入教学课程中，改革现有课程体系，增加数字经济方面的内容，努力提升学生在数字经济方面的知识和能力；最后，社会要营造尊重数字素养、让数字素养成为一项非常有价值的能力的良好氛围。

1.3 数字经济学学科的发展

1.3.1 数字经济学相关概念辨析

迄今为止,数字经济学还没有得到统一界定与规范,本节根据多方面的论述,对数字经济学涉及的主要概念做一些辨析。

1. 网络经济学

网络经济学主要研究的是网络经济条件下稀缺资源的优化配置及接入或互联政策的制定问题。核心是研究接入的定价问题,即对接入的某种资产的使用确定成本的合理分配和费用的准确计算,在建立起有效定价机制的同时最大限度地减少交易成本,以实现资源的优化配置。在电信业中互联问题表现得更普遍,例如,电厂生产的电必须要通过电网进行传输才能作为商品卖给消费者。

2. 互联网经济学

20世纪90年代以来,随着计算机网络逐渐向因特网发展,出现了许多新现象和新行为,为了适应互联网和网络经济迅速发展的步伐,互联网经济学作为一门新的学科应运而生,其中美国学者 Lee W. Mcknight 与 Joseph P. Bailey 合编的 *Internet Economics* 首次比较明确地阐述了互联网经济学是研究互联网服务市场的经济学,其研究目的主要是应用经济学的基本原理来分析互联网中出现的新现象和新行为。

3. 电子商务经济学

从20世纪90年代开始,随着电子商务的迅速发展,出现了一门新的经济学分支学科——电子商务经济学。美国德克萨斯州大学的经济学家 Soon-yong Choi、Dale O. Stahl 和 Andrew B. Whinston 在其所著的 *The Economics of Electronic Commerce* 中把电子商务定义为一个买卖双方通过数字化过程交易数字产品的市场,并认为不只是营销与售后服务等环节,而是包括采购、研发、设计、生产、加工、组装、派送和服务等几乎所有传统的商业活动与流程环节都可借助互联网平台,通过电子商务市场实现从生产到顾客服务的整个商业流程的电子化与数字化改造(王健伟、张乃侠,2004;刘培刚,2011;赵立斌、张莉莉,2020)。

4. 信息经济

信息经济是一种日益强调信息活动和信息产业重要性的经济。信息经济理论的开创者马克卢普和波拉特认为,信息经济是指以生产、获取、处理和应用信息为主的经济。

20世纪80年代，美国经济学家保尔·霍肯（Paul Hawken）在《未来的经济》中明确提出信息经济的概念，并描述信息经济是一种以新技术、新知识和新技能贯穿于整个社会活动的新型经济形式，其根本特征是在经济运行过程中，信息成分大于物质成分，而且占主导地位，信息要素对经济的贡献更大。

信息经济是与数字经济最相似的概念，也是引起最广泛研究的概念之一。一方面，数字经济由信息经济发展而来，是信息经济发展的高级阶段。20世纪中叶，微电子技术和集成电路水平的提升，加上信息存储基础设施的突破，即第二代晶体管电子计算机的发明，极大地提高了信息和知识的存储能力。20世纪50年代，数字技术扩散至其他领域，在其他产业的应用与融合过程中，对产业结构和经济社会发展产生了深远影响。彼得·德鲁克将其称为信息经济，丹尼尔·贝尔将其称为超工业社会。1962年，马克卢普基于20世纪50年代的数字技术背景，正式提出了信息经济的概念，将向市场提供信息产品或信息服务的企业视为重要的经济部门，并提出了"第一信息部门"的概念。该概念的使用伴随数字技术在经济社会的渗透被逐步认可，内涵不断丰富。二十世纪七八十年代，在集成电路的规模化、微型处理器的出现等条件下，数字技术与其他产业部门的融合进入加速阶段，新现象的出现进一步丰富了信息部门的内涵。因此，在1987年，马克·波拉特提出了"第二信息部门"的概念，认为除了直接向市场提供信息产品和服务的第一信息部门，同时存在把信息劳务和资本仅作为投入、并不直接进入市场的第二信息部门，将信息部门的外延进一步延伸至融合了信息产品和服务的其他经济部门（宋爽，2021；赵立斌、张莉莉，2020）。

5. 知识经济

1996年，OECD在年度报告《以知识为基础的经济》中认为，知识经济是以知识为基础的经济，直接依赖于知识和信息的生产、传播与应用。该报告将知识经济定义为建立在知识的生产、分配和使用（消费）之上的经济。其所述内容包括人类迄今为止所创造的一切知识，最重要的部分是科学技术、管理及行为科学知识。

知识经济强调知识作为基础要素在经济发展中的作用；数字经济则突出表现在整个经济领域的数字化，两者具有较大的不同。

1.3.2 数字经济学学科的发展

数字经济的崛起已对人类社会的方方面面产生了深远的影响，对经济学迄今为止建立起来的理论体系也带来了巨大的挑战和影响。那么，数字经济时代需要什么样的经济学体系呢？理论界目前存在两种对立的观点。一种观点认为数字经济出现了和传统经济截然不同的特点，推翻了传统经济理论体系的基本前提和基本假设，需要从根本上抛弃传统理论体系，另起炉灶，根据数字经济的特征，重新建立一套新的理论体系出来。另一种观点认为数字经济并没有彻底颠覆传统经济学，因为数字经济只是用互联网技术和信息技术武装起来的传统经济，传统经济学的一般原理和分析方法不会改变，所以仍可在传统的理论框架中研究和发展数字经济学的相关理论体系。

本书采用宋爽（2021）提出的观点：在数字经济时代，经济学的研究基本问题依然没变，仍然是在稀缺的资源约束条件下，人如何做出选择从而达到效用最大，企业如何生产从而达到利润最大，社会如何配置资源从而达到资源利用最佳，所以传统经济学的基本框架依然适用于数字经济的环境。一方面，数据要素确实像"新石油"一样迅猛地改变世界，但数字经济不可能完全替代传统经济，二者必然是在互动中实现共同发展。仔细观察就会发现数字经济中的许多方面都可在旧的经济框架中找到。例如，平台经济同样是买卖双方的市场、交易的平台，同样反映供求定律和价值规律，企业同样追求利润最大化，平台只是改变了谋求利润最大化的手段和模式，均衡分析、边际分析、产业组织理论和博弈论等分析方法仍然适用。另一方面，数字经济又有自身的规律和特点，如摩尔定律、梅特卡夫法则、共享经济、注意力经济等越来越重要，汽车和钢铁时代的货币与反垄断政策已无法适应现在的数字经济时代等。因此，目前需要解决的问题是，怎样使传统的经济学更能解释数字经济发展过程中出现的新现象和新问题。

数字经济的实践发展步伐正日益加快，但与之形成鲜明对比的是，对数字经济的理论学术研究却明显滞后于实践发展。就目前的研究现状来看，国内外关于数字经济的研究主要集中在数字经济发展特点、现状、统计方法、水平测度和典型案例等实践发展情况的介绍；在理论研究方面，越来越多的学者从多个视角展开了对数字经济内在发展规律的研究，数字经济方面的论文和专著也日益成为经济学研究领域中的一个新的亮点和热点，但就整体而言，仍处于零散、点状的研究现状，没有形成一个完整的数字经济学的学科体系，一些关键的概念仍没有取得大家的共识，研究方法的规范性也有待提高，在理论研究的深度和定量研究等方面有较大的提升空间。

1.3.3 数字经济学的未来发展

伴随着数字经济的深入发展，数字经济学今后的发展空间非常巨大，正吸引着众多接受过扎实的传统方法训练的经济学研究者的注意。学者利用传统经济学提供的思路和启发，针对数字经济中出现的新特征、新现象，做出新的解释，取得了让人瞩目的结果。例如，物联网的出现重构了人与物、物与物的连接方式，使传统经济当中重点研究的人与人的关系转向人与物、物与物的关系研究；共享经济的出现冲击了人们对网络外部性的认识，新的商业模式不断涌现，给企业组织和产业组织带来重大变革。数字经济学将以自身丰富的研究内容来极大丰富和发展现有的经济学理论体系，在众多研究者的努力下，成为一门重要的经济学分支学科。

小结

本章首先介绍了数字经济的基本概念，包括它的内涵和外延，然后介绍了数字经济发展的5个主要的阶段。

接着比较了数字经济与传统经济的异同，指出数字经济与传统经济既有联系又有区别，一方面数字经济从传统经济发展而来，传统经济给数字经济提供了物质保障；另一方面，数字经济在很多方面具有和传统经济不同的特征。然后介绍了世界主要各国数字经济的发展现状。

介绍了数字经济的基本特征与数字素养，强调数字经济与传统经济相比具有哪几个不同的特征，并分析了数字素养的重要性。最后对数字经济学做了较详细的论述。

思考题：

1. 整理数字经济的概念，分析其中的异同点。
2. 查阅相关文献，整理一下我国数字经济发展的现状和未来趋势。
3. 谈谈你对我国数字经济发展面临的机会和挑战等方面的认识。
4. 如何认识数字经济中的数字素养，我们应该如何提升自己的数字素养。
5. 如何理解数字经济学与传统经济学之间的关系。

参考文献

［1］麻元元，秦成德，刘杨林．网络经济学基础［M］．北京：清华大学出版社，2008．
［2］钱志新．数字新经济［M］．南京：南京大学出版社，2018．
［3］马化腾，孟昭莉，闫德利，等．数字经济［M］．北京：中信出版集团，2017．
［4］宋爽．数字经济概论［M］．天津：天津大学出版社，2021．
［5］刘培刚，等．网络经济学［M］．上海：华东理工大学出版社，2014．
［6］汤潇洒．数字经济［M］．北京：人民邮电出版社，2019．
［7］马文炎．数字经济2.0［M］．北京：民主与建设出版社，2017．
［8］李静，等．数字经济理论［M］．合肥：合肥工业大学出版社，2021．
［9］赵立斌，张莉莉．数字经济概论［M］．北京：科学出版社，2020．

第 2 章

数字经济的新特征

> **学习目标**
> （1）了解数字技术给经济带来的新变化。
> （2）掌握数字经济中的几大基本规律。
> （3）了解数字经济学面临的新问题。

数字经济，有别于传统的农业经济和工业经济，呈现出了许多新的特征。本章引用目前的众多有关研究，从数字经济中的基本规律、数字经济对传统微观经济理论的挑战、数字技术给经济带来的新变化3个方面进行介绍。

2.1 数字经济中的基本规律

2.1.1 摩尔定律

摩尔定律由 Intel 公司的三大创始人之一戈登·摩尔提出。1965 年 4 月，摩尔在美国仙童半导体公司工作时，仔细分析了 1959 — 1965 年半导体工业的实际数据，发现以 1959 年数据为基年，每隔大概 18 个月芯片技术大概就会提升一倍，在此基础上，他提出预言：集成电路上可容纳的晶体管数目在 18～24 个月增加一倍，性能将提升一倍，而价格将下降一半。后来的实践证明摩尔的预言非常接近现实，因此信息产业界称之为摩尔定律（Moore's law），它说明了同等价位的微处理器处理速度会越变越快，价格会越变越低。

摩尔定律对整个信息产业产生了深远的影响，指导了众多信息、电子、网络厂商的研发、生产、销售等方面的决策。摩尔定律提出后，人们对半导体产业做了细致的研究，结果更充分支持摩尔定律。半导体行业的厂商有意识地利用摩尔定律，来确定自己的研发速度，并对未来行业发展趋势做预测，从而实现更多的利润。比如，思科公司对新产品的开发有一个规定，所有项目必须在 6～9 个月内收到回报，这就是有意识地利用摩尔定律推动发展。在电子网络产品中，产品的生命周期变短，当产品老化时，新的性能更好、价格更便宜的产品已出现，从而导致原来的产品被淘汰。再以 Intel 公司为例，它为了保持在行业中一直处于主导地位，必须不断加大对研发的投入，不断促进技术的发展，不断扩大自己的规模，充分利用规模经济带来的好处，才能在产品生命周期内较早地收回投资成本，比竞争对手更早地研发出新产品，大幅度降低产品价格，从而保持自己的领先地位。

2.1.2　梅特卡夫定律

梅特卡夫定律（Metcalfe's law）是一种网络技术发展规律，由 3Com 公司的创始人、计算机网络先驱罗伯特·梅特卡夫提出。梅特卡定律的内容是，网络的价值等于网络节点数的平方，即网络价值以用户数量的平方增长。可用一个实际的例子来说明：如果只有一部电话，那么这部电话实际上没有任何经济价值；如果有两部电话，电话网络的经济价值等于电话数量的二次方，即等于 4；如果再增加一部电话，那么，这个电话网络的经济价值就上升到 3 的二次方，即等于 9。换言之，一个网络的经济价值是按照指数级上升的。如果一个网络对网络中每个人的价值是 1 元，那么规模为 10 倍的网络的总价值等于 100 元；规模为 100 倍的网络的总价值就等于 10 000 元。网络规模增长 10 倍，其价值就增长 100 倍。

梅特卡定律表达的就是网络的外部性，说明一个新产品、新服务，只有少数人使用时，其产生的价值不会爆炸性地增长。以移动服务为例，当移动服务的用户数达到一定量时，其价值就会跳跃式提高，即显示出其价值呈指数级增长的特性。又比如我们常使用的办公软件，市面上有很多跟 Word 功能大体相仿的软件，但 Word 凭借其先发优势，占据了市场的绝对份额，使用的用户已达到了较大的规模，从而导致 Word 的价值随着使用者的增大而出现跳跃式增长的现象。使用 Word 的用户越多，信息资源就可以在更大范围的用户之间进行交流和共享。这不仅可以增加信息本身的价值，而且提高了所有网络用户的效用。另外，由于网络经济条件下信息技术和信息系统的不完全可兼容性及由此带来的操作、使用知识的重新培训等造成的转移成本，用户往往被锁定在一个既定的用户网络内，从而保证了这一网络的规模。网络内的用户则由于信息产品的相互兼容性使彼此之间的文件交换和信息共享成为可能。网络用户数量的增加使得用户之间信息的传递和共享更为便捷，导致网络的总效用增加且同样以用户平方数量的速度增长,这也验证了网络经济中往往出现边际收益递增的现象(宋爽,2021;刘培刚,2014)。

2.1.3 网络外部性

1. 外部性简述

经济学中的外部性,根据著名经济学家萨缪尔森的定义,是指在生产和消费过程中给他人带来非自愿的成本或收益,即成本或收益被强加于他人身上而非由引起成本或接受收益的人加以偿付。可以举几个常见的例子来说明。某人从个人利益出发建造灯塔,此时其他经过灯塔的人同样也受到灯塔的指引,而这些人并未对此付出成本。那么可以说,某人建造灯塔这一行为就产生了外部经济性。又如,厂商在生产时产生的噪声、废气、废水等直接影响到周围居民的生活环境,但厂商并未对此进行任何补偿,这也是一种外部非经济性。从这两个例子可以看出,外部性的产生是当一个经济参与者的行为对其他经济参与者的福利产生了影响,但该经济参与者却没有为其造成的影响得到收益或付出补偿。由此可见,外部性这种影响并没有从货币上或市场交易中反映出来,外部性有积极和消极之分。前者称之为外部经济性或外部正效应,后者称之为外部非经济性或外部负效应。

外部性是市场失灵的一种表现,其产生的根源在于产品的非竞争性和非排他性,以及对这些产品的产权界定不清,如国防、广播电视、灯塔、道路、桥梁等,它们都具有两个特性:非竞争性,是指向外多一个人提供一单位该产品时,增加的边际成本为零,则该产品是非竞争性的;非排他性,是指一个人消费该商品不影响其他人消费该商品,其结果是很难或不可能对人们使用非排他性商品收费——这些商品能够在不直接付钱的情况下被享用,比如一个国家的国防,所有公民都能享受到它的好处。非竞争性和非排他性的公共产品以零边际成本向人们提供收益而且没有人会被排除在享用它们之外。由于外部性的存在,导致市场失灵,由于私人投资公共产品难以获得回报,这意味着市场价格机制丧失了激励私人提供这类产品的可能性,从而使得公共产品只能由政府来提供。所以对于外部性的解决,往往要借助市场之外的力量。

2. 网络外部性简述

我们先来分析以下办公软件,从这个例子就可以很好地说明网络外部性的道理。一种办公软件的价值并不单纯地只是该软件本身具备的功能,实际上,市场上为数众多的办公软件在功能上基本大同小异,这就说明,办公软件价值的决定因素往往是使用该办公软件的用户的数目。随着使用该软件的用户增多,该产品对原有用户的价值也随之增大，因为可以与更多的用户交流。办公软件产品的用户实现信息兼容与共享，从而提高办事效率。换言之，消费者在消费某种数字产品时，不仅考虑该产品本身的性质，还更多地考虑使用该产品的用户数量和该产品的使用范围大小。微信就是一个很好的例子，当越来越多的人使用微信时，新来的人就越来越离不开微信，只有这样才能实现和他人的沟通和信息的传递。

当一种产品对用户的价值随着采用相同产品或可兼容产品的用户增加而增大时，就说这种产品具有网络外部性。由于用户数量的增加，在网络外部性的作用下，原有的用户免费得到了产品中所蕴含的新增价值而无须为这一部分的价值提供相应的补偿。网络外部性造成了数字经济中的效益递增现象。

网络的价值都随着网络用户数的增加而增大，规模大的网络价值相对较大，仔细分析一下这里增大的价值，又可分为两个部分，一部分是"自有价值"，是指在没有别的使用者的情况下，产品本身所具有的那部分价值；另一部分是"协同价值"，就是当新的用户加入网络时，老用户从中获得的额外价值（因为他们通过网络可以到达的节点增多了）。"协同价值"就是我们所讨论的网络外部性的经济本质。

另外，网络效应又可细分为直接网络效应和间接网络效应。直接网络效应是指由消费相应的数字产品而从消费该产品的顾客数目增多带来的效益，如微信，当使用该产品的用户数目越多，从微信得到的通信的效果就越大；间接网络效应是指随着使用数字产品的用户数目增加，该产品的附加功能增加而带来的效益，如微信增加了转账、购物、支付水电费等功能，这些增加的消费者的效益。

网络外部性也分为正外部效应和负外部效应。网络之所以具有外部正效应是由于它类似于公共产品，同样具有一定的非竞争性和非排他性。因为网络的主要特征就在于它的系统性和交互性。组成网络的各个节点是一个不可分割的完整体系，网络中的任何一个节点都不可能排斥其他节点与之相连。网络的价值也就在于网络的任意两个节点之间能进行信息流的交互传递而不是单向的信息传递。同时任意两个节点之间的信息交流也不会影响另外两个节点之间的信息交流。但网络绝不属于纯公共物品，这是因为一方面网络的使用不是免费的，任何一个想加入网络中的用户都必须支付一定的费用，多一个人消费，网络这种产品的边际成本是不等于零的，由此网络具有部分的排他性。另一方面，由于网络中每一个用户所获得的消费利益取决于该网络用户的数量，因此网络产品的消费具有部分的竞争性。

网络的负外部效应体现在由于该数字产品垄断了市场，从而导致消费者别无选择，只好采用该数字产品，尽管市场上存在功能更好、价格更低的产品。这就导致该市场效率低下，出现垄断局面，降低了消费者的福利，减缓了技术进步的步伐，带来市场失灵（宋爽，2021；刘培刚，2014；麻元元、秦成德、刘杨林，2008；赵立斌、张莉莉，2020）。

2.1.4 正反馈与负反馈

根据网络外部性的原理，在网络经济中，使用该网络的用户群体越大，其价值就会得到极大的提升；相反，使用该网络的用户数目越小，其价值也越少。这就引出了正反馈和负反馈的两个概念。网络的正外部性会产生正反馈，网络的负外部性会产生负反馈，正反馈使强者更强、负反馈使弱者更弱。在最极端的情形下，正反馈可以导致赢家通吃的垄断市场。

正反馈和负反馈往往还涉及3个概念：路径依赖、锁定与转移成本。在经济学中，路径依赖表示即使在一个以资源抉择和个人利益最大化为特征的世界中，经济发展过程中的一个次要的或暂时的优势或是一个看似不相干的事件都可能对最终的市场资源配置产生重要而不可逆转的影响。路径依赖所强调的第一个观点是：我们目前的经济环境可能在很重要的程度上有赖于历史上的一些突然转折和偶发事件，即对这些事件的依赖性很可能是以一种非常任意的形式进行的。我们从历史所继承下来的现在或我们将建设的将来都可能不是来自那些重要的已知事物或是经济历史的不可避免的推动力量——而是可能来自那些如果我们意识到他们将会产生怎样的影响，我们就可能轻易改变的小事物。路径依赖强调的第二个观点是选择的不可逆性。很显然，如果路径的选择可以很轻易地发生改变，那么就不称其为"路径依赖"了。

锁定是指由于各种原因，导致从一个系统（可能是一种技术、产品或标准）转换到另一个系统的转移成本高到使转移行为不经济，使得经济系统达到某个状态之后就很难退出，系统逐渐适应和强化这种状态，从而形成一种"选择优势"把系统锁定在这个均衡状态。要使系统从这个状态退出，转移到新的均衡状态，就要看系统的转移成本是否能够小于转移收益。

转移成本实际上是对路径依赖程度和锁定程度的衡量。当产品和技术的标准化还不健全时（或系统之间不兼容），消费者和厂商如果自愿从一个网络转移到另一个网络，他们将不得不面临诸多障碍，正是转移成本造成了这种障碍，它阻止了市场主体进入另一个网络。转移成本把不对称的价格强加于具有沉没投资的用户和在现有技术中没有沉没投资的用户之间。当转移成本高于收益时，转移是不经济的，这时就将出现对现有系统的锁定和路径依赖。

在数字经济中，锁定和转移成本是规律，而不是例外。有关锁定的例子随处可见，比如，我们中的大部分人都体验过从一种电脑软件转移到另一种电脑软件的代价：数据文件很可能不能完好地转换，出现与其他工具的不兼容。与之相类似，一家选择了思科系统公司技术和结构以满足其内部联网需要的大企业将会发现，更换一个不兼容系统的成本高得惊人，因而在相当程度上被锁定在思科的私人产品中。以微信为例，目前使用微信的用户已相当惊人，微信已垄断了中文世界的通信市场，用户已锁定在微信构建的通信生态环境中，如果客户想采用其他类似的产品，他不得不考虑转换的成本，是否兼容，是否和其他人能达成一致等诸多问题，转换成本非常惊人。一般而言，锁定的情况对供应商是有利的，如果供应商成功地用自己的系统结构抓住了用户，他们将在未来的购买中赢得垄断地位。

在传统经济下，供给方规模经济所实现的收益递增也是正反馈的一种表现形式，但是由于基于供给方规模经济的正反馈具有自然限制（即边际收益递减和管理大组织的困难），使得基于制造业的传统规模经济通常在远远低于控制市场的水平就耗尽了，超过这一点正反馈就不再存在而是负反馈开始起主导作用，这种经济现实使得正反馈一直没有引起人们的关注。但是当人类社会发展到信息经济和网络经济时代，网络外部性广泛存在，基于市场需求方的规模经济在市场足够大时不会产生分散，再加上基于供给方的规模经济，导致在网络经济中，正反馈以一种更新的、更强烈的形式出现。

首先，网络正反馈的实现需要成本优势。由于实现正反馈的前提条件是边际收益递增，这不仅需要网络外部性带来的需求方规模经济，还需要边际成本的降低，否则需求方规模经济带来的收益递增将可能被成本因素所抵消，导致规模经济不显著或不存在，从而无法实现正反馈过程。而数字产品正好具有特殊的成本结构：高固定成本、低边际成本。如微软公司的 Windows 95，设计十分复杂，需要巨额的研究与开发成本，第一张盘片花费了 2.5 亿美元，但是第二张、第三张的成本却仅仅需要几美分。而且在这一产品的生命周期中生产得越多，单位产品的成本就越低。这意味着在这样的成本优势下，需求方规模经济不容易出现自然限制的问题，可以实现正反馈过程。这正是网络经济中正反馈现象广泛存在的重要原因之一。

其次，网络外部性要引发正反馈过程，必须达到一定的规模，就是我们通常所说的临界容量。网络外部性告诉我们，大网络的价值大于小网络的价值，但是，只有当网络达到某一个特定的规模，正反馈才开始发挥作用，从而实现强者恒强、弱者恒弱，否则依然无法实现正反馈。与网络规模相关的一个问题是市场对产品需求的多样性。即使在一个网络外部性很强，需求方规模经济程度很高的市场中，如果市场消费者对产品的需求是多样化的，也意味着一种产品可能难以达到引发正反馈的网络规模；相反，如果市场中产品的多样化程度较低，网络外部性引发正反馈的可能性就大些。

在正反馈和负反馈的作用下，市场的效率可能遭到破坏，主要是指由于次优技术占据市场，使用某数字产品的消费者数目已占了多数，这时哪怕有更优的同类产品出现，由于消费者使用的路径依赖、锁定效应及转换成本，也不可能在现在使用的次优产品与新出现的最优产品之间进行转换，从而导致次优产品与技术主导整个市场，使市场失灵，降低市场效率。

数字经济在网络外部性与正反馈的作用下，市场变得不稳定，这种次优产品或技术占据整个市场的局面不一定能一直保持，虽然数字技术下实物流、资金流、数据流的方便快捷传递进一步促进了外部性和正反馈的形成，但同时新的标准、新的产品、新的技术也可能会更容易被传播与接受，这样就会减少消费者的路径依赖、锁定效应与转换成本，进而使原来产品的外部性大为降低，打破原来的均衡状态，正是因为数字经济下均衡状态失去唯一性，才加剧了市场的不稳定性（宋爽，2021；刘培刚，2014；麻元元、秦成德、刘杨林，2008；赵立斌、张莉莉，2020）。

2.1.5 达维多定律

威廉·达维多在 Intel 公司任副总裁时，就注意到提高产品更新速度的重要性，并提出了这一定律。达维多定律认为，在网络经济中，进入市场的第一代产品能够自动获得 50% 的市场份额，因此，一家企业如果要在市场上占据主导地位，那么就要做到第一个开发出新一代产品，作为第二或第三家企业将新产品打入市场，所获得的利益远不如第一家企业作为冒险者获得的利益，尽管可能第一家企业的产品当时并不完美。该定律还认为，任何企业在本产业中必须第一个淘汰自己的产品，即自己要尽快使产品更新换代，而不要让激烈的竞争把产品淘汰掉。这一理论基点是着眼于市场开发和利益分割的成效。人们在市场竞争中，无时无刻不在抢占先机，因为只有先入市场才能更容易获得较大的市场份额和高额的利润。简言之，即先入为主。运用达维多定律永远把握着市场的主动，把竞争对手甩在身后。达维多定律揭示了在数字经济时代取得成功的真谛，即不断加大产品的研发力度，不断创造新产品，及时淘汰老产品，使新产品尽快进入市场，进而形成大规模生产，并以自己更新更好的产品取代现有的老产品，夺取市场产品规格和标准的制定权和话语权，取得高额的利润。然而要做到这一点，其前提是要在技术上永远领先（赵立斌、张莉莉，2020）。

2.2 数字经济对微观经济学的挑战

关于数字经济对传统微观经济学提出的新挑战,目前已有大量的研究,本节引用这方面的研究,从以下几方面逐一介绍。

2.2.1 微观经济学基本假设的新挑战

1. 资源稀缺性与相对充裕性

传统的经济学将资源的稀缺性作为最主要的基本假设之一,这是指资源的获取需要付出较大的成本,同时,传统经济学考虑的资源往往是指土地、自然资源、资本等实物,这些资源往往是有限的、稀缺的。但数字经济中,数据成为最主要最关键的资源。数据本身是丰富的,在某种程度上可供大多数人同时使用,不具有排他性和竞争性,所以,我们认为,资源稀缺性这一传统经济学的基本假设在数字经济中将受到较大挑战。但这绝不是说数字经济中数据就不是稀缺的,可以免费获得和使用。实际上,只有经过收集、加工、整理后的数据才会变为富含价值的信息,而这中间需要耗费人力、财力与物力,所以也有成本,特别是高价值的知识和信息仍然稀缺,可能还得为之支付高昂费用。但随着数字技术不断向前发展,获取有价值的数据可能也会更加容易,与农业经济和工业经济时代相比,数字经济时代,数据资源稀缺性可能相对没那么严重,或相对不稀缺(刘培刚,2014;赵立斌、张莉莉,2020)。

2. 信息不完全到相对完全

传统经济学认为信息是不可能完全的,因为信息的获取会受到信息的分散性、获取信息的成本、人们的认识水平以及个人机会主义的限制。但在交互性和实时性更强的数字经济下,借助大数据、云计算等数字技术,人们可克服信息的分散性,降低获取信息的成本,相对传统经济时代可以更迅速、更低成本地获取各种市场信息,使得信息不对称程度比传统经济时代有所降低与弱化,但由于人们自身知识结构与认识水平的缺陷以及机会主义的存在,再加上每个追求自身利益最大化的经济人,都会在获取信息的成本与收益之间权衡,他们也做不到信息完全与信息对称,只能是比传统经济时代更完全或相对完全(赵立斌、张莉莉,2020)。

3. 有限理性到高度理性

在新古典经济学的理论中,经济人是假定拥有完全信息,可以不费任何成本就获取有关的信息,从而在效用最大化的基本目标前提下,具有完全的理性。后来的研究则对完全信息和完全理性做了改造。相关的研究发现，获取不同的信息需要花费成本甚至付出高昂的代价，经济人就会在信息完全与否之间做出选择，大多情况是做不到信息完全，所以经济人只能在可以获得的信息的范围内，根据掌握的情况，对产品的质量、效用、自身的偏好等情况做一个大致的推断，从而做出基本符合效用最大化的抉择。

在数字经济时代，人、财、物等信息高度互联互通，市场信息也极为丰富，经济人能够以比原来更低的成本、更及时地获取较为充分的市场信息，并据此做出更为科学和理性的决策。例如，运用区块链技术，人们在很多领域实现了信息以较低成本获取，从而使人们的行为超出"有限理性"，变为高度理性的行为（刘培刚，2014；赵立斌、张莉莉，2020）。

4.竞争和垄断到协作创新

传统的微观经济学的市场结构研究中，以完全竞争和垄断竞争作为最主要的两种市场结构。完全竞争是指有无数个买方和卖方，把竞争作为经济人之间发生联系的重要方式，并认为竞争是完全的。垄断竞争是指市场是竞争与垄断并存的。而在数字经济时代，将更多强调合作和创新，强调企业主通过与上游供应商、中游竞争对手、下游顾客的协作创新，实现"双赢"与"多赢"局面，来获取更大的市场份额，进而提升自身竞争力，以应对外部环境和激烈的市场竞争。这可以数字经济中出现的平台化趋势为例，不同于工业经济时代传统企业作为价值创造主体采取的上游原材料采购、中游加工生产、下游销售及售后服务的最终品线性价值创造模式，竞争对手越少，利润越丰厚；也不同于传统经济下买卖双方集中在规模有限的大型超市等实体平台实现点对点交易，在数字经济时代，不论是新兴平台企业还是传统转型企业，依托互联网的平台，通过整合相互依赖的产品和服务供给者，以去中心化为原则的自动匹配算法作为技术支撑，不但可达到较大规模，也容易形成低成本、高效率的点对点联结，并促成它们之间的适度竞争、交易协作与共同创造价值，从而形成强大的竞争力。本质上是数字经济下的价值创造主体通过广泛采取开放平台策略，有效整合上游供应商、中游竞争者与下游客户群体，由传统的你死我活的竞争转向共建互利共赢的生态系统（宋爽，2021；赵立斌、张莉莉，2020；李静等，2021）。

2.2.2 微观经济学基本原理的新挑战

1.边际效用递减与边际效用递增

边际效用递减规律是传统微观经济学的一条重要的基本原理。该规律是指随着消费数量的增加，单位商品带给人们的效用或满意度会逐渐下降。以食物为例，当对某种食物吃得越多，人们对该食物的兴趣就越低，最后有可能会对其反感。

而数字经济中往往出现边际效用递增的现象，这是指消费某种数字产品的客户越多，该商品的边际消费增量带来的边际效用就越大。以微信为例，当使用微信的用户量变大，就会给使用微信的人与更多人的沟通交流带来极大便利，消费者使用微信的边际增量带来的边际效用就会增加。

数字经济时代出现边际效用递增有以下几个方面的原因。首先，数据与财富存在的是边际效用递增的规律，即经济主体拥有富含信息的数据越多，数据的增加可能会使经济主体对相关标的了解越全面，减少信息不对称，每增加一条富含信息的数据，该主体的边际效用也就增加得越多。其次，根据前面介绍过的锁定和转移成本，比如办公软件，当人们都已习惯使用某种特定的办公软件，要想更换新的办公软件付出的成本将非常高昂，这就使得人们往往愿意继续使用已习惯的系统，不想花费更多的时间和金钱去转换成新系统，这样当越来越多的人使用该办公软件时，目前已使用的人从边际消费上获得的边际效用就越大，从而出现边际效用递增。最后，根据前面介绍的梅特卡定律，网络的价值和使用网络的人数的平方成正比，这就说明，随着使用该网络的人数增加，该网络的价值得到飞跃式的增长，这些都导致数字经济时代边际效用不是递减而是递增（刘培刚，2014；赵立斌、张莉莉，2020）。

2. 边际成本递增与边际成本递减

传统经济学中的边际成本递增，是指假定产品的生产只有两种要素，当其中一种要素固定，增加另一种要素，在两种要素达到最佳配比之前，每多增加一单位要素的边际产出是递增的，但增加到两种要素达到最佳配比之后，再增加该种要素的边际产出就是递减的，由于商品实现利润最大化都处在边际收益递减阶段，因此就把此规律称作边际收益递减或边际成本递增规律。

数字经济下的边际成本递减。与厂商供给相关的成本，一是数字基础设施的建设成本，二是富含信息和知识的数据传输成本，这二者与使用者人数没有关系，并不存在边际成本的问题。只有当数据收集、处理、加工、提取成本随使用人数增加、数据量增大时，总成本才会不断递增，但边际成本是递减的，所以随着产品产量的不断增加，从综合设施建设、数据传输与数据加工成本来看，数字经济下的平均成本与边际成本会随着用户与产量的不断增加呈现边际递减的趋势。特别是对于软件、芯片等数字产品，第一份生产成本可能较高，之后就可以近乎零边际成本无限制地复制（赵立斌、张莉莉，2020）。

3. 按劳分配与按数据等要素分配

土地、资本、劳动力和企业家才能是传统经济学中强调的四大生产要素，在数字经济时代，富含信息和知识的数据成为关键的生产要素，这些数据成为数字经济直接的内驱动力。一些高科技公司之所以能在短短几年内创造财富神话，可能更多的功劳应归于软盘和软盘中储存的知识与信息，随着知识和信息的价值在社会生产过程中越来越得到充分的发挥，附加值将越来越多地向知识、智力密集型产业转移，国民收入及社会财富的分配也将更多地以知识和信息的含量为标准，传统经济下的按劳分配，取得的职务工资等要素报酬将更多转变为数字经济下按数据分配的知识拥有者的报酬与数字技能工资。知识就是财富，数据为王在数字经济时代将得到最完整的证明（刘培刚，2014；赵立斌、张莉莉，2020）。

4. 传统经济与数字经济中的正反馈

传统经济中的正反馈来自供应方或生产商的规模经济，强调的是企业规模的变大带来的企业效益的提升，即规模收益递增。具体原因是指大公司较小企业相比规模更大，进而成本更低，更易达到规模经济，即当所有的投入都成比例增长时，产出得到更大的增加，也就是出现正反馈；然后随着规模经济的发展，产出减少，负反馈就会起主导作用。

在数字经济下，根据前面介绍的梅特卡定律，使用数字产品的用户越多，数字产品提供商的规模越大，该产品的价值就越大，在市场上的地位就越高，创造的价值也越多。比如电话网络的例子，加入该网络的用户越多，通信带来的价值就越大，从而正反馈的作用就会占主要地位。数字经济中的正反馈与传统经济的正反馈不同，更多来自需求方的规模经济，而不仅仅是供应方的规模效益。我们日常使用的微信、今日头条等，使用者认为其有价值是因为其被广泛使用，随着使用的人越来越多，既增加了不同的人群交流范围，也方便获取来自四面八方的形形色色资讯，从而带来正反馈。

传统经济理论认为，要想达到一定的正反馈，企业必须达到一定的规模，所以在传统经济中，我们可以看到处于市场主导地位的企业往往规模极大，这样才能实现规模效应，降低生产成本，创造更高的经济价值。然而，数字经济条件下，开始涌现出一些新型企业甚至是个人，这些企业和个人核心竞争力是利用拥有的技术与数据，实现持续不断的快速创新，虽然规模较小，但其创新能力和竞争能力却优于同行业中的大企业，且常出现"以小搏大"的局面。因此，在数字经济时代，由于要素的变化，劳动力、资本规模扩大表现出的规模经济越来越被拥有更多知识和信息表现出的规模经济取代（刘培刚，2014；赵立斌、张莉莉，2020）。

2.2.3 微观经济学基本分析框架的新挑战

1. 消费者行为理论的变化

传统经济中消费者是产品的被动接受者，消费者面临的是给定的产品组合，然后在给定的预算约束和商品价格条件下，购买最优的产品组合以实现效用的最大化。数字经济条件下，随着移动互联、大数据、人工智能等数字技术的不断进步，消费者可以直接参与到产品的研发、设计和生产上来。定制化生产逐渐成为生产活动的主要形式。生产者和消费者的区别开始消失。消费者可以充分表达自己对产品个性化、专门化的需求，考虑的不只是自身的预算约束，还将传统生产者考虑的内容纳入自己的考虑范围。另外，数字经济中的平台化趋势，更是增加了消费者和生产者在产品增值方面的互动，将消费者和生产者的利益紧密联系在一起，从而促使消费者越来越具有生产者的特征，从而导致数字经济中消费者行为理论将发生变化（宋爽，2021；赵立斌、张莉莉，2020；李静等，2021）。

2. 边际成本定价理论的变化

传统微观经济学中，厂商为了利润最大化可以依据边际成本定价。而数字经济下生产数字产品呈现出高固定成本、低边际成本的特性，厂商为了收回固定成本，不可能再按边际成本定价。

虽然目前数字产品定价还没有形成如同传统价格理论那样简洁、普适的分析模型，但以下几点仍值得关注：首先，数字产品和传统产品一样，其价格也会或多或少受到自身价值、生产成本甚至市场供求等因素的影响，如数字产品生产厂商，虽不能按边际成本定价，但可按边际收益和平均成本相等定价，收回固定成本，因此数字产品价格与传统产品的价格有相同的影响因素。其次，数字产品为知识、技术密集型产品，如研发产品，不单具有高固定成本的特性，能不能研发成功具有更大的偶然性，研发出来能不能获得青睐，受消费者主观心理评价影响较大。所以，数字产品定价时也要更多考虑研发风险、产品生命周期、长尾产品特性、营销方式、消费者偏好及大众精神与心理评价的差异性等。最后，具有不同特性的数字产品应该采取差别化的定价策略（李静等，2020；刘培刚，2014；赵立斌、张莉莉，2020）。

3. 边际分析与均衡理论的变化

边际分析是标准的微观经济学的基本分析工具。对消费者的效用最大化问题而言，边际分析得出了著名的"戈森第二定律"，即在给定的效用函数和给定的价格与预算约束条件下，当消费者效用最大化时，花费在每种商品上的边际效用与其价格的比值都相等。当边际收益等于边际成本时厂商的利润达到最大。当市场上消费者达到效用最大化，厂商达到利润最大化时，市场达到均衡数量和均衡价格。在数字经济下，由于受需求方规模经济与供给方规模经济的共同影响，随着数字产品用户规模的不断扩大，数字产品的协同价值越来越大，最后一个加入的消费者愿意为数字产品支付的价格越来越高，而厂商的边际成本越来越低甚至为零，平均成本也在不断降低，所以数字经济下的均衡点不止一个，更不能通过边际收益与边际成本相等，找唯一的均衡点（刘培刚，2014；赵立斌、张莉莉，2020）。

4. 企业管理理论的变化

数字经济时代，企业管理的计划、组织、领导与控制等环节都会受到影响，所以数字经济下企业管理理论与传统经济下有很大的不同。首先，传统管理理论强调的是企业之间的竞争，企业和企业之间是一场零和博弈，一方的盈利就是另一方的损失。但数字经济条件下，尤其是数字经济中出现的新型经济模式——平台经济体，为企业之间提供了一个协同合作、互惠互助、共同创造价值的机会。平台经济体是一个由数字技术驱动，高度协同的各个企业所共同组成的开发、共享、互惠互利的经济生态系统，这就导致企业的经营思想与管理理念开始从单纯强调竞争向协同管理转变；其次，由于数字技术下信息获取的极大便利，不再需要更多的中间层级，企业组织结构从层级管理向松散的网络化管理组织转变，沟通渠道也更加顺畅，企业高管可以随时直接与普通员工对话；最后，传统经济中，产品的营销需要经过层层中间商，层层流通才能到达消费者手中，而数字经济中，大数据、人工智能等的发展，帮助企业可以精准对客户进行画像，准确预测客户的需求，从而可以和客户直接就产品的方方面面进行沟通和协商，这带来了产品营销管理的根本转变（赵立斌，张莉莉，2020）。

5. 垄断理论的变化

传统理论基本是否定垄断的作用，强调垄断会带来阻碍创新、提高价格、降低社会福利等不良后果，对垄断建议采取限制的政策。

从20世纪90年代开始，互联网、大数据中心等这些具有自然垄断特征的数字基础设施类产业开始迅速发展，不同之前传统物理基础设施网络如电信、铁路等封闭性的网络，由于互联网等数字基础设施是开放性的，依托数字基础设施的数字经济体或网络平台会随着规模的扩大、用户的增多不断增值。某一平台的用户越多，商业机会越多，使用的人就会不断增多，随着使用的人越来越多，成本就会越来越低，平台收益自然会不断增加。当平台形成一定规模，就会焕发出巨大的规模经济优势，后来者就算比其做得更好，但巨大的一次性固定成本以及数字产品的路径依赖与锁定效应，导致了较大的获客成本，无法与先加入者几乎为零的边际成本相比，很难进入同样的市场，这样就会导致最先进入市场的先驱者，抓住市场机遇，利用先发优势，不断拓展用户规模，其市场占有率也越来越大，而潜在加入者与在位的成功企业相比进入市场的难度却越来越大，这样整个市场竞争结果更倾向于一家或少数几家企业主宰市场，形成寡头垄断，甚至形成先入为主、一家独大、赢者通吃的局面。例如，在电脑操作系统领域，微软先入为主，开发了 Windows 等一系列的操作系统，垄断了电脑操作系统这一领域，虽然该系统存在不少缺陷，用户对其产品也表达了许多不满的意见，后来甚至也有一些更好更为优化的新的操作系统，但微软已通过正反馈过程主宰了整个市场，这就导致后来者无法跟微软抗衡。这是一种先入为主的现象，甚至次优产品先进入者也可拥有锁定市场的能力，进而拥有主导市场的可能性，可见，垄断问题在数字经济时代没有削弱，反而日益成为更为突出和严重的问题。强者愈强、富者愈富，这就是数字经济时代产业组织问题的特殊性。

可见，由于数字平台在需求方规模经济、路径依赖、锁定与正反馈的作用机制下，聚集的用户规模越来越大，最终必然产生巨型平台，进而必定会形成垄断。但数字经济时代的垄断，是否如传统经济理论预言的那样，会带来阻碍创新，提高价格，降低社会福利等不良后果，从而建议对垄断采取限制的政策？目前学术界仍没有达成一致意见。人们普遍认为，数字经济下垄断往往会加剧创新，提升竞争程度，从而带来更大的社会福利的增加。数字企业之间一定存在更大的竞争，这是由于数字产品的特性所决定的。由前面介绍的数字经济的几个基本规律可知，数字产品与传统产品不同的地方在于其产品周期发展非常迅速，往往还没有到达产品的兴盛和衰败期就已经有新的产品开始出现并取而代之了。数字产品的领导者往往面临来自各个方面的竞争，为了应对激烈的竞争，维护其垄断地位，必须不断加大研发投入，不断对产品升级换代，不断维持其高额的利润。因此数字经济下垄断越突出，竞争就越激烈，在竞争与垄断此消彼长的作用下，实现技术的不断进步与创新。所以与传统经济下垄断消除竞争与阻碍技术进步不同，数字经济下的垄断会激化竞争，并在更激烈竞争作用下促进技术的不断进步与创新，因此，传统工业经济下的反垄断原则不完全适用于数字经济下的垄断治理（宋爽，2021；刘培刚，2014；李静，2020；赵立斌、张莉莉，2020）。

2.3 数字技术给经济带来的新特征

数字技术促使经济呈现出之前所不存在的独有特点，对此，学者已做了大量的研究。

下面，我们引用各方面的研究，阐述如下。

2.3.1 数字技术给经济带来的数字化和智能化

1. 数字化

宋爽（2021）认为，数字经济时代，一切信息均能够以数字化形式表达、传送和储存，数据成为驱动经济发展的关键生产要素。相比以前的经济形式而言，数字经济时代数据成为最主要的生产要素，在数字经济的生产生活中发挥着日益重要的作用。农业经济时代，土地、劳动、农业用具等构成其中主要的生产要素，工业经济时代，资本、劳动、管理等构成其中主要的生产要素。而到了数字经济时代，庞大的数据量正呈现出指数级的迅速增长，每时每刻都在产生着数量惊人的数据。世界经济论坛提出，2020年全球的数据总量预计达到44个泽字节（ZB），是可观测宇宙中星星数量的40倍；到2025年全球每天预计会有463个艾字节（EB）的数据产生。庞大的数据量及其处理和应用需求催生了大数据概念，数据日益成为重要的战略资产。美国政府在一项报告中明确指出，数据资源成为数字经济时代中的企业和国家的核心实力，谁掌握了数据，谁能从数据中获取宝贵的信息，谁就具有绝对的优势，占据主动权。大数据更是被认为是"未来的新石油"，也是"陆权、海权、空权之外的另一种国家核心资产"。大数据的开发和应用将成为第三次工业革命的标志，数据和数据分析将发挥重要的作用，是各国互相争夺的资源，第三次工业革命将在大数据的驱动下取得更多更大的价值。

2. 智能化

智能化是指事物在互联网、大数据、物联网、人工智能等技术支撑下能自动地满足人类需求的属性。智能化的实现依赖于算法，算法是计算机程序运行的一系列规则，作为构建平台的底层技术要素，定价算法、推荐算法等被广泛运用于电子商务、新闻媒体、交通、医疗等各领域（宋爽，2021）。

人工智能的技术发展极大提高了大数据的分析能力，换言之，如果没有人工智能在最近几十年的突破，即便有巨大的数据集合也没法对其进行收集、处理、加工和分析，无法从中挖掘出有价值的信息，无法发挥其中蕴含的巨大价值。人工智能的迅速发展，能分析巨大的数据量蕴含的内在的规律、关联等，既具有分析传统结构化、关系型数据的能力，又具有分析视频、音频、人类语言、各种各样的非结构化数据的能力，并在万物相联的物联网时代中发挥着越来越重要的作用。人工智能将极大促进数字经济的智能化发展趋势。企业的数字化转型，将是未来所有企业的核心战略。数字化转型，本质上就是企业的生产、组织、管理等各个方面向智能化发展。依靠互联网、大数据、云计算等数字技能，推动传统企业充分发挥"互联网+"的新型模式，应用数据化思维，实现互联互通，做到精细化管理，最终实现传统企业的智能化发展。

2.3.2 数字技术给经济带来的平台化和共享化

1. 平台化

依托"云网端"新基础设施，互联网平台创造了数字经济时代中新型的商业环境——平台化，大大缩短了生产商、供应商、零售商和消费者的距离，沟通成本大大降低。以阿里巴巴为例，截至 2019 年 6 月 30 日，平台为买卖双方提供了基础、标准的服务，大量个性化的商业服务由生态系统内各种各样的服务商所提供，借助数字经济平台能够实现超大规模的协作。在淘宝零售平台上，"淘宝平台 +7.55 亿消费者 +1000 多万在线商家"，共同构成了一个超大规模的分工与协作体系。

互联网平台模式是数字经济的重要组织形式。平台是一种居中撮合、连接两个或多个群体的市场组织，其主要功能是促进不同群体之间的交互与匹配。无论在国内还是国外，平台模式已益成为数字经济中非常重要的新型商业模式。企业、机构、行业等，无一不开始采用平台化的经营模式，利用平台来创造新价值，发展新的盈利机会。比如，在租车行业，滴滴、高德等平台，让乘客把用车信息发给司机，以降低空车率，减少顾客等待时间，增加盈利等。

2. 共享化

共享化或共享性日益成为数字经济时代一个突出的特征，共享经济也成为数字经济中的主要经济形态。共享经济是指利用互联网等现代信息技术，以使用权共享为主要特征，整合海量、分散的资源，满足多样化需要的经济活动。在共享经济中，各种资源日益开放，为社会所有成员分享，数字技术的集成、存储、分析以及交易业务得到共享，在共享时代下释放数字技术资源的新价值。以数字技术为基础的数字金融、智能支付、智慧物流、智慧健康、电子商务、数字信息服务等服务型数字产业也在共享时代得到迅速的发展。共享经济主要的好处有低门槛、低成本、低污染、高效率、高体验、高可信度。在互联网条件下，创新体现的就不只是在企业内部上的生产资源的重新组合，而是全社会乃至全世界范围内的整体整合，从而有助于生产潜力的极大发挥（宋爽，2021；赵立斌、张莉莉，2020；李静等，2021）。

2.3.3 数字技术给经济带来的跨界融合

随着数字经济的发展，跨界融合的特点日益突出。一是供给方和需求方的界限日益模糊，逐渐成为融合的"产销者"。在供给方面，企业可以通过大数据技术挖掘用户需求、分析用户的消费行为和习惯，有针对性地开发产品，如可以借助 3D 打印技术实现完全个性化的设计和生产。在需求方面，消费者参与和消费新模式的出现，使企业不得不改变原来的设计、推广和交付方式。二是人类社会网络世界和物理世界日益融合。随着数字技术的发展，网络世界不再仅仅是物理世界的虚拟映像，而是真正进化为人类社会的新天地，成为人类新的生存空间。比如物联网是一个物物相连的网络，其通过前端的感知设备，如 RFID 系统、红外线感应器、GPS、激光扫描器等，按照既定的标准化协议将物理实体联系在一起，并利用信息智能处理和策略化系统控制等方法实现对物理实体的识别、定位、跟踪和管理的综合信息化系统。可见，物联网是通过各种信息装置与技术，实时采集任何需要监控、连接、互动的物体或过程，采集声、光、热、电、力学、化学、生物、位置等信息，通过各类可能的网络接入，实现物与物、物与人的泛在连接，实现对物品和过程的智能化感知、识别和管理。

物联网包括感知层、传输层、处理层和应用层。感知层是指物联网中，信息的交流不只是发生在人与人之间，而是扩展到了人与现实世界。网络层是指物联网是建立在现有网络的基础上发展起来的融合网络。处理层是指物联网的分析和处理信息的能力。应用层是指物联网在各个领域的广泛应用，极大促进了数字技术与物理世界的融合，也使得现实物理世界的发展速度向网络世界靠近，人类社会的发展速度将呈指数级增长。网络世界和物理世界融合主要是靠信息物理系统实现的。该系统包含了无处不在的环境感知、嵌入式系统、网络通信和网络控制等系统工程，使我们身边的各种物体具有计算通信、精确控制、远程协助和自组织功能，使计算能力与物理系统紧密结合与协调。同时，随着人工智能、VR（虚拟现实）、AR（增强现实）等技术的发展，推进物理世界、网络世界和人类社会之间的界限逐渐消失，构成一个互联互通的新世界（宋爽，2021）。

小结

本章从数字经济的基本规律、数字经济对传统微观经济理论的新挑战、数字技术给经济带来的新变化等三个方面对数字经济的新特征做了介绍。

首先介绍了数字经济中的几个基本规律，如摩尔定律、梅特卡定律、正反馈和负反馈等。并结合数字经济的具体实践情况，介绍每个定律的适用范围和实际意义。

然后介绍数字经济对传统微观经济理论提出的新挑战，从三个方面来逐一论述，即数字经济对微观经济理论基本原理的挑战，对微观经济理论基本假设的挑战，对微观经济理论基本分析框架的挑战。

最后分析了数字技术给经济带来的新变化，比如生产的智能化、组织模式的平台化、生产活动的跨界融合等。

思考题：

1. 除了课本中介绍的几个方面，你还能想出哪些方面，数字经济与传统经济相比，具有较为明显不同的特征？
2. 你对数字经济中哪条基本规律有较深体会，谈谈你的认识。
3. 如何理解数字经济中出现的免费的营销策略。
4. 如何理解数字经济对微观经济理论的冲击，我们是否应该放弃传统经济理论？
5. 谈谈我国该如何应对数字技术给经济带来的新变化。

参考文献

[1] 麻元元，秦成德，刘杨林.网络经济学基础[M].北京：清华大学出版社，2008.
[2] 钱志新.数字新经济[M].南京：南京大学出版社，2018.
[3] 马化腾，孟昭莉，闫德利，等.数字经济[M].北京：中信出版集团，2017.
[4] 宋爽.数字经济概论[M].天津：天津大学出版社，2021.
[5] 刘培刚，等.网络经济学[M].上海：华东理工大学出版社，2014.
[6] 汤潇洒.数字经济[M].北京：人民邮电出版社，2019.
[7] 马文炎.数字经济2.0[M].北京：民主与建设出版社，2017.
[8] 李静，等.数字经济理论[M].合肥：合肥工业大学出版社，2021.
[9] 赵立斌，张莉莉.数字经济概论[M].北京：科学出版社，2020.
[10] 熙代.区块链经济学[M].北京：机械工业出版社，2019.
[11] 管同伟.金融科技概论[M].北京：中国金融出版社，2020.
[12] 王佑强，涂晶.区块链改变未来[M].北京：人民日报出版社，2020.

第 3 章

数字产品的供给与需求分析

学习目标

（1）了解数字产品的定义。
（2）掌握数字产品的特征。
（3）了解数字产品的基本供求分析。

3.1 数字产品及其特征

3.1.1 数字产品定义

数字产品如同数字经济一样，目前也未形成普遍接受的定义，本章采用麻元元等人（2008）的观点：数字产品又称为数字化产品，它是数字技术的产物，是以网络为载体向市场提供的，具有明显技术特征的，具有显著网络外部性的无形的产品或服务。

数字产品又可分为内容产品、交换性工具产品、数字化过程和服务性产品三类。所谓内容性产品是指比如报纸、杂志、产品说明书等有明确的内容含义的数字产品，内容性数字产品是数字产品中最主要的产品。交换性工具数字产品涉及交换性工具的概念，代表某种契约合同，而如果数字技术运用到相关的货币、金融、政务等领域产生的产品就称为交换性工具产品。比如，纸质货币长期作为交换性工具被使用，但随着数字经济的发展，货币和许多传统的金融工具都被计算机编程转化为数字产品。我们有各种各样层出不穷的新型货币形式，方便快捷的支付和转账手段，这些交换性工具数字产品极大降低了交易成本，提高了资金使用效率，从而给生活中的经济活动带来极大的利益。数字化过程和服务是指任何可以被数字化的交互行为，典型例子如，通过微信、邮箱发送文件，通过支付宝支付货款（麻元元、秦成德、刘杨林，2008）。

3.1.2 数字产品的层次

数字产品具有不同的层次和特性,首先是为数字产品的订购、生产、传输、交易、存储提供支撑数字产品的基础设施,它们具有以下3个特点:

(1)数字基础设施建设往往需要政府出面负责或联合私人资本共同建设,这是因为数字基础设施建设投资周期长,回报率低,具有自然垄断的性质。

(2)数字基础设施是构成数字经济运行的基本平台,其公共服务的性质导致其还具有明显的外部性特征,相关的成本和收益可能会落在与交易双方无关的第三者身上。

(3)数字基础设施产品的规模一般较大,建造周期长,所以建设成本、固定成本很高,边际成本在一定范围内会递减,但超出临界点,也可能会出现边际成本递增。

其次是数字化平台性产品。这一层的产品主要用于促成数字交易,可以被称作促进数字订购与交易的平台性产品,具有以下2个特征:

(1)数字化平台性产品在数字经济中发挥着重要的作用,有力支持和促进数字经济的发展,是数字产品中非常重要的类型。但数字平台往往建设费用非常高,研发和维护成本也很高,从而需要企业投入巨额资金,但建设起来后,使用和复制的成本则非常低廉,所以数字平台的边际成本非常低,甚至接近零,这样边际收益就递增。

(2)数字平台产品技术含量较高,但在数字经济达维多定律下,如果不持续创新,及时升级换代,就会被其他更新的产品取代,进而淘汰出局,所以此类产品具有较大的持续创新与不稳定性。

然后是可通过数字化方式订购与传输的产品,包括图书、音像等电子产品,都可通过数字化的方式传播,数字技术只是为其更广泛的传播提供了手段,在数字经济下,这些产品可以比以往以更加快捷的方式、更加低廉的价格提供给消费者。由于消费者对此类产品的需求更加多样化、个性化、异质化,因此对此类产品的供给也很难规模化、同质化与标准化。

最后是借助数字技术生产的产品或服务,这些产品指的就是通常认为的数字产品,与之前传统经济下或网络经济下产品生产方式不同,其更多是通过借助大数据、云计算、人工智能、3D打印等数字技术生产的产品。

3.2 数字产品和数字生产的特性

3.2.1 数字产品的特性

根据麻元元等人(2008)的论述,数字产品具有以下几个方面的特性。

1. 高固定成本、低边际成本

数字产品具有特殊的成本结构，生产规模非常巨大，生产潜力可以认为是无穷大。这就导致数字产品的研发初始阶段需要大量的资金投入，从而导致数字产品的固定成本非常巨大。但数字产品生产出来以后往往可以比较低廉的成本被复制和使用，这就导致数字产品的边际成本非常低。

2. 不可破坏性

由于数字产品主要是以计算机编程的形式，以信息化、代码的形式存在，不具有实际的物理存在形式。这就导致数字产品基本上不存在磨损、耐用不耐用等问题，理论上数字产品可以无限期保持下去。

3. 可变性

数字产品在存在方式上具有不变性，但在内容上却具有比较容易的改变性，这是指数字产品的内容可以比较容易受到改变和修改，随着使用者的不同目的和用途而改变其相关内容，这是数字产品跟传统商品很大不同的地方。

4. 可复制性

我们可以很方便地从网上下载、复制一份文档，这就说明了数字产品的可复制性。数字产品为什么具有很大的经济价值就在于它往往能以较低的成本被复制，从而扩大了它的使用范围。

5. 公共产品性

公共产品主要具备两个条件：非竞争性和非排他性。非竞争性指的是增加该商品一单位的消费量的边际成本为零，非排他性指的是一个消费者对该商品的使用不影响其他消费者对该商品的使用。数字产品具有公共产品的基本性质。首先，数字产品的数字化内容，决定了可以被很多人同时使用；其次，数字产品的可复制性决定了数字产品具有非排他性。实际上，如何消除数字产品的公共产品的性质，从而保护数字产品的提供者的利益，一直是经济学界研究的课题。

6. 数字产品的外部性

很多数字产品都具有正的或负的外部效应。比如，数字产品的可复制性、容易传播的特点导致它往往能在社会较大范围内造成影响。一个虚假的新闻、虚假的消息很快会在社会大范围内传播，从而带来严重的消极后果，这就是数字产品的外部性的体现。数字产品的价值不仅包含自有价值，即产品本身的价值或一个人使用时的价值，还包括网络协同价值，即在网络外部性下，由于使用产品人数的增加，产品本身带给消费者的效用也越来越大，即直接网络外部性越大；而与此同时，其互补品的价格也越来越低，间接网络外部性也越大。数字产品的使用人数越多，其带给消费者的效用和产品的价值就越大，消费者愿意为其支付的价格也越来越高。所以，在网络外部性作用下，消费者的需求受产品消费者网络规模的影响，既有需求规模越大，产品价值越大，在需求方规模经济的作用下，又能激发更大的需求（赵立斌、张莉莉，2020）。

3.2.2 数字生产的特性

数字商品生产者根据不同的目的和要求，按照一定的程序和方法，在生产过程中将富含信息和知识的数据等生产对象经过技术与思维活动进行采集、加工、传输、整理、分析、创造直至数字商品的诞生就是数字产品的生产过程。

1. 数字商品的生产具有明显的两阶段性

数字商品的生产两阶段性是指数字商品先要经过创造的过程，然后再进入复制和批量生产的过程。数字商品的创造过程，指的是数字商品构思、相关数据采集、整理、加工、分析、创新到数字商品生产出来的整个过程。该过程是对未经加工的数据资源进行加工，或对已加工的数据资源经过人脑的创造性思维进行再加工，形成新的知识之后才输出并注入数字商品的过程。此阶段的数字商品生产具有知识创造性，比如微软公司开发 Windows 电脑操作系统，这个过程需要投入大量的研发资金，需要有大量的软件工程师、程序员、电子方面的专家等大型团队协力合作，共同攻克技术难关，这个过程注重的是数字产品的创造性等属性；数字产品研发出来以后就进入第二阶段，也就是批量化的复制、生产、使用的阶段。例如，Windows 电脑操作系统研发出来以后，就开始大量复制该软件投入实际的使用中去，这个过程就属于物质生产，属于数字商品生产的第二阶段。

2. 数字商品的生产与使用具有完整性

数字商品生产的完整性是由使用数字商品的不可分割性决定的，即由于数字商品的内在结构是不可分割的，只有完整的数字商品才有使用价值，这就决定了数字商品生产的不可分割性与完整性。例如，某个应用软件若仅有部分编程或缺少了关键部分的编程，是没有任何直接使用价值的。因此数字商品在生产时就必须生产出一套完整的数字商品，否则对于消费者和用户而言就没有任何价值。此外，数字商品使用的完整性还表现为有些数字商品的一部分虽不具有完全市场价值，但与其配套的产品组合起来使用或将全部的产品集合都付诸应用，其使用价值就能得到最佳发挥。例如，对于各式各样的 App 软件和支持其应用的智能手机必须完全配套使用，才能发挥出最大的价值(赵立斌、张莉莉,2020)。

3. 数字商品的生产具有很大的不确定性

这是指数字商品往往是创造性工作的产品,是研究者通过科学研究、技术创新等创造性的活动取得的成果,这与物质商品的生产具有较大的不同。物质商品的生产,一般而言,只要拥有相应的生产资料,根据相应的工作流程就能生产出来。但数字商品的生产具有很大的不确定性。因为数字商品的生产融入了人类的想法与观念等丰富复杂的脑力创造性劳动,其结果是无法预知的,投入与产出之间也没有绝对的必然联系,有时投入较多的时间与精力最终却可能一无所获,但有时又可能很轻松就得到意想不到的结果。

4. 数字商品的生产具有非重复性

不同于物质商品的生产,同一商品可以按统一的标准进行大规模重复生产,而数字商品的生产则具有非重复性,表现为在拥有相同数据资源和生产条件的情况下,不同生产者,由于其不同的知识结构、不同的思维习惯、不同的创造能力、不同的创造目的、不同的文化背景等,而创造出不同的数字产品。此外,数字商品的非重复性还表现为只要一生产出来就可以进入物化复制阶段,也没必要去重复生产。例如,科学论文、科技成果与发明专利等,一旦创造发明出来并公布于众,就不会再进入发明或创造领域。

3.3 数字产品的供给与需求分析

关于数字产品的供给与需求分析,目前已有大量的研究,本节引用相关的研究进行论述。

3.3.1 传统经济理论中的供给分析

传统经济理论将经济参与者分为生产商和消费者两大类。生产商生产产品并在市场上出售,是市场的供给方;消费者购买商品,是市场的需求方。市场的需求指的是消费者在一定的价格条件下愿意购买的商品数量,对应的需求定律是说商品价格下降,对该商品的需求量增加。市场的供给是指在给定的价格条件下,生产商愿意提供的产品数量,一般认为价格越高,生产商愿意提供更多的商品。

为了简化分析,均衡分析往往先考虑完全竞争的情形。完全竞争市场是指:①有无穷多个买方和卖方。市场中有无数个卖者和买者,单个消费者与单个厂商的交易数量不足以影响整个市场的供求,因此他们都是市场价格的接受者,而不能影响或改变市场价格。②信息完全。市场上的买卖双方均知道产品生产的成本、价格、数量等一系列必要的市场信息,不存在信息不对称。③市场出清。市场在价格机制的调节作用下,总能实现供给和需求的均衡,即买者能够以其愿意支付的价格购买到需要的商品,卖者能够以其愿意接受的价格卖出全部的商品。④完全理性。每个消费者与厂商都是完全理性的,每个消费者都清楚地知道消费每一样商品可以给其带来的满足感有多少,其目标是实现效用的最大化,而每一位厂商也都清楚生产每一件产品的边际成本与边际收益,其目标是实现利润的最大化。

传统经济下消费者依据其效用最大化的目标,还要通过产品价格及边际成本和边际效用的比较来做出满意的决策。边际分析得出的结论是,为了达到最大效用,必须使消费者用于每种商品消费的最后一个单位的货币的边际效用等于消费商品的边际效用;而对于生产商,其目标是利润最大化,边际分析得出的结论是,生产的产量使得边际成本等于边际收益时,利润得到最大化。

以上基本的市场供求均衡模型仍适用于数字经济中数字产品的供给均衡问题。普遍认为数字经济中,市场的本质与决定供求关系的价格机制依然没有改变,基本的市场供求均衡模型对于数字经济依然是适用的,数字经济下的需求曲线仍然向右下倾斜,但数字产品的供给与需求具有以下特点,需要我们在均衡分析时特别注意。

3.3.2 数字产品供给分析

数字产品的供给具有以下一些特征。

1. 数字产品的成本结构

数字产品的生产具有特殊的成本结构,即高固定成本、低边际成本甚至零边际成本。开发某一项数字产品,如微软公司开发 Windows 电脑操作系统,从相关研发环境的建设与维护、软件开发、测试与宣传,到最后进入市场付出的大量成本大多属于企业的固定成本。但是一旦软件生产出来成功进入市场,再生产一个新的产品,即复制一份软件的成本接近于零。所以,数字产品的生产,可以被大规模、低边际成本甚至零边际成本批量供给(赵立斌、张莉莉,2020)。

2. 数字产品是网络化供给

数字经济中网络日益扮演着重要的角色,在数字产品的供给中起着决定性的作用。网络成为信息流通的主要渠道,决定数字产品的最终使用用途和效率。通过网络化的供给,数字产品可以极快的速度到达用户手中。网络购物已成为人们日常购物的一种主要形式，以前为了购买一件商品，人们要花费大量时间和精力，去实体商店进行挑选、比较、购买等工作，现在借助网络化的供给形式，人们足不出户就可以直接完成挑选、比较、购买等工作，并且很多数字化的产品可以直接在网上下载，这就保证了用户可以极快的速度得到相关的产品。数字产品网络化，克服了地域等距离空间带来的不便，极大加快了数字产品的流通速度，日益成为今后的发展趋势（麻元元、秦成德、刘杨林，2008）。

3. 数字产品实施差别化的定价

数字产品的生产具有特殊的成本结构，即高固定成本、低边际成本甚至零边际成本。开发某一项数字产品，如某款软件，生产出来以后成功进入市场，再生产一个新的产品，即复制一份软件的成本接近于零。这意味着从客观角度以厂商客观要素投入量的成本为基础衡量数字商品的价格已经不再可取，而更应该从主观角度以消费者感受到的效用为基础决定数字商品的价格。但由于消费者学识经历与身份背景的不同，不同消费者对相同数字产品的价值判断存在差异，甚至同一消费者在不同时间段、不同空间范围内由于其心理感受的不同，对同一数字商品的价值判断也会存在根本性的差异，基于此，厂商就可以根据不同消费者的消费意愿及需求弹性进行差别化定价。具体来说可以采取以下差别化定价策略。

（1）延时发布信息。延时发布信息，即将新数字产品发布信息毫无迟滞地告诉给那些消费意愿高的消费者，并最先销售给他们，而延后推荐并销售给那些支付意愿低的消费者。例如，新的智能手机发布时的价格远高于一年后的价格，新的电影在影剧院上映一段时间后在网上免费传播。

（2）质量歧视。数字出版商为了有利可图经常将同一数字产品提供三种版本，即以最快的速度将最原汁原味的特色最多的完整版本卖给那些支付意愿最高的消费者，而将经删节的特色最少的最简版本卖给那些支付意愿最低的消费者，除了这两种极端版本，还要提供一种位于二者之间的中间版本（刘会娟、吕萍，2004；赵立斌、张莉莉，2020）。

（3）价格歧视。针对同款产品，运用大数据方法获取相关数据分析，对需求弹性比较小的客户卖高价，对价格敏感的人群卖低价。

（4）产品升级换代。随着产品的升级换代，不定期发行有更多特色的改进版本，并在第一时间把其出售给支付意愿最高的消费者，而把过时的老版本销售给支付意愿略低的消费者。比如 Windows 操作系统的不断更新升级都是这方面的典型例子。

（5）捆绑销售。在消费者对不同数字产品的不同特征有不同偏好的情况下，捆绑销售就会起作用。捆绑销售通过把两种或多种不同产品捆绑，创造出一种新的数字产品，制定合适的价格，以同时满足对第一消费者群体价值很高与对第二消费者群体价值很低的特点（赵立斌、张莉莉，2020）。

4. 数字产品是定制化供给

数字产品一个很突出的特点就是它往往是定制化供给。换言之，数字产品的供应商依据各种数字技术，及时收集用户的需求信息，在产品的设计、研制和开发等阶段和用户进行交流，将生产情况反映给用户，让消费者也融入生产的整个流程中，这就是数字产品的定制化供给。比如戴尔等电脑公司，已实现了定制化的供给。客户将其对电脑硬件、软件等配置的具体要求告诉给戴尔公司后，戴尔公司根据客户的具体需求，帮助客户设计出最能满足其要求的电脑产品。数字产品的定制化供给带来了一系列的好处：①定制化充分体现了用户的需求，用户的满意度大幅提升；②定制化大幅降低了销售成本，减少了库存积压，产品可以较快地被用户接受，减少了中间的销售和库存环节，从而促进企业今后的发展（麻元元、秦成德、刘杨林，2008）。

3.3.3 数字产品需求分析

1. 数字经济是服务型经济

数字经济下对服务的需求越来越高：一方面是物质产品中所附带的服务形式更加多样化、服务的附加值含量更高，特别是随着制造业服务化水平的不断提高，服务已经成为产品组成及产品差异化构成的重要因素，因此在数字经济中的产品也蕴含着更多的售前、售中与售后服务内容，产品的效用不仅包括产品本身所固有的效用，还有与产品相关的服务；另一方面是服务性产品在整个经济社会中所占的比重越来越大，特别是数字经济下，借助数字技术，服务业突破了时空限制，之前更多只能通过面对面提供与接受的服务，现在可以跨越时空，随时随地提供与接受服务，所以服务业的效率可能超过制造业，服务产品提供的范围更加广泛（赵立斌、张莉莉，2020）。

2. 数字经济是个性化经济

数字经济一个很突出的特点就是消费者的需求得到了极大的释放，越来越突出个性化生产和消费，越来越将消费者和生产者紧密联系在一起。数字产品越来越呈现个性化的特征。消费者借助各种先进的数字技术，方便快捷地表达自己的消费需求，数字产品提供者收到消费者的需求后，根据具体的要求进行个性化生产，对不同的消费者提供不同的数字产品。这带来了以下几个方面的好处：①市场运行更为平滑，传统经济中商品向货币惊人的一跳现在更为平滑；②需求表达零时差，传统经济中市场调查工作往往需要半年的时间,现在几乎是同时生产者就可以获得客户的需求信息(麻元元、秦成德、刘杨林,2008)。

小结

本章介绍了数字产品的供求分析。首先介绍了数字产品的定义,指出数字产品与传统商品有什么不同的地方。

接下来介绍了数字产品生产和数字产品的特征,比如数字产品具有外部性、可变性、固定成本高、边际成本低等特征;数字产品的生产具有创造性、定制化等特征。

最后运用传统的供求分析方法,对数字产品市场的供求做了分析:①论述了数字产品的供给方的特征,如数字产品是网络化、定制化的供给;②数字产品的需求具有个性化、多样化的特征,结合供给与需求对数字产品做了分析。

思考题:

1. 数字产品的定义还有哪些?查阅相关文献,整理这方面的结论。
2. 如何理解数字产品中的定制化,它对传统模式带来了什么影响?
3. 如何理解数字产品的几个特征,哪些是目前研究最多的特征?
4. 查阅相关文献,整理对数字产品成本的研究结论。
5. 请结合具体的数字产品,对该产品做详细的供求分析。

参考文献

[1] 麻元元,秦成德,刘杨林.网络经济学基础[M].北京:清华大学出版社,2008.
[2] 钱志新.数字新经济[M].南京:南京大学出版社,2018.
[3] 马化腾,孟昭莉,闫德利,等.数字经济[M].北京:中信出版集团,2017.
[4] 宋爽.数字经济概论[M].天津:天津大学出版社,2021.
[5] 刘培刚,等.网络经济学[M].上海:华东理工大学出版社,2014.
[6] 汤潇洒.数字经济[M].北京:人民邮电出版社,2019.
[7] 马文炎.数字经济2.0[M].北京:民主与建设出版社,2017.
[8] 李静,等.数字经济理论[M].合肥:合肥工业大学出版社,2021.
[9] 赵立斌,张莉莉.数字经济概论[M].北京:科学出版社,2020.
[10] 熙代.区块链经济学[M].北京:机械工业出版社,2019.
[11] 管同伟.金融科技概论[M].北京:中国金融出版社,2020.
[12] 王佑强,涂晶.区块链改变未来[M].北京:人民日报出版社,2020.

第 4 章

数字经济中的市场结构

学习目标

（1）了解数字经济中基本市场特征。
（2）掌握数字经济中竞争与垄断并存的市场结构。
（3）了解数字产品的价格歧视。

4.1 数字经济中的垄断与竞争

4.1.1 传统经济理论中的市场结构

市场结构理论是微观经济学重要的组成部分。古典经济学的创立者——亚当·斯密在其著作《国富论》中，研究了市场机制的种种特征，倡导自由竞争的市场结构，确立了市场机制作为配置资源的重要地位。萨缪尔森在其《经济学》中论述了市场的优势。他认为，市场经济是一个主要由消费者和生产者决定生产和消费的经济制度。价格、市场、竞争、利润等决定了社会生产什么、如何生产和为谁生产的问题。市场经济是一台高度发达、高度精密的仪器，它通过价格机制来对生产和消费进行调节，完美地实现了社会资源的最优配置。

根据市场上厂商的数目、厂商之间生产的产品的差异性，单个厂商对市场的控制程度，厂商进入或退出某个市场的难易程度，微观经济学将市场分为完全竞争、完全垄断、垄断竞争、寡头垄断四种类型。

完全竞争是指市场中存在数目众多的消费者和生产者，所有厂商都生产一样的产品，不存在市场壁垒，厂商可以自由进入和退出市场，厂商是价格的接收者，不能操纵价格，从而厂商根据边际成本来定价以达到利润最大化的目的。完全垄断是指市场上只有一个生产者，没有其他厂商和替代商品，厂商可以控制价格。垄断竞争是指生产者的数目很大但规模较小，每个厂商的产品和其他厂商的产品存在差异，不能完全替代，每个厂商对价格具有一定的控制力。寡头垄断是指市场中的厂商数目很少，但对具体的数目仍没有明确的规定。每个厂商的产量和价格决策行为都对整个市场产生影响，每个厂商的决策都和其他厂商的决策产生联系。

4.1.2 数字经济的市场与均衡

数字经济中存在网络外部性、正反馈和负反馈等规律，从而导致数字经济中出现的市场结构具有一些鲜明的特点。我们引用这方面的相关研究对此做一论述。

1. 市场存在数目较多的企业，但市场集中度较高

由于网络外部性导致的均衡结果，强者越强、弱者越弱是数字经济中常出现的情况。市场上往往存在众多的企业，但这些企业的盈利水平和市场份额往往有较大的差别，出现明显的两极分化，极少数的企业掌握着市场的大部分份额。比如我国的第三方支付企业，支付宝、微信、银联等少数几家企业长期控制着80%以上的市场份额。赵立斌、张莉莉（2020）将这种市场结构称为"新寡头垄断"的格局。他们认为，衡量一个产业的市场结构，市场集中度指标是使用最广泛的一类计量指标，它主要包括绝对市场集中度、相对市场集中度、赫芬达尔指数等。但是，在数字经济条件下，仅仅使用这些指标对其市场结构进行解读是远远不够的，更需要了解在数字技术的作用下，数字经济出现的新规律，从而导致市场结构呈现出的新特点及其背后的经济动因。

对许多数字产业而言，其成本结构具有高固定成本、低甚至是零边际成本的特点，网络外部性非常明显，从而出现正反馈和负反馈现象。这些效应的共同作用，引发了需求方规模经济与供应方规模经济，有可能会导致"赢家通吃、输家出局"的独家垄断。但是，由于网络经济是一种新的经济形态，仍处于不断演进的动态发展过程中，技术进步和持续创新使永久的垄断成为不可能。此外，政府对于独家垄断导致的效率损失有所担忧，因而不断采取各种反垄断政策延缓这种"垄断化"趋势的蔓延。因此，在现实中，往往观察到数字经济一方面呈现出一些寡头垄断的结构特征，而另一方面又与传统的寡头垄断市场结构存在一些差异。传统意义上，寡头垄断的市场有少数企业，它们之间互相依赖，企业的价格或产量的任何变动都会影响其竞争对手的利润，并且每家企业都会意识到自己的行为变化可能引起竞争对手的反应。垄断寡头需要根据对手的决策来制定自己的决策，竞争与合作并存。在众多数字产品产业中，由于网络效应的作用机制，确实存在厂商之间的市场份额与利润悬殊的现象，市场上的主导者往往只有几个。

由于消费者的偏好不同，以及各厂商产品的差异性，一些市场份额很小的厂商仍然存在，因而市场上整体的厂商数量并不一定很少。这种特征被称为"新寡头垄断"市场格局。在具有较强网络效应的产业中，存在明显的市场份额和利润分布不均的情况。主导厂商的市场份额远远高于其他中小厂商，拥有庞大的用户网络，他们所生产的产品有更多的互补产品选择空间，给消费者带来更大的效用。相反，那些市场额微不足道的厂商拥有的用户网络很小，互补品的品种有限，可供选择的范围小，能给消费者带来的效用也较小。

2. 竞争性垄断也是一种常见数字经济中的市场结构

数字产品的特殊的成本结构以及数字市场中的网络外部性等规律，导致数字经济中垄断比较容易发生，但与此同时，数字经济是一个开放、包容、进出障碍较少、快速发展的经济，这就使得新的企业，借助新的更有优势的产品，往往可以在短期内就夺取市场，击败现有的企业，从而重新垄断市场，获取巨额利润。我们可以观察到，数字经济中的市场比传统的经济竞争更为激烈，从而出现竞争性垄断的市场结构（李静等，2020）。

3. 数字经济中垄断和竞争往往是统一的

数字经济中，垄断是竞争过程中必然出现的现象，贯穿整个竞争过程；竞争是垄断中必然出现的结果，正是通过竞争，数字经济中的垄断才得以实现"形成、维持、被打破、新的垄断建立"这么一个循环过程，数字经济中垄断和竞争统一于创新。传统的经济中，垄断取决于企业的规模、标准化生产等因素，垄断厂商往往对创新不感兴趣，传统的经济学理论对垄断往往采取排斥态度，认为垄断遏制了创新。数字经济中虽然也有市场份额的竞争，但市场份额是不稳定的，厂商面临的是多元化的细分市场，产品的开发周期和生命周期都很短，所以从基础研究到应用研究再到开发研究可以在同一个人或者同一代人手中完成，这就使生产过程的创新日益重要，创新是最重要的因素。为了取得垄断地位就必须创新，为了保持垄断地位更要不断创新，所以在1999年美国总统经济报告中反复强调反垄断不能阻碍创新。对于像航天工业这样最具有创新的行业之一，反垄断更要谨慎。1997年联邦贸易委员会批准波音和麦道合并，就是基于对创新的分析，"因为分析显示，麦道的技术已经落后，对波音和海外的竞争者已经不存在竞争压力，因此波音公司获得的不是减少竞争而是通过一个技术先进的企业使麦道的资产合在一起更好地使用"。也就是说在竞争对手失去竞争力时合并它，并不降低竞争程度，也不属于强强合并，对麦道公司而言，合并可以使技术创新。网络经济中的垄断是对产品的技术标准的垄断，企业规模大是消费者货币投票的结果，要维持这种结果，必须在竞争中不断创新。创新竞争中，即使是一个垄断者，创新仍然可以发生。垄断者的竞争对手就是它自己,尤其在某些竞争激烈、知识和技术含量高、R&D 资金大的行业(赵立斌、张莉莉,2020;宋爽,2021)。

4.2 数字经济中的垄断和竞争分析

本节对数字经济中的垄断和竞争从以下几个方面进行分析。

4.2.1 数字经济中的垄断的特征

(1)数字经济中的垄断是技术创新、标准创新的垄断。

传统经济学理论往往考虑两种垄断形式,一种是自然垄断,这是指由于生产技术具有规模经济的特征,平均成本随产量的增加而递减,从而最小有效规模要求只有一个企业生产。后来的发展拓宽了该定义,认为自然垄断在多产品情形中只要求是次可加性,次可加性意味着由单个企业生产给定数量的多种产品的总成本小于由多个企业生产该产品组合时的总成本。另一种垄断形式是行为垄断,即由数个具有相当市场力量的寡头企业生产该行业的大部分产品。寡头市场的潜在危险是寡头企业通过形成卡特尔组织或者默契合谋,联合操纵市场。重复博弈的理论已经证明,尽管在一次性博弈中,企业间的卡特尔协议和默契合谋是难以维持的,但在多次的重复博弈中,卡特尔协议和默契合谋是趋向于被维持的。另外,传统理论认为,寡头企业也可能通过设置进入障碍阻止潜在竞争者的现实进入。

在数字经济时代,垄断更借助技术的创新和标准的创新。数字经济中,技术创新是最为关键、最为重要的因素。技术创新既是形成垄断的根本条件,又是打败现有企业,形成新的垄断的重要保障。数字经济中数字产品的生产具有两重性:①创新性的设计、研发和构思过程;②大批量、标准化的生产。这就说明,数字经济中的垄断归根到底取决于技术和标准上的创新。只有不断在技术和标准上进行创新,才能实现成本优势,确立整个行业的标准,掌握市场发展前景,使竞争者处于相对劣势。企业之间围绕技术或产品标准的确立展开激烈竞争,谁首先在市场上建立起自己的标准,成为市场所接受的领先技术,谁就赢得了进一步控制市场的资本和条件。随着信息技术功能的不断增加和完善,价格呈现出周期性下降的趋势,高性能的技术加上低廉的价格,使网络信息产品一旦出现于市场,便会很快占领市场,赢得竞争优势和市场垄断地位,而不必再经历一个漫长的竞争过程(刘培刚,2014;赵立斌、张莉莉,2020)。

(2)数字经济中的垄断借助网络外部性、正负反馈效应、锁定效应等的表现,相比传统经济更为明显。

如前述，数字经济容易出现网络外部性，即某个网络的参与人越多，该网络的价值就越大，梅特卡定律就是从数量上刻画了这一外部性。正反馈效应和锁定效应是指数字产品的生产消费出现互为因果、互相促进或互相削弱的现象，往往容易导致强者越强、弱者越弱、赢家通吃的市场结果，所以数字经济中垄断的效果更为显著。网络外部性使消费者的效用函数相互依赖，这就意味着购买者必须预期他所要购买组件的可能价格、质量和应用前景，以得到尽可能大的网络价值。在这种情况下，消费者对网络规模的预期决定需求水平，进而对市场垄断的形成产生重要影响。

在网络外部性较强的市场上，需求水平取决于消费者对网络规模的预期。网络市场趋于大量使用者，均衡取决于使用者的数量高于给定的最低值。一旦高于该最低值，需求将通过正反馈机制继续增长，直至达到大规模网络的均衡。该最低值就被称为导致网络建立的购买者临界水平。在网络效应很强的市场中，任何一种技术或产品要在这个产业中生存下去并企图占据垄断地位，都必须形成一定的网络规模。标准选择中的锁定效应，是在网络外部性较强的信息产品市场上，消费者对一种产品的网络规模（或用户基础）及其增长的预期，对该产品的市场垄断具有重要的影响。尤其是当一种新的信息产品进入市场时，尽管它与已有产品相比在技术上具有优势，并且确实对消费者产生了一定的吸引力，但是要真正得到他们的认可，使之形成对己有利的预期，还需采取相应的策略。对于后进入市场的企业，可通过催促产业链的形成、进行差异化竞争、不断提升产品质量等，来积极地引导消费者行为，培育自己的竞争优势，再通过正反馈效应，形成和扩大自己的市场垄断地位（苗小玲，2002；刘培刚，2014；赵立斌、张莉莉，2020；宋爽，2021）。

（3）数字经济中的市场进入堡垒出现新的变化。

现代产业组织理论认为，进入壁垒是导致市场垄断的重要因素。工业产品市场的进入壁垒主要包括规模经济壁垒、产品差异化壁垒和绝对成本壁垒等，它们都可能导致一定的市场垄断。数字产品市场中，数字技术等成为重要的生产要素，数字化产品成为主要形式，从而数字经济中的市场进入壁垒就不同于以上三种壁垒形式。我们常可以看到，数字经济中，一种技术一旦在市场上形成一种标准并取得市场垄断地位，其他类型的技术只能被淘汰。这种技术的先入者优势便自然构筑起后来者的市场进入壁垒，由此导致市场垄断。比如微软公司最早看到了电脑操作系统这一市场的巨大潜力，投入巨资开发了 Windows 操作系统，并形成了操作系统的技术标准，从而垄断了这一市场，使得后来的厂商较难进入该市场。

另外，根据网络外部性、正反馈等规律，数字产品市场中构成市场壁垒的一个重要因素是临界规模。达不到这一临界规模的数字产品厂商将被市场淘汰。要成功进入该市场，必须首先达到这一临界规模。由此，该规模水平便构成新厂商进入该市场的进入壁垒。

除此之外，首先进入市场的厂商通过一体化和控制销售渠道等措施，构筑一定的策略性进入壁垒，也将导致对市场的垄断。数字产品市场的进入壁垒归根结底产生于数字产品的网络外部性，同时也与企业的策略性行为选择直接有关。从网络的外部性和转移成本对消费者产生的"锁定效应"看，市场进入壁垒是消费者在身不由己的选择中设立的，而不是生产者故意设立的，更不是依靠政府行政力量设立的。一般而言，这种基于网络外部性导致的市场进入壁垒是较高的。正如罗伯特·利坦、卡尔·夏皮罗所指出的："一个利用网络外部效应——这是一种完全合法的手段——而取得支配地位的企业，可以凭借其掌握的已被牢牢锁定于使用现有产品和服务的众多顾客来阻止新竞争者和新技术的挑战。因此，在高科技市场中，新竞争者面临的进入壁垒可能相当高。"（赵立斌、张莉莉，2020；宋爽，2021）

（4）数字经济中打破现有垄断主要依靠技术创新。

数字经济中垄断本身是一个动态的过程，市场上厂商围绕技术创新的先进性、开发时间和为市场接受程度等而进行的竞争会持续不断，竞争的结果可能是打破已有的垄断，并形成新的垄断，表现为新的技术标准替代旧的技术标准。技术创新竞争成为信息产业进入壁垒得以形成及进而被打破的关键性因素。根据熊彼特的创新理论，垄断企业倘若得不到创新利润，就缺乏创新的动力。这种创新利润可以通过发明专利来加以保障。知识产权是为鼓励知识产品的生产依法授予知识产品生产者的一定程度的垄断权。数字经济中更加重视发明专利这样的保证技术创新的制度保障。知识产权在本质上是法律赋予的一种合法垄断：知识产权法通过为新的有用的产品、更有效的方法和原创的作品确立有效的产权，为创新及其传播和商业化提供有力的刺激。在数字经济条件下，知识产权保护与网络效应的结合使得企业即使在信息技术快速发展变化的情况下，也能维持一定的市场垄断性。近年来，我国的华为等高科技企业异军突起，成为国内乃至国际上高科技企业的领军企业，这其中很重要的原因在于我国不断改进的发明专利保护政策、不断改善的知识产权保护政策的实施，有力保证了发明者可以从其发明中获得经济利益，从而保证高科技企业有极大的动力去投入大量资金，进行产品研发，不断加大对新产品的研制和生产，从而不断在市场上推出新产品、确立新标准，主导和支配市场的未来走势（赵立斌、张莉莉，2020；宋爽，2021）。

（5）垄断形式多元化。

网络产业的市场结构呈现出"垄断化"的趋势，大厂商往往拥有巨大的市场份额和庞大的用户基础，"垄断"的形式也趋于多元化。例如，一个垄断厂商，既可能是独立垄断者，也可能是联合垄断者。所谓独立垄断者，它与传统意义上的垄断相似，指的是厂商在某一个产品市场上拥有绝对的主导地位和市场势力。与之相对的联合垄断者，指的则是一个厂商在主产品和若干个互补产品市场上都占据主导地位，主产品和互补产品的结合可以形成一个系统产品。以微软为例，它不仅以 Windows 产品在操作系统市场上独占鳌头，还凭借 Internet Explorer 在网络浏览器市场上占主导，形成在操作系统市场和浏览器软件市场的联合垄断。表面看来，"联合垄断"类似于厂商的"相关多元化"策略，都是厂商通过一定的方式，将触角延伸到关联产业及产品，以实现利润最大化（赵立斌、张莉莉，2020；宋爽，2021）。

（6）数字经济中的垄断一定程度上促进了竞争。

传统的经济学理论对垄断持否定态度，认为垄断会妨碍竞争。如亚当·斯密曾提出著名的垄断弊害论，认为垄断会导致产量减少、资源浪费、效率降低，而且"垄断价格在一切场合都是能够达到的最高价格。"诺贝尔经济学奖获得者保罗·萨缪尔森认为"垄断者提供的只是平淡的生活、低劣的质量及不文明的服务"。因此，根据传统经济理论，垄断会导致限产提价、限制阻碍创新及市场的低效率等一系列的不良后果，因此各国政府一直对垄断持否定态度，但数字经济下的垄断行为却出现了很多新的特点。

首先，数字经济中的垄断企业不一定限产提价。根据传统微观经济学的分析，垄断厂商为获取超额利润，会限制产量，提高价格，从而降低消费者福利。但数字产品的成本具有高固定成本、低边际成本的特征，这样数字产品的厂商往往会采取增加产品产量、降低销售价格的策略，从而尽快获得更多的客户群体，更快地占领市场份额，更好地确立其在市场上的主导地位。比如 360 杀毒软件实施免费策略极大冲击了杀毒软件行业，从而占据了市场的极大份额，获得了更多的消费者。

其次，垄断企业不一定抑制技术创新。在传统市场中，当市场还处于自由竞争阶段，企业的规模往往与研发投入成正比，而当企业达到一定规模并在该行业获取一个长期、稳定的市场份额时，其研发投入会呈现出一种递减的趋势。换言之，当企业取得垄断地位之后，其技术创新的热情就会下降。而创新是发展的原动力，因而垄断对经济的伤害不言而喻。但是，在技术创新主导一切的数字经济中，垄断地位不再是铁饭碗，在激烈的技术竞争中稍有不慎就会被其他竞争者赶超而丢掉饭碗甚至被彻底排挤出市场，因而在数字经济中企业取得垄断地位之后，往往不会降低在技术研发领域的投入，反而会增加创新投入，并不断推出新产品，以保持其在相关领域的技术优势，巩固其垄断地位。例如，英特尔公司的芯片以前是每隔 18 个月更新一次，现在则是每 9 个月就更新一次。实际上，与其说垄断者在与其他人竞争，还不如说其在作"自我斗争"，不断用自己的新产品去挑战市场上的旧产品，尤其是在垄断程度较高的网络市场上更是如此。另一方面，网络产品在开发前期需要大量的资金投入，因此沉没成本巨大，但是新产品在面世之后却容易受到各种"山寨"产品的冲击，如果研发者没有对新产品和新技术的垄断经营权，那么其高额的研发成本将很难收回，这不但损害了研发者的利益，也损伤了整个市场的创新积极性，不利于网络经济的良性发展。因此，在数字产品市场中，垄断的存在一方面刺激了研发、创新的活动，另外也保证了高额的研发成本可以通过"独占"的方式得到补偿；从另一个角度讲，它对创新起到了一种保护作用。因此，反垄断执法部门在认定垄断行为时，不得不考虑垄断的这些"新效果"，这又增加了反垄断工作的复杂性和挑战性（赵立斌、张莉莉，2020；宋爽，2021；李静，2020；麻元元、秦成德、刘杨林，2018；刘培刚，2014）。

（7）数字经济中垄断结构的脆弱性与暂时性。

根据熊彼特的观点，任何一种垄断地位都不是可以高枕无忧的，在公共事业领域以外，一个独家卖主的地位，一般只能在他行动得不像一个垄断者时，才能够争取到并在几十年内保持住。换言之，垄断与竞争并非截然对立的。恰恰相反，垄断者仍然面临着来自各个方面不同程度的竞争威胁。保罗·克鲁格曼认为："垄断本身在科技领域是无罪的。相反，至少得存在主导未来市场的希望，企业才具有发展的推动力。高科技的竞争本来是也必然是一场接一场'赢者通吃'的游戏。'通吃'只是暂时的垄断，一旦别的好东西降临，它就会消失。"创新经济学中的创新与市场结构理论认为，技术创新分为两种，一种是垄断前景推动的技术创新，另一种是竞争前景推动的技术创新。前一种是指企业要想拥有垄断地位，必须积极地推动技术创新，后一种是指一个企业由于担心自己目前的产品有可能受到竞争对手替代从而积极地进行创新活动。数字经济中，一个企业通过新的产品迅速占领市场，实现垄断地位，但这种情形不会持久，很快新的企业、新的产品就会发展起来，从而使得数字经济中的垄断具有脆弱性和暂时性。

随着数字经济时代的到来，在网络统一兼容标准作用的推动下，以控制网络系统标准为基础的技术型垄断成为垄断的主导形态。互联网技术的创新速度极快，通过技术创新所取得的技术优势可能很快消失，因而垄断者依靠核心技术所获得的垄断地位也会稍纵即逝。数字经济下,经营者依靠技术创新所获取的垄断地位同样可能因为在技术创新竞争中的失利而消失,因而是不稳定的、暂时的。垄断者为了保证其垄断利益就不能停止技术创新的脚步,以保证不被其他竞争者赶超。

另外,数字经济是一个开放、包容、门槛低、竞争程度高的新型经济,竞争者可以自由地进出市场,竞争机制的作用在这种环境中可以得到充分发挥,因此只要技术创新的速度够快,就很有可能先于其他企业掌握网络标准,从而取得行业垄断地位,攫取高额垄断利润;而高额的垄断利润又吸引着更多的竞争者参与到标准争夺战中,因为只要创新出来的新标准有技术优势,能够得到消费者的认可,就能够迅速淘汰现有的技术标准和产品,重新占领整个市场,因此垄断的形成反而促使市场竞争更加激烈。在竞争和垄断被双双强化的态势下,这对矛盾共同体竟然创造出一种特殊的市场结构——竞争性垄断,它既不是完全垄断,也相异于完全竞争,是垄断与竞争共生、共融、矛盾的统一体(赵立斌、张莉莉,2020;宋爽,2021;李静,2020;麻元元、秦成德、刘杨林,2018;刘培刚,2014)。

(8)数字经济中的反垄断工作变得非常复杂。反垄断法在实施过程中稍有不慎就会产生抑制企业创新积极性的效果。

首先,数字经济的垄断是一种竞争性的垄断。数字产品企业的垄断地位的形成主要不是源于垄断行为,而是基于技术竞争,特别是技术创新。正是在这个意义上,称数字经济中出现的垄断为竞争性垄断,以与传统经济中的垄断、垄断竞争相区别。同时,这种竞争性垄断形成的主要原因恰恰在于竞争程度更高和竞争环境无障碍。竞争程度越高,垄断程度也就越高,甚至形成寡头垄断;而垄断程度越高,竞争就越激烈,创新的频率也就越快,因为垄断地位所带来的经济利润是最强有力的激励。

数字经济中,数字产品的企业要想建立和维持自己在行业中的垄断地位,就必须不断地加大对技术的创新,加大研发的投入,不断开发新的产品。一般而言,数字经济中,技术创新往往分散在多个企业中,处于垄断地位的企业更换频率极快。竞争和垄断就这样奇妙地结合在新经济的市场结构中,形成了竞争性垄断这种特殊的市场结构,这和传统经济有所不同,传统经济中,技术创新往往是集中在少数几个大企业中,这几个大企业决定了整个市场的技术前景趋势,其他企业没有足够的资金或人力来开发新的产品,从而导致这几个企业长期垄断市场。

对处于竞争性垄断的企业而言,生产同类数字产品的企业数量虽然较少,同时还存在着一些潜在的竞争者,但始终有一个或几个技术领先者占据着市场的主要份额。虽然垄断的态势已经形成,不过谁能占据寡头和垄断的位置的不确定性非常大,高度的竞争特别是技术创新可能随时导致这个位置被置换。产品高度差异化给企业创造了更多的生存空间。但是，随着这个市场的规范程度的提高，标准的实行会降低产品的差异化程度，由此可能导致竞争更加集中于技术的某一点上，从而加剧竞争的激烈程度，提高创新的频率。在新经济条件下，市场的份额是由创新的频率决定的，谁创新出消费者认可的产品，谁就会占据市场的主要份额。然而创新一旦停滞，其市场地位就可能被其他创新者替代，从而失去主要的市场份额。也就是说，技术使得竞争呈现扁平化。处于竞争性垄断位置上的企业对价格的控制程度，主要取决于消费者的价值判断和对价格的敏感程度等条件，而不再像传统经济里的企业垄断价格，主要由企业的市场垄断地位（如市场份额）和政府管制造成。

不仅整个信息产业的价格变化规律与传统产业不同，而且每一个信息生产企业的定价规则也不同于传统企业。因为信息生产企业产品的平均成本递减没有边界限制（不考虑硬件），所以企业不可能愿意维持边际成本定价和平均成本加成定价的原则，否则将导致产品价格越来越接近于零（这样市场就会最终崩溃）。企业采取的是对不同消费者实行差别对待的歧视性定价策略，主要是根据不同消费者的价值判断和对价格的敏感程度，以此来提供不同的产品和获取更大的定价空间，即对价格敏感的消费者实行较低的价格，对价格敏感度较低的顾客实行较高的定价，以满足各自多方面需求的目标。事实上，不仅可以对不同的消费者实行歧视性价格，还可以对同一消费对象实行不同时期和不同产品层次的差别定价。当价格不再主要由市场的垄断地位和政府管制等传统因素决定时，传统的垄断概念就失去意义，为数字产品市场的竞争性垄断所替代。

竞争性垄断市场结构是有效率的，它能保持高度的竞争。垄断既是竞争的结果，又是进一步竞争的起点；垄断不仅无法遏制竞争，反而会使竞争程度加剧。因为在成熟的市场经济条件下，除了技术外，不存在任何其他妨碍有效竞争的不可逾越的障碍。当技术竞争成为唯一的起决定作用的竞争形式时，高额垄断利润的刺激会使企业长期保持对垄断地位的高度激烈的竞争。这可以从当代信息技术更换频率的不断加快和变化中观察到。

竞争性垄断市场结构最有利于创新。创新即技术进步也是一项判别市场结构优劣的主要衡量指标。因为竞争可以提高效率，降低成本，但却不一定采取技术创新的路径（当然，制度创新和管理创新也同样可以提高效率）。技术创新是一个社会进步的基础。在完全竞争条件下，由于企业规模较小，难以应付投资规模巨大的新经济产业里的技术创新。根据欧盟下属联合研究中心公布的2018年度全球企业R&D研发投资排行榜（EU Industrial R&D Investment Scoreboard），2017年华为已经以104亿欧元超越苹果（95亿欧元），排名全球第六、中国第一，也是当年唯一进入50强的中国企业。2004—2018年，华为研发投入呈跨越式增长，坚持每年将10%以上的销售收入投入研究与开发。2018年华为更是以超过10%的年研发投入比，超越苹果，占据了榜单第五名。

竞争性垄断市场结构占尽了技术创新的优势，如它的竞争程度是最激烈的，激烈的竞争是企业技术创新的动力。同时，在高度竞争条件下形成的垄断态势又可把它的企业规模做大，从而为技术创新提供密集有效的人力和财力支撑；垄断态势还可以通过对该行业的经济收益的"独占"来激励企业进行技术创新，形成技术创新的社会氛围和历史潮流。可见，只有在新经济中，企业才真正具备技术创新的动力和能力。总之，竞争性垄断市场结构既有竞争的优点，同时也具有垄断的效应。能够为"竞争性垄断市场结构最适合网络经济"这一论点提供实证分析证据的，是信息经济市场上的"大吃小""小吃大""快吃慢""赢者通吃"等来自现实的对竞争效率现象的描述和有力刻画。它们从一个侧面反映出该市场结构所具有的竞争激烈性和创新快速性等所导致的高效率和快节奏的特点。因此，网络经济从供给的角度所呈现出来的是一种寡头垄断的局面，但是运行的却是激烈的竞争机制。

作为非价格竞争的重要手段，研究开发与技术创新是企业取得持续竞争优势的关键。同时，作为企业的策略性行为，由研究开发与技术创新而导致的新产品竞争，比存在产品价格上边际变化的竞争更为重要。正如美国麻省理工学院斯隆管理学院教授詹姆斯·阿特拜克（Utterback，1994）所言："即便是把现有技术开发得更精、更细、更好，也不能阻挡新企业采用新技术抢占市场，并把反应迟钝的现有企业赶进产业历史的垃圾堆。"

数字经济中，劳动力和企业家才能、技术等要素的地位相对上升，尤其是技术要素，上升速度最快，处于决定性地位。产品的知识含量与技术含量也远高于传统产品。因此，在新的条件下，只有不断地进行知识创新和技术创新，才能保持企业的市场势力或垄断地位。由于网络的正反馈效应、用户的锁定效应等新的经济特征的出现，这种基于网络和企业两个层面上的市场势力或垄断的形成有其必然性。但是，这种垄断并不必然地抑制和排斥竞争，也并不必然地阻碍技术进步。处在网络和企业两个层面上的垄断者仍然面临着潜在竞争者的严峻挑战和激烈竞争。这是因为，技术创新速度的不断加快，知识产品生命周期的持续缩短以及产品更新换代速度的加快，使得任何一个企业都不能长久地拥有一项垄断技术，企业只有竞相开发和创造新产品，才能在竞争中站稳脚跟。所以，网络经济下的市场势力和垄断只能是一种基于知识创新和技术创新优势所形成的暂时垄断，即"创新型垄断"。正如英特尔公司副总裁达维多（William H Davidow）所言，一个企业要想在市场上总是占据主导地位，那么就要做到第一个开发出新产品，又第一个淘汰自己产品的人。唯有竞争才是永恒不变的，它与垄断交替出现，共生共存。

数字经济环境下，自由进入并不一定导致完全竞争。在网络效应显著的市场中，如果已经有多家厂商存在，则新厂商的进入并不会对市场结构产生显著的影响。尽管消除进入壁垒可以促进竞争，但它并不会显著影响市场结构。因此，政府试图通过消除进入壁垒进而改变市场结构的努力往往是徒劳的。在网络产业的不兼容均衡中，即使自由进入市场的条件成立，也会出现不对称的市场份额和利润分布。自由进入的条件虽然允许数量众多的厂商进入市场，但并不能消除主导厂商的高额利润。原因在于，厂商的主导地位和高度集中的市场结构并非一定来源于串通合谋、设立进入壁垒、威胁等不正当竞争行为，而是网络经济下市场均衡的自然特征。那么，是否存在改进均衡的可能性呢？回答是肯定的，那就是转换为兼容条件下的均衡，这样就能够实现更高的消费者剩余和总剩余。然而，反垄断的法律和政策并不一定能促成这个目标的实现，因为厂商对其独立研发设计的产品或系统，通常都会寻求知识产权的法律保护，造成产品不兼容的状况出现。

在网络效应的作用下，市场结构容易产生偏向，出现数量较少的行业领头羊，占据了绝大部分的市场份额，大厂商与小厂商的实力悬殊，强弱差异大。但如果将市场主导地位与不正当竞争手段画上等号是十分不科学的。网络效应会造成"强者愈强，弱者愈弱"，少数大厂商"独占鳌头""一枝独秀"成为网络产业的常见现象，而非偶然例外。因此，市场主导地位的取得并非必然基于不正当竞争手段的使用，需要具体问题具体分析。以微软公司为例，在 DOS 操作系统推出以前，各家计算机公司都使用自己的操作系统，彼此之间互不兼容，给消费者带来极大的不便。微软公司与 Intel 公司合作，推出了新的操作系统，解决了兼容问题，确立了行业的技术标准。微软的这种"先入者优势"占据了个人计算机市场，也给消费者提供了很大的便利。网络效应引发的市场结构新特点，也给政府反垄断的公共政策提出了新的挑战，这一点在"微软垄断案"中得到了突出体现。微软的 Windows 操作系统软件和 IE 浏览器在全球市场取得了主导地位，关于微软是否采用了不正当竞争手段的问题引起了学者的极大争议。例如，美国的经济学者和政府智囊团对微软持有截然不同的态度。以麻省理工学院的 Franklin Fisher 教授为代表的经济学家认为，微软确实使用了不正当竞争手段获取并维持自己在浏览器软件市场的垄断地位，因此应重罚微软；以纽约大学的 Nicholas Economides 教授为代表的经济学家则认为，微软的垄断地位并非来源于不正当竞争手段的使用，因此不应责罚微软。同时，美国、欧盟、韩国等国家对微软案的不同判罚也体现了各国政府和司法机关对于网络经济下垄断与不正当竞争问题的不同理解。对于政府而言，如果不加区分地对所有占据巨大市场份额的主导厂商采取"一刀切"的管制方法，必将会事倍功半、适得其反。因为，网络型企业生存空间是靠永不停止的技术创新来开展的，而创新的原动力就是争取对垄断利润这个巨大蛋糕的瓜分权。除此之外，获取垄断地位的企业也是利用垄断利润补偿先期投入研发活动中的沉淀成本，例如，微软的研发费用就占到了其总收入的近三分之一，并且这个比例还在上升，如果禁止一切创新者对其所掌握的技术和产品享有垄断权，将会抑制企业家们的创新积极性，阻碍技术进步。因此，反垄断执法部门在执行反垄断法，打击垄断的过程中要更加谨慎，具体分析各种实际情况，合理预测其执法行为可能导致的不利结果，把反垄断法所产生的负面效应降到最低（赵立斌、张莉莉，2020；宋爽，2021；李静，2020；麻元元、秦成德、刘杨林，2018；刘培刚，2014）。

4.2.2 数字经济中的竞争分析

数字产品市场中的竞争出现了以下特点。

1. 数字经济中的竞争范围有所扩大

网络的出现，数字技术的发展，极大扩大了数字产品企业的生产经营范围，竞争的范围从某个局部地区扩展到了整个世界，国际竞争日益成为今后主要的竞争形式。数字经济中，地域方面的限制越来越少，相反，网络的发展，使得企业在全世界范围内推广产品、树立品牌、开展竞争。

2. 竞争的深度和强度有所增加

数字技术的发展，使得数字产品的生产呈现定制化、智能化的趋势，越来越能满足客户多样化、个性化的需求，企业之间的竞争深入具体每一个客户的层面。可见，数字技术使得市场开始出现超细化的趋势，从而使企业之间的竞争也延伸到了企业内部，如企业的组织、文化、技术等方面。数字经济中，企业之间的竞争强度加大，数字技术的发展，消费者有了更方便快捷的购物渠道及获取信息的渠道，这都加剧了市场竞争的难度，使得企业不得不提高自己的竞争力。

3. 企业之间不只是竞争关系，更多的是合作性竞争和组成联盟的形式

数字技术的发展，一方面导致企业之间竞争加剧，另一方面也促使企业走向合作协同发展的道路。首先,平台经济体的出现,促使产业链上的企业形成一体,共同为客户提供服务,从而更好更多地创造价值;其次,企业采取了各种形式的战略联盟,从而有效规避竞争的风险,提升企业的整体竞争力。

4.3 数字产品的价格歧视

4.3.1 传统价格歧视理论

英国经济学家庇古(Pigou,1920)将价格歧视分为三种最基本的形式。

一级价格歧视(first degree price discrimination)(或称为完全价格歧视),指卖方对每个单位的产品收取不同的价格,而且价格恰好等于买者的保留价格,通过这样的定价方法,厂商可以得到全部的消费者剩余。

二级价格歧视(second degree price discrimination),是指价格依赖于购买的数量,但不依赖于消费者,这种定价方式也被称为非线性定价(nonlinear pricing)方式。此时,每一个消费者都面临着一份相同的价目表,它规定了不同的购买数量所对应的不同价格,常见的有水电费,当消费多少水电时收多少费用。

三级价格歧视(third degree price discrimination),是指针对收入价格弹性不同的消费群体收取不同的价格,如学生乘火车享受半价优惠就属于这种情况。

4.3.2 数字产品的定价策略

与传统经济中的产品相比,数字产品具有特殊的成本结构,即高昂的固定成本和低廉的边际成本,其生产具有两重性,即研发、创新阶段和标准化及批量化生产阶段,从而使数字产品具备垄断定价的条件,这可以从以下几个方面来论述。

首先,数字产品的生产具有自然垄断性。数字产品在其研发阶段的成本是非常高的,但之后的生产和复制成本非常低廉,并且数字产品往往没有物理实体存在,不存在仓储、运输、包装等成本,数字产品的边际成本和平均成本总是递减的。换言之,规模经济的存在为数字行业提供了自然垄断的前提条件,其定价也适用于垄断定价。

其次,数字产品多是技术创新的结果,为激励创新就必须加以保护。因此,数字产品大多受到版权、专利权、著作权等知识产权的保护,这在一定程度上赋予了数字产品生产和经营的垄断权利,也赋予了生产者对数字产品购买者索取高价的权利;数字产品大多是"体验式商品",即用户不能只是通过产品的名称、外形、包装、介绍等信息来了解产品，而是必须实际使用或体验产品后才会对产品的质量和属性有一个比较明确的认识，这样就为数字产品生产商根据不同的消费者索取不同的价格提供了一定的基础。

最后，数字经济中竞争更为激烈，为了在激烈的竞争中获胜，数字产品的差异化更加突出，数字产品的生产商加大研发力度，细化市场需求，借助各种数字技术，仔细分析目标客户的具体情况，从而提供有针对性的、差异化的产品，与产品的差异化对应的就是数字产品在定价方面的差异化，这些都导致了数字产品具有垄断定价的特征。

传统的边际定价方法不能对生产者提供足够激励，并且会造成福利净损失。新古典经济学中，假定技术外生不变，不考虑规模经济、范围经济和外部经济，厂商利润最大化时的定价依据是 MC=P（其中，MC 边际成本，P 是产品价格）。如前所述，数字产品并不满足上述假定，存在着规模经济、范围经济和外部经济。如果数字产品仍然采用价格等于边际成本的定价方法，所获得的收益并不能弥补前期高额的固定成本。此时，厂商为减少损失只能通过降低产品质量，或者将产量缩减到远小于均衡产量的水平，甚至退出市场，从而导致产品供不应求并造成社会效率的损失（麻元元、秦成德、刘杨林，2008；赵立斌、张莉莉，2020；刘培刚等，2014）。

4.3.3 数字产品的价格歧视

关于数字产品的价格制定策略，目前已有大量的研究，本节从以下几个方面来做说明。

价格歧视（price discrimination），是指企业对其生产的产品对不同的顾客或在不同的市场制定不同的价格，或者对不同的购买时间、不同的购买数量制定不同的价格，从而使生产者的利润最大化。根据传统的价格歧视理论，歧视定价需要满足 3 个条件：①拥有一定的市场力量，能够将价格定在边际成本之上并获利；②必须知道或能够推断出消费者对每一单位产品的价格支付意愿，而这个支付意愿会随着消费行为或销量的变化而变化；③必须有能力阻止或限制支付低价的消费者将产品转卖给支付高价的消费者，即套利活动。

在数字经济中，对数字产品实施价格歧视完全满足以上 3 个必要条件。首先，数字产品的生产越来越具备定制化、个性化、差异化的能力，即生产商和消费者已融入产品的研发、设计、生产一条龙过程中，从而给数字产品的生产商更大的垄断力量，生产商能更好地了解用户，更好地评估顾客的消费和支付倾向，在歧视价格制定方面具有更大的主动权。其次,借助大数据、人工智能等数字技术,企业可以通过海量的历史数据来观察消费者的网络活动情况以获取消费者的需求信息,对消费者的购买意愿和支付能力进行评估,以便对不同类别的消费者索取不同的价格。最后,数字经济下能够实现企业与企业、企业与消费者之间的"点对点"交易模式,考虑到数字产品易于复制和传播的特性,数字产品生产商可以通过设置产品使用权限来形成产品的排他性,以阻止低价消费者和高价消费者之间的套利活动。例如,视频网站(例如爱奇艺、腾讯视频等)每月向 VIP 用户收取一定的服务费后可以让这些用户观看某些指定的视频影片,而没有购买 VIP 的用户则不能观看这部分影片或者必须观看一定的广告之后才能观看影片(麻元元、秦成德、刘杨林,2008;赵立斌、张莉莉,2020;刘培刚等,2014;宋爽,2021)。

传统的价格歧视在数字经济中具体体现为个性化定价(以不同价格向每一位消费者出售产品)、会员定价(针对购买量大的消费者提供会员价)和群体定价(根据需求价格弹性的不同,制定不同价格)。

第一类,一级价格歧视——个性化定价。个性化定价就是在充分了解消费者信息的情况下,对每个消费者收取不同的价格,满足每单位产品的价格都等于这一单位产品的边际支付意愿。这样,厂商就能够把单一定价下的消费者剩余全部转化为生产者剩余,从而获得更高的收益。传统的经济环境中,一级价格歧视往往被认为难以实现,只是理论上的一种可能,因为厂商无法准确评估每个消费者的保留支付价格,无法准确知道消费者的需求曲线。但数字经济条件下,数字技术的发展,使得一级价格歧视有可能实现。数字经济的生产具有定制化、个性化、区别化的特点,厂商通过将消费者加入产品的设计、研发、生产之中,准确地估计消费者的边际效用和边际支付意愿,借助各种大数据和人工智能的手段,可以比较准确地分析出消费者的偏好、购买力、收入等信息,从而精准实现一级价格歧视。例如,数字化方案提供商针对每一家企业量身定制的人力资源数字化管理方案,就可以根据每家企业的经济承受能力和方案内容的不同收取不同的价格(赵立斌、张莉莉,2020;刘培刚等,2014)。

第二类,二级价格歧视——会员定价。二级价格歧视是针对购买的数量来定价的,买得多则单价低,买得少则单价高,在传统产品交易中被称为"批发价"和"零售价"。在数字经济中,厂商直接面对消费者,根据二级价格歧视,对于购买量巨大的消费者,厂商给与较低的价格;对购买量较少的消费者,厂商给与正常的价格,从而获得更高的收益。在数字经济中,目前厂商使用多种方法,来区分在实际购买发生时,哪些消费者是大买主、哪些是小买主。比如通过常见的会员制,生产者可以对消费者的潜在购买数量做一个区分。一些厂家制定了会员制、VIP 制度等，消费者通过付出一定价格或预存一定现金等方式获得这种身份之后，就可以从厂商处以较低的会员价或 VIP 价格来购买相应的商品。通过这种方式，企业实现了薄利多销，同时也能够刺激这一部分具有潜在消费能力的顾客更多地消费产品。例如，京东为 plus 会员以低于市场价的会员价提供了许多畅销商品。一方面京东从 plus 会员费中获得了收益；另一方面刺激了这些会员的消费欲望，实现了薄利多销，可谓是"一箭双雕"，而这些愿意花钱购买 plus 会员身份的消费者，一般都是具有潜在消费能力和消费欲望的顾客，他们虽然付出了一部分的 plus 会员费，但如果可以用低价购买足够多的商品的话，这种差价也能够提高其福利水平。由此，实现了买卖双方的共赢（麻元元、秦成德、刘杨林，2008；赵立斌、张莉莉，2020；刘培刚等，2014；宋爽，2021）。

第三类，三级价格歧视——群体定价。群体定价是对不同的消费者群体设置不同的价格，厂商根据不同的消费者群体对价格具有不同的敏感性而有针对地索取不同的价格。这里面一个重要前提是厂商需要准确区分不同的消费者群体的价格弹性，从而成功地将不同类型的群体区分开来，索取不同的价格。对需求的价格弹性较大的群体，索取较低的价格，从而增加该群体的购买数量；对需求的价格弹性较小的群体，索取较高的价格，从而获得更多的利润。数字经济中，已存在多种方法来实现对不同类型的消费者的识别和区分。例如，腾讯视频在一些热门电视剧开播之后会在 VIP 会员制度的基础上再提供"超前点播"选项，这种做法正是基于一些铁杆粉丝急于提前观看视频的心理而做出的定价策略，这其实是在收取 VIP 会员费的基础上实现的第二次收益增值。其实质是"三级价格歧视"，这些铁杆粉丝的需求价格弹性相对较小，也就是说只要能尽快看到心仪的视频，他们觉得多付出价钱也可以接受。又比如借助大数据的分析手段，航空公司能准确区分乘客的乘机原因，从而对商务出行的乘客索取较高的价格（赵立斌、张莉莉，2020；宋爽，2021）。

小结

本章重点论述了数字经济条件下的数字产品的市场结构。总的结论是数字产品的市场结构呈现出与传统经济理论所研究的市场结构不同的特征，并导致价格歧视方面也出现新的特点。

数字产品的市场结构往往呈现竞争性垄断的特点。本章讨论了该形式的特点，如垄断与竞争统一于创新之中，以及该形式的成因，如网络的外部性、正反馈和负反馈等。

数字经济中的垄断具有新的特点和作用，这就说明传统的对待垄断的理论分析和实践方法不一定能适用数字经济的情况，并具体分析了其中的原因。

最后，我们结合数字经济的实践做法，介绍了数字产品普遍使用的价格歧视方法。

思考题：

1. 传统的市场结构理论主要内容是哪些？数字经济条件下如何灵活运用这些传统理论来分析出现的新情况？
2. 结合具体案例，谈谈你对数字经济中垄断的好处和不良影响的看法。
3. 如何理解数字经济中垄断出现的种种新特征？
4. 如何对数字经济中的垄断做更好的监管？
5. 如何制定好的数字产品的价格，从而实现厂商和消费者之间的双赢？

参考文献

［1］麻元元，秦成德，刘杨林．网络经济学基础［M］．北京：清华大学出版社，2008.
［2］钱志新．数字新经济［M］．南京：南京大学出版社，2018.
［3］马化腾，孟昭莉，闫德利，等．数字经济［M］．北京：中信出版集团，2017.
［4］宋爽．数字经济概论［M］．天津：天津大学出版社，2021.
［5］刘培刚，等．网络经济学［M］．上海：华东理工大学出版社，2014.
［6］汤潇洒．数字经济［M］．北京：人民邮电出版社，2019.
［7］马文炎．数字经济2.0［M］．北京：民主与建设出版社，2017.
［8］李静，等．数字经济理论［M］．合肥：合肥工业大学出版社，2021.
［9］赵立斌，张莉莉．数字经济概论［M］．北京：科学出版社，2020.
［10］熙代．区块链经济学［M］．北京：机械工业出版社，2019.
［11］管同伟．金融科技概论［M］．北京：中国金融出版社，2020.
［12］王佑强，涂晶．区块链改变未来［M］．北京：人民日报出版社，2020.
［13］苗小玲．对网络经济下垄断的解析［J］．经济师，2002(10)：26-27.

第二篇
数字技术的产权与制度经济学分析

第 5 章

数字经济中的产权与制度

学习目标

（1）了解产权与制度经济学的基本内容。
（2）掌握数字技术对交易成本和产权的影响。
（3）了解数字化企业的本质。

5.1 产权与制度经济学概述

5.1.1 产权与制度经济学简介

产权即财产权利，是财产权的泛称。由于人们研究侧重点和视角不同，对它的内涵与外延存在不同的理解。产权一词目前仍没有一个被大家普遍认同的概念，不同的研究者从不同的角度、不同的学科背景出发对产权做相关的诠释。在《牛津法律大辞典》中，产权被明确为财产所有权，并得到进一步地细分："是指存在于任何客体之中或之上的完全权利，它包括占有权、使用权、出借权、转让权、用尽权、消费权和其他与财产有关的权利。"这个定义符合人们对产权的直观认识，人们在日常语言中使用产权一词时，往往采用这个定义。另外，经济学家张五常对产权也有较为深刻的研究，他提出：具体来说产权包括三个方面的权利，一是资源的使用权；二是收入权；三是转让权。除此以外，不同组织、社会制度下的产权安排也有不同选择，中外差异很大。

无论产权问题的差异如何多元，产权问题为什么那么重要，为什么社会高度重视产权问题，正是因为产权和制度经济学的发展，让人们认识到产权制度对资源配置的重要作用。在中国，产权与制度经济学引起了人们的高度重视，因为在目前的这个转型期，产权和制度界定的模糊、产权和制度保护的缺失，给社会资源带来了很大浪费，国企改革、文化创新等方面出现的一系列问题，都要求人们认真考虑产权和制度的因素。

20 世纪 60 年代以来，经济学最为引人瞩目的发展之一就是新制度经济学的出现和发展，而产权问题的产生也可追溯到这个时期。1991年诺贝尔经济学奖获得者科斯最早提出产权存在的必要，其后继者，如德姆塞茨、诺思等又对产权进行了更深入的探讨。

1. 产权和制度问题的提出

制度经济学以研究制度本身的产生、演变及制度与经济活动的关系为主，研究或倾向于制度与分配的关系，或倾向于制度与经济增长、资源配置的关系。制度经济学在发展过程中也形成了不同流派，虽然新制度经济学与旧制度经济学都强调制度的重要性，但不同之处在于新制度经济学从现实问题谈起，扩展了以往经济学的基本假设，使得经济理论对现实有了更强的解释力。

新制度经济学把对产权安排与资源配置效率之间的关系作为研究对象。产权理论作为新制度经济学的主要内容之一，科斯是其创始人和领袖，在他的《企业的性质》《社会成本问题》等文章中体现了他对产权的理解。

在科斯发表《企业的性质》一文之前，新古典经济学给人们描绘了一幅美好的经济运行画面：在自由竞争的市场条件下，经济体系会自行运行，各个生产要素追随其能获得最高收益的用途，按边际贡献各自获得其相对应的收益，价格机制会自动发挥作用，自行调节经济中的资源得到最优配置。科斯由此提出质疑：如果价格支配是完美的，市场能自行实现经济目标，那为什么还会有企业的存在？企业内部实施的是计划式的运行模式，和自由放任的市场经济格格不入，如果市场能自行实现对资源的有效配置，那如何解释企业的存在呢？又何须企业家发挥协调者的作用？鉴于现实和理论的差异，科斯尝试给出解释并作出了杰出的贡献，通过他的工作，产权和制度成为经济学主流的分析工具之一。

科斯的主要观点是："建立企业有利可图的主要原因似乎是，利用价格机制是有成本的。"而通过建立企业，不仅可以"签订一个较长期的契约以替代若干个较短期的契约，那么签订每一个契约的部分费用就将被节省下来"，而且"通过形成一个组织，并允许某个权威（一个'企业家'）来支配资源，就能节约某些市场运行成本"，并且"有管制力量的政府或其他机构常常对在市场交易和在企业内部组织同样的交易区别对待"。科斯的核心想法是：市场和价格机制在配置资源时并不是免费的，而是同样存在相应的成本，比如收集信息、发现购买机会等方面，而当这些有关的成本过高时，企业就应运而生，如果企业能以低于市场交易的成本获得有关的资源来组织生产，那么企业就能成功地替代市场和价格机制，这就是企业产生的原因。接下来，科斯又讨论了企业规模的问题，"企业将倾向于扩张直到在企业内部组织一笔额外交易的成本，等于通过在公开市场上完成同一笔交易的成本或在另一个企业中组织同样交易的成本为止"。关于这两个问题的论述都离不开"交易成本",这也是这篇文章的核心,在他的《社会成本问题》又提到了这个问题,并延伸到了产权的提出。

在《社会成本问题》中,科斯指出:面临经济中的负的外部性,比如污染、噪声等,传统经济学理论给出的解决办法是对造成负的外部性的企业和个人实施相关的惩罚和补救措施,但传统经济学理论这样的思考问题方法是错误的。科斯用牛群与谷物的例子分别讨论了"对损害负有责任的定价制度"和"对损害不负责任的定价制度"两种情境下的处理方案,继而用"斯特奇斯诉布里奇曼""库克诉福布斯"等四个实际生活的例子证明了自己的论述,表明其普遍适用性。

然后,科斯提出了他的思想体系中最为核心的概念——交易成本。借助这一概念,科斯对以上问题做了深入的分析。首先,科斯指出这些论述都是在没有"交易成本"的情况下进行的分析,而现实中并非如此。然后,他提出在实际生活中,如何选择三种交易制度——市场、企业和政府,即比较它们之间在组织某些活动或交易时的成本——市场中的交易成本、企业组织交易的行政成本和政府的行政成本。任何一种制度安排都需要费用,问题的实质在于选择一种成本较低的制度安排,这就是产权概念的最早形成。"在正交易费用情况下,法律在决定资源如何利用方面起着极为重要的作用",科斯认为这是解决产权问题的关键。

后来科斯的观点被称为"科斯定理"。科斯定理的基本内容是:当市场交易费用为零时,只要产权初始界定清晰,无论其属于谁,都可通过市场交易使资源配置达到最优。与此对应,在交易费用大于零的世界里,不同的权利界定,会带来不同效率的资源配置,产权制度的设置是优化资源配置的基础。换言之,交易是有成本的,在不同的产权制度下,交易的成本可能不同,因而,资源配置的效率可能也不同,所以为了优化资源配置,产权制度的选择是必要的。科斯定理的提出,标志着产权和制度经济学的正式确立,从此产权和制度经济学成为经济学分析的一个标准的工具,产权与制度经济学也得到蓬勃发展,目前已是经济学一个非常重要的研究分支和学科。

2. 产权和制度问题的发展

科斯之后,许多经济学家对产权和制度经济学都作出了新的贡献,德姆塞茨是其中最重要的一位。他继科斯之后对产权和制度问题做了大量深入和详细的分析,极大丰富和发展了产权和制度经济学的研究内容,为产权和制度经济学在经济学中树立牢固地位作出了重要的贡献。德姆塞茨的思想主要集中在《关于产权的理论》和《产权理论:私人所有权与集体所有权之争》等著作中。

德姆塞茨的《关于产权的理论》由三部分构成:①简短讨论了社会制度中产权的

概念和作用；②初步探讨和产权有关的相关内容，为下面详细讨论产权问题做好铺垫；③说明与产权合并成特定组和所有权结构的决定相关的原则。

他首先提出"所谓产权，意指使自己或他人受益或受损的权利""产权的主要功能就是引导人们在更大程度上将外在性内在化"。换言之，产权的产生就是因为人们的经济活动具有正的和负的外部性，即一个经济人的行为对他人造成了影响却没有得到相应的补偿或付出相应的赔偿。那么，为了使外在的费用、外在的收益以及货币形式和非货币形式的外在性最大程度地让相互联系的人们承担，人们就需要产权的保障。产权的发展，主要源于经济价值的变化，源于发展新技术避开拓新市场产生的变化，源于旧的产权不能很好地与之协调起来的变化。文章以土地私有权的发展与商业性毛皮交易的发展为例，解释了当过度狩猎时产权调整所起的作用。接着他又提出了公共所有制、私人所有制和国家所有制三种分类，着重以土地所有权为例，说明公共所有权和私人所有权。

《产权理论：私人所有权与集体所有权之争》是德姆塞茨对产权理论进行的拓展。新古典主义经济学家在对市场和价格机制的研究中，忽略了对产权和制度的重要性的深入讨论，他们不仅忽视了与产权结构相关的问题，而且也忽视了与契约安排相关的问题。德姆塞茨进一步认为，目前的产权理论只是看到外部性对产权起源的重要影响，而没有看到外部性并不能完全解释产权，如果考虑私有产权，我们就会发现，私有产权的起源有更为深刻的原因，不完全是由于外部性引起的。针对世界上大多数地方，相对于集体所有制而言，私人所有制的重要程度正在增加的情况，作者做出了三方面的解释：与资源分配相关人员的数量和紧密程度、参与资源配置问题的人员的生产率和资源配置问题的组织复杂性。德姆塞茨依据他的产权理论，对亚当·斯密在《道德情操论》《国富论》中提出的观点做了更为深入的探讨。亚当·斯密讲述的是以市场为导向、不断运转的商业世界的逻辑，《道德情操论》又考虑同情心、熟识程度等生物或地缘或社会学意义。不难看出，早期的人类互动大多数发生在属于同一个家族或者住在同一个小的封建村序里的人之间。在更古老一些的时代，比如当封建势力占优时，经济互助的很大比重局限在相对狭小而关系紧密的人群之间。德姆塞茨认为，现今生产越来越明确地是为满足市场的需要，而不是为了家族、本村村民或者封建庄园，这种变化一直在发生。如果只靠亚当·斯密在著作中提到的"同情心"等并不能完成市场资源分配的重任，它们无法更有效地解决资源利用问题，因为与资源分配相关人员的数量和紧密程度都比以往大大降低了。与这种变化对应的，是技术革新和专业化的发展——降低了密集性，提高了生产效率。高生产效率慢慢地引起社会利益分配问题，鼓励努力工作、促进共享劳动成果等。德姆塞茨接下来对组织复杂性又做了讨论：价格制度发挥了巨大的作用，此外，它还必须得到保障契约执行力的社会法律制度的支持。由此，德姆塞茨提出：财产私有制度变得越来越重要，因为其制度安排可以比集体控制制度更有效地应对有效利用问题本质的变革。

下面介绍产权和制度经济学中最核心的两个概念，交易费用和企业的本质。

5.1.2 交易费用理论

一般来说，交易成本主要包括以下 4 个类型。

（1）价格发现成本。传统的经济理论考虑的是一个没有摩擦、信息完全自由流通的世界，价格的变动可以被马上发现，无须任何成本便可获得经济发展中的所有相关信息。但在现实的世界里，商品和生产要素价格的变化往往会滞后，对金融投资者而言，当经济人得知价格变化信息时，该价格所包含的投资价值可能早已不存在；对企业经营者而言，往往需要通过各个部门，比如从供应部门获得产品的采购价格，从销售部门获得产品的市场销售价格，从人力部门获得企业雇佣人员的工资水平。实际经济活动并不是像传统经济理论讨论的那样，是没有摩擦、没有时滞、无成本运行的，相反，各种各样的经济活动的产生和发展都有它对应的成本，这些都统称为交易成本，由此可见，交易成本是经济分析中不可忽视的一个重要因素。

（2）谈判和签约成本。在企业的日常经营活动中，谈判和签约占据了非常重要的地位，而谈判和签约活动如果交给市场去完成，就需要耗费大量的成本，比如，企业 A 想向多个商品提供商购买相关的生产资料，如果生产资料的价格市场发生变动，企业 A 就不得不和多个供应商每次就生产资料的价格、质量、规格、数量、供货条件等方面进行反反复复的谈判和商讨，付出大量的人力、物力、时间和金钱。相反，如果企业 A 同时又兼任了外部生产资料供应商的角色，那么这些谈判和签约活动可以完全免去，从而节省了大量的谈判和签约成本。

（3）执行合约的成本。这是产权和制度经济学重点考虑的问题，也是交易成本中非常重要的一个问题。执行合约的问题为什么这么重要，有以下几个方面的原因：

首先，合同没办法，实际也做不到将未来可能发生的所有事情都事先完完整整地写下来，总是存在空白和没有考虑到的地方，那么，这就给合同执行过程中发生的突发事件和没有预期到的事情留下了产生纠纷和争执的可能。另外，如何保证合同双方会按照合同规定的条款完完全全、认真严格地执行呢？这需要大量的监督和执行成本，不可能实际上也做不到。最后，就算合同得到了严格的监管，发生纠纷时，如何对违约行为实行有效的制裁，同时对违约方的损失进行补偿呢？即使在法律体系最健全的国家，违约纠纷的处理也会给各方带来很高的成本，无论是违约事实的认定，还是相关法律的适用以及最终审判结果的执行，都具有一定的不确定性。由此可见，合同的执行成本是一个不容忽视的问题。如果采用企业内部化的办法，即交易算法都是企业内部的职能部门，那问题就大大简化了，发生纠纷时，上述的各种成本都可以得到极大的降低，以较低的成本处理好合同的执行问题。

（4）不确定性与风险。这是产权和制度经济学解释为什么会出现长期合同的主要依据。市场中的买卖双方可以直接根据市场价格来进行交易，由于供需力量的变化会导致价格持续发生波动，从而使交易双方都会承担较高的风险。为了降低市场交易的风险，买卖双方可以通过签订长期合约的方式，来减少未来可能发生突发事件的风险。如，对于企业的高层人员，企业往往和他们签订长期合同。短期合同会使生产和交易活动中的参与者承担很高的风险。

5.1.3 企业的本质和边界

在科斯看来，企业就是"当一个企业家控制某种资源时出现的关系体系"。这里的关系体系，是指各种生产要素之间的合作。企业就是包括劳动力、资本、土地和原材料等在内的资源所有者，通过和同一个代理人签订双边契约，并根据契约的规定收集和交换相关的信息（如消费者偏好、经济状况和技术水平等），来进行合作生产的组织形式。显然，企业内部资源配置的过程和状态，是企业管理者的决策意图的反映。通过企业经理人"看得见的手"，而不是价格信号来进行资源配置，是所有企业的一个共同特征。

传统的经济理论中，市场一直是作为资源配置的主要考察对象，传统的经济理论认为，自由放任的市场是最优的制度，价格可以完全充分地反映出每个生产要素和生产产品的价值，在价格机制的调节下，资源可以得到最优的利用。企业，在传统的经济理论中是一个"黑箱子"，只是抽象成为一个投入和产出之间的生产函数，而对企业作为一种资源配置方式的协调者和计划者的作用，传统经济理论基本上没有涉及。科斯的伟大，就在于他提出了这样一个深刻的问题，为什么市场、企业作为两种完全不同的资源配置方式会同时存在呢？如果市场的价格机制可以实现资源的有效配置，为什么还会出现企业呢？根据我们上面介绍的交易成本理论，价格机制的使用是存在交易成本的，市场也不是完全免费的，有可能出现市场失灵的外部性等情况，而企业作为一种生产组织形式，可以有效降低交易成本。

尽管企业在某些情况下可以降低市场的交易成本，但是企业作为一种资源配置方式也存在成本，企业通过将原本在市场上进行的分散化的交易内部化以后，节省了市场交易中出现的成本，但企业本身具有管理、协调、组织等成本，在信息的流通、计划指令的下达、生产的开展等方面不是免费的，同样会产生成本，从而企业不可能完全取代市场，即企业是存在边界的，企业的规模扩张到一定程度后必然会停止。

企业的边界问题包含两层含义：横向边界和纵向边界。所谓横向边界，是指企业生产特定产品的数量及其产品种类；纵向边界，则是指企业内部生产流程中不同生产阶段的数量。企业拓宽自己的横向边界的例子在现实中很多，比如相比自己投入大量的资金来研发相关产品，很多高科技企业往往倾向采用并购已有的企业的办法，从而更好地扩展自己的横向边界；陷入质量危机的奶业巨头纷纷收购奶源农场，则是通过扩展纵向边界来提升产品质量的努力。

决定企业边界最重要的因素就是成本。对企业的横向边界而言，企业的长期平均成本大多表现为 U 形曲线。企业会力图在平均成本的最低点生产。很多实证研究显示，企业的 U 形长期平均成本往往有一个相对平坦的底部，这就意味着在维持最低成本的情况下，存在着一系列不同的产出水平，从这个意义上来说，企业的横向边界通常并不是固定的。总的来看，企业总是希望通过调整产量和产品种类，通过规模经济或范围经济等手段，来不断逼近平均成本的最低点。但与此同时，为了获得更大的产量，企业必须雇佣更多的人员，采购更多的生产资料，设置更多的部门，这一切都会导致企业的组织和管理成本不断上升，最后一定会达到一个最大值，这就意味着企业的横向边界总是存在的。

对企业的纵向边界而言，成本同样是其中主要的考虑因素。企业扩展其纵向边界往往有两种方法，其中向价值链下游的扩张使其更加靠近最终用户的纵向一体化，被称为前向一体化，反之则称为后向一体化。纵向一体化战略，本质上反映了企业对如何获取生产要素这一重要决策问题的态度：是依赖市场交易还是依赖企业自身。成本依然是企业选择纵向一体化战略的一个重要影响因素。不同的产业之间，在纵向一体化的程度上存在着显著的差异。

5.2 数字技术对交易费用的影响

5.2.1 数字技术降低企业内部交易成本

科斯已经认识到科技进步对降低企业内部交易成本的作用：企业内部交易成本的

降低，将扩大企业的规模，从而扩大企业的边界。"有利于将生产要素集聚的发明，通过减少空间分配，容易导致企业规模增加。例如，电话和电报的发明和应用降低空间组织成本，导致企业规模的扩大。所有改善管理技能的变化都同样会增加公司规模。"科技进步对企业边界的这种正向的促进作用被大企业的发展历史所证实。通过运用先进的技术，企业得以降低其内部的各种协调、管理的成本，降低企业内部人、物、资金流动的成本，从而极大扩展了企业的边界。

数字经济时代，各种数字技术的使用极大降低了企业内部的交易成本，数字经济出现了与之前的经济形态不同的新特征，比如我们之前介绍过的平台化特征极大降低了企业的内部交易成本。互联网平台模式是数字经济的重要组织形式。平台是一种居中撮合、连接两个或多个群体的市场组织，其主要功能是促进不同群体之间的交互与匹配。无论在国内外，平台模式已日益成为数字经济中的非常重要的新型商业模式。企业、机构、行业等，无一不开始采用平台化的经营模式来创造新价值、发展新的盈利机会。互联网平台创造了数字经济时代中新型的商业环境——平台化，这就极大降低了企业内部的交易成本。

通过使用新型的数字技术，企业在以下几个方面实现了内部交易成本的降低：①通过对整个管理生产经营过程的数字化改造，通过将企业整体的协同数字化再造，企业可以大大缩短信息在企业各职能部门之间流动的时间，提高办事效率，降低库存和积压成本，从而提高企业的整体管理能力、决策和预测的能力，极大提高企业整体效能；②借助大数据、人工智能等数字技术，企业能精准预测市场趋势、对用户需求做精准分析，根据客户的需求来设计、研发和生产产品，从而提高客户的满意度，夺取市场，提高利润；③各种数字化技术帮助企业极大提高了应对复杂激烈的市场竞争的能力，帮助企业扩展其业务范围，帮助企业扩大其边界，实现规模扩展。

5.2.2 数字技术降低企业外部交易成本

数字技术对企业内部交易成本的降低作用，会扩展企业的规模和边界；同时，数字技术也会对企业外部的交易成本产生影响，如果降低了企业外部的交易成本，那么企业的边界和规模会变小。数字技术对企业外部成本的影响有以下几个方面：首先，数字技术的应用为寻找和匹配合适的供应商提供了便利，减少了外部市场上的信息搜寻成本，提高企业的供应链管理效率，降低供应链风险；其次，区块链技术的推广在一定程度上缓解了企业之间的信任问题，有利于降低有限理性和机会主义，减少商业风险的发生率；再次，移动互联网和人工智能技术的推广提高了信息的传递速度，增强了企业面对外部风险的反应速度和判断能力；最后，云计算的应用为企业（尤其是中小企业）提供了数据存储和计算等服务，减少企业购买服务器及雇佣相关人员等专用性资产。总之，数字技术的创新和推广能够在一定程度上降低企业的外部协调成本，可能会造成企业边界的收缩。

另外，共享化或共享性日益成为数字经济时代一个突出的特征，共享经济也成为数字经济中的主要经济形态。共享经济是指利用互联网等现代信息技术，以使用权共享为主要特征，整合海量、分散的资源，满足多样化需要的经济活动。在共享经济中，各种资源日益开放，为社会所有成员分享，数字技术的集成、存储、分析以及交易业务得到共享，在共享时代下释放数字技术资源的新价值。以数字技术为基础的数字金融、智能支付、智慧物流、智慧健康、电子商务、数字信息服务等服务型数字产业也在共享时代得到迅速的发展。共享经济主要的好处有低门槛、低成本、低污染、高效率、高体验、高可信。在互联网条件下，创新体现的就不只是在企业内部上的生产资源的重新组合，而是全社会乃至全世界范围内的整体整合，从而有助于生产潜力极大发挥出来，而这些都会降低企业的外部成本，从而导致企业的规模变小。

综上所述，在企业内部协调成本和外部协调成本都降低的情况下，企业的规模是变大还是变小取决于数字技术对企业内部和外部的成本影响的大小。如果数字技术对前者的影响大于对后者的影响，企业的规模变大，反之企业的规模变小，这就解释了数字经济中常出现的大企业和小企业共存的局面。

5.3 数字技术对企业的本质和边界的影响

5.3.1 数字化企业的本质

数字化企业的本质是收集数据、分析数据，并将数据应用于企业决策、生产和销售流程之中，实现快速反应、科学决策、产销一体，其核心是数据的收集与处理。由此可见，传统企业的核心资产是物、设备等实际存在的物体，而数字化企业则将数据、技术、知识、信息等要素作为其最核心、最重要的资产。数字化企业就是将数据收集和处理作为核心竞争力的企业。建立一个数字化企业通常有两种做法，一种是建立起一个全新的数字化企业，该企业一开始就是依据数字化的经营模式、管理办法、营销方法来建立；二是通过信息技术优化自身管理、生产、销售和售后的传统企业。

数据是数字化企业最为核心的资产，也是数字化企业的本质。数据是企业的生命线、是企业运营的中心任务，企业的一切其他资源，如生产资料、劳动对象、生产经营销售活动等，都建立在数据的基础上。数据对企业的重要性体现在以下两个方面：一方面，数字化技术能够优化企业内部信息流动，降低沟通成本。数据在数字化企业中能够更简单、快捷、完整地流通，打通层级壁垒，避免选择性误差，向管理者提供翔实的决策依据，实现科学决策，优化企业内部资源配置，提升整体资源配置效率。另一方面，数字化技术能够直接将生产端数据、消费端数据实时传递到管理层，也能够将数据转换为信息，帮助管理层和技术人员实现快速反应、改进生产工艺，在生产过程中实现生产与优化的同步进行，降低生产成本，提高生产效率。

企业的数据主要来自外部和内部两个方面。外部的数据主要是消费者的需求数据、市场环境的数据等。借助大数据、人工智能等先进的数字技术，企业能对海量的数据进行实时分析，从而挖掘出里面蕴含的巨大商机，从而占领市场，实现更大的利润。人工智能技术的发展极大提高了大数据的分析能力，人工智能的迅速发展，能分析巨大的数据量蕴含的内在的规律、关联等，具有分析传统结构化、关系型数据的能力，又具有分析视频、音频、人类语言、各种各样的非结构化数据的能力，并在万物相联的物联网时代中发挥着越来越重要的作用。人工智能将极大促进数字经济的智能化发展趋势。企业的数字化转型，将是未来所有企业的核心战略。数字化转型，本质上就是企业的生产、组织、管理等各个方面向智能化发展。依靠互联网、大数据、云计算等数字技能，推动传统企业充分发挥"互联网+"的新型模式，应用数据化思维，实现互联互通，做到精细化管理，最终实现传统企业的智能化发展。

企业的内部数据主要是来自定制生产的各种数据，如产品种类和生产数量，在生产过程中汇总积累的生产数据等，通过将这些数据反馈到决策层，决策层利用反馈数据优化生产，降低生产成本。将产品在销售过程中和销售后产生的反馈数据作为进一步改进产品生产的决策依据，实现企业生产的动态过程。

数字经济中，市场竞争将会更加激烈，企业要想在激烈的竞争环境中发展，就更需要将数据作为最核心、最重要的资源来对待。企业竞争的本质是在不确定的环境下为谋求自身生存与发展而展开的对资源的争夺，竞争的内在原因决定了企业需要适应动态变化的市场环境。数据驱动的本质是企业通过支撑设计、生产、采购、销售、经营及财务等部门的业务系统，对生产全过程、产品全生命周期、供应链各环节的数据进行采集、存储、分析和挖掘，确保企业所有部门以相同的数据协同工作，通过数据价值挖掘实现生产、业务、管理和决策等过程的优化，提升企业的生产运营效率。面对工业领域总量大、种类多、情况复杂的大数据，软件作为虚拟空间中承载、管理、挖掘数据的核心载体，将从原来的以流程为中心向以数据为中心转变，形成数据驱动型企业。数字化企业的学习曲线与传统企业不同，更为陡峭，且位于传统企业的学习曲线之下。在相同情形下，数字化企业的单位生产时间缩减得更快。这也意味着数字化企业在进行大批量生产时，较传统企业能够更快地降低边际成本。同时，相对于传统企业，数字化企业的最优成本更低，在一定时期内所能达到的最低单位生产成本小于传统企业。

可见，企业通过数字化再造，极大提升了企业的管理、经营、销售、决策等方面的能力，提高了企业的整体效益，将以往分散的、经验式的、主观的生产和经营办法用现代的数字技术来加以提升和利用，从而使得企业的一切决策建立在数据分析的基础之上，实现了企业的发展和壮大。

5.3.2 数字化企业的边界

企业边界是企业组织机构在与市场相互作用的过程中能力传递的最终体现。它以企业产品和企业形象的市场作用程度为依据，和交易费用、组织费用相互依赖及相互制约，共同确定企业生产的范围和规模。企业规模（企业内部和市场的组织生产）是由内部协调成本和外部协调成本之和决定的。

根据对数字技术如何影响企业的内部和外部交易成本的分析可知，数字经济时代，企业可能会出现两种不同的，甚至是相悖的发展趋势。一种趋势是出现各种规模较小、服务消费者各种个性化需求的小微企业，这些小微企业进一步细化了市场，成为市场企业中非常重要的一部分。另一种趋势是平台型大企业在不断数字化的过程中逐渐成长为独角兽企业，即大型乃至超大型的巨型公司，这些公司往往资金雄厚、市场占有率高，主导和支配着技术的发展趋势，对数字经济的发展起着决定性的影响，比如我们之前论述过的数字经济中的跨界融合的现象。

随着数字经济的发展，跨界融合的特点日益突出。一是供给方和需求方的界限日益模糊，逐渐成为融合的"产销者"。在供给方面，企业可以通过大数据技术挖掘用户需求、分析用户的消费行为和习惯，有针对性地开发产品，如可以借助3D打印技术实现完全个性化的设计和生产。在需求方面，透明度增加、消费者参与和消费新模式的出现，使企业不得不改变原来的设计、推广和交付方式。二是人类社会网络世界和物理世界日益融合。随着数字技术的发展，网络世界不再仅仅是物理世界的虚拟映像，而是真正进化为人类社会的新天地，成为人类新的生存空间。同时，数字技术与物理世界的融合，也使得现实物理世界的发展迅速向网络世界靠近，人类社会的发展速度将呈指数级增长。网络世界和物理世界融合主要是靠信息物理系统实现的。该系统包含了无处不在的环境感知、嵌入式系统、网络通信和网络控制等系统工程,使各种物体具有计算通信、精确控制、远程协助和自组织功能,使计算能力与物理系统紧密结合与协调。同时,随着人工智能、VR(虚拟现实)、AR(增强现实)等技术的发展,推进物理世界、网络世界和人类社会之间的界限逐渐消失,构成一个互联互通的新世界。伴随着跨界融合的发展就是企业规模的不断扩大,不断成为包揽众多行业、提供众多产品、对整个社会经济生活发生重要影响的巨型企业。

小结

本章从产权和制度经济学的角度对数字经济和数字技术做了分析。

首先简要介绍了产权和制度经济学的起源和发展,其中最主要的是科斯所做的基础性、开创性的工作,重点介绍了交易成本和企业的本质与边界这些核心概念。

分析了数字技术如何影响企业的内部交易成本和外部交易成本,并如何通过影响交易成本而对企业的规模和其边界产生影响。

最后分析了数字化企业的本质,数据在数字化企业中发挥的重要作用,数据如何成为数字化企业最宝贵的资源。

思考题:

1. 查阅有关资料,对产权和制度经济学的发展演变做一综述。
2. 如何理解数字技术对企业内部交易成本的影响,并结合具体案例作一分析。
3. 如何理解数字技术对企业外部交易成本的影响,并结合具体案例作一分析。
4. 选择一个成功进行数字化转型的企业,分析其成功的经验,重点探讨数据对该企业的重要影响。
5. 谈谈你对如何借助数字化转型实现对我国国有企业改造的认识。

参考文献

[1] 麻元元,秦成德,刘杨林. 网络经济学基础[M]. 北京:清华大学出版社,2008.
[2] 钱志新. 数字新经济[M]. 南京:南京大学出版社,2018.
[3] 马化腾,孟昭莉,闫德利,等. 数字经济[M]. 北京:中信出版集团,2017.
[4] 宋爽. 数字经济概论[M]. 天津:天津大学出版社,2021.
[5] 刘培刚,等. 网络经济学[M]. 上海:华东理工大学出版社,2014.
[6] 汤潇洒. 数字经济[M]. 北京:人民邮电出版社,2019.
[7] 马文炎. 数字经济 2.0[M]. 北京:民主与建设出版社,2017.

［8］李静，等.数字经济理论［M］合肥：合肥工业大学出版社，2021.
［9］赵立斌，张莉莉.数字经济概论［M］.北京：科学出版社，2020.
［10］熙代.区块链经济学［M］.北京：机械工业出版社，2019.
［11］管同伟.金融科技概论［M］.北京：中国金融出版社，2020.
［12］王佑强，涂晶.区块链改变未来［M］.北京：人民日报出版社，2020.

第三篇
数字技术的产业经济学分析

云端互动、机器人送餐、智能网联汽车……我们越来越熟悉生活和工作中出现的一个个新场景。这些新场景的背后，是不断涌现的新技术、新业态、新产品、新服务，也就是现在越来越热的数字经济。数字经济是继农业经济、工业经济两大经济发展阶段后又一更高级的经济阶段，中国信息通信院在《中国数字经济发展白皮书（2020年）》中提出：数字经济是以数字化的知识和信息为关键生产要素，以数字技术为核心驱动力量，以现代信息网络为重要载体，通过数字技术与实体经济深度融合，不断提高经济社会的数字化、网络化、智能化水平，加速重构经济发展与治理模式的新型经济形态。数字经济包含多方面的内容，从产业视角来看，主要涵盖了互联网产业、基于数字技术催生的新业态和新模式以及建立在信息技术支撑和应用上的传统产业，也就是数字产业化和产业数字化。数字产业化就是数字技术带来的产品和服务，例如电子信息制造业、信息通信业、软件服务业、互联网业等，都是有了数字技术后才出现的产业。产业数字化则是指这些产业原本就存在，但是利用数字技术后，带来了产出的增长和效率的提升。本篇将介绍数字产业化，产业数字化的内容。

第6章 数字产业化

> **学习目标**
> （1）了解数字产业化基本概念。
> （2）掌握数字产业化的动因、模式和路径。
> （3）了解我国数字产业化的基本措施。

6.1 数字产业化概述

6.1.1 数字产业化的概念

作为引领未来的新经济形态，数字经济既是传统经济转型升级的"跳板"，也是未来新经济快速发展的"蓝海"，正前所未有地重构着经济发展"新图景"。以云计算、大数据、工业互联网等为代表的数字技术爆发式发展，提高了信息技术产业的创新能力。各国积极构建数字技术的关键基础优势，促进产业发展。在数字技术快速发展的背景下，数字产业化成为当前和今后一个时期各地区产业竞争和经济角逐的主战场。习近平总书记强调："要发展数字经济，加快推动数字产业化，依靠信息技术创新驱动，不断催生新产业新业态新模式，用新动能推动新发展。"数字产业化是发展数字经济的重要内容，是推动经济高质量发展的重要驱动力。

根据中国信息通信院在《中国数字经济发展白皮书（2020）》中的定义，数字产业化，即信息通信产业，也称为数字经济基础部分，是数字经济发展的先导产业，为数字经济发展提供技术产品、服务和解决方案等。具体包括电子信息制造业、电信业、软件和信息技术服务业、互联网行业等。数字产业化包括但不限于5G、集成电路、软件、人工智能、大数据、云计算、区块链等技术、产品及服务。

通常意义上讲，数字产业化就是通过大数据、云计算、人工智能等现代信息技术的市场化应用，将数字化的知识和信息转化为生产要素，推动数字产业形成和发展。

科技创新绝不仅仅是实验室里的研究，而是必须将科技创新成果转化为推动经济社会发展的现实动力。数字产业化的目的正是将数字化的知识和信息转化为生产要素，通过信息技术创新和管理创新、商业模式创新融合，不断催生新产业新业态新模式，最终形成数字产业链和产业集群。

数字产业化是数字经济发展的核心，代表了新一代信息技术的发展方向和最新成果。伴随着信息技术的创新突破，新理论、新硬件、新软件和新算法层出不穷，由软件定义、数据驱动的新型数字产业体系正在不断加速形成。数字技术的日新月异使得数字产业、数字产业化涉及的范围不断扩大，涵盖的经济形态迅速扩充。数字产业的发展水平已经成为一个国家经济发展水平的重要因素和衡量指标。

6.1.2 数字产业的分类

数字产业是以数字技术产业发展为基础，运用数字技术工具收集、整理、存储和传递信息资源，围绕数字产品与数字服务的生产与供给等相关环节的产业。它由传统的信息产业演化而来，也称为基础型数字经济或数字经济核心部分，是数字产业化的结果。对应于数据采集、传播、运算到建模的流转过程，数字产业主要包括电子信息制造业、信息通信业、软件服务业和互联网与人工智能四个行业，如图 6-1 所示。

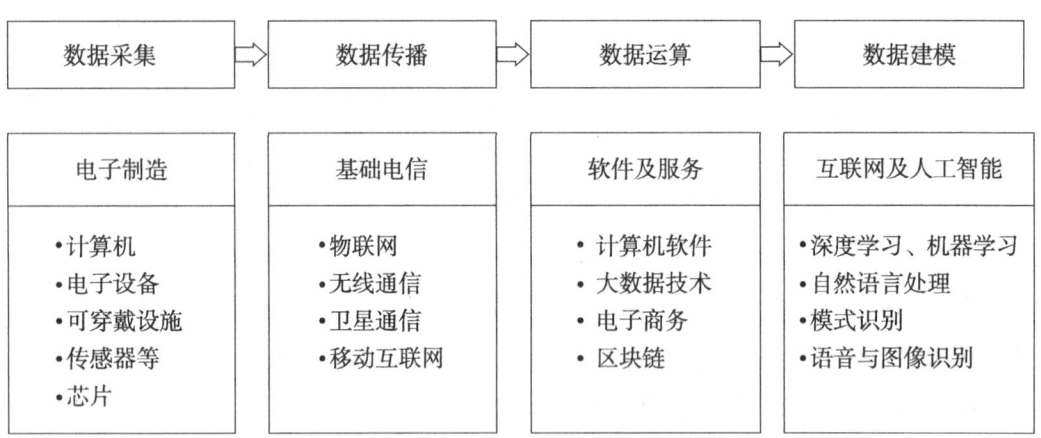

图 6-1　数字产业链示意

1. 电子信息制造业

电子信息制造业是研制和生产电子设备及各种电子元件、器件、仪器、仪表的工业，是数据采集、存储的基础设施，主要开展计算机、集成电路、电子设备、可穿戴设施和传感器等硬件的研究、开发和生产，包括相关机器设备的硬件制造和计算机软件的开发设计（图 6-2）。电子信息制造业由广播电视设备、通信导航设备、雷达设备、电子计算机、电子元器件、电子仪器仪表和其他电子专用设备等生产行业组成。

电子信息制造业上游主要有单晶硅、多晶硅、半导体分立器件、集成电路等行业，产品主要应用于硬盘存储器、移动终端、移动通信基站、微波终端机等行业。

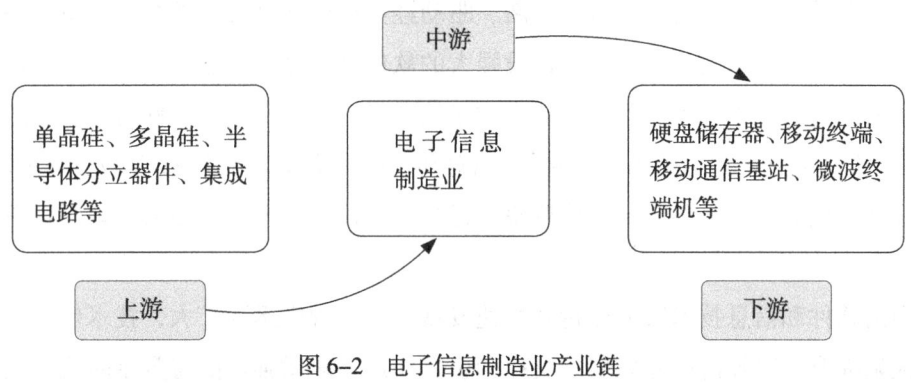

图6-2 电子信息制造业产业链

电子信息制造业具有低消耗、无污染、研发快、高增值等特点。随着家用电器、智能终端、消费电子等电子产品的爆发式发展，电子信息制造业也进入了快速发展阶段。

2. 信息通信业

信息通信业，由传统电信业发展而来，是构建国家信息基础设施，提供网络和信息服务，全面支撑经济社会发展的战略性、基础性和先导性行业。它利用现代化的数据传输中介，即时、准确、完整地将信息传递到需求方。随着互联网、物联网、云计算、大数据等技术加快发展，信息通信业内涵不断丰富，从传统电信服务、互联网服务延伸到物联网服务等新业态，主要包括互联网、物联网、无线通信、卫星通信和移动互联网等。

我国信息通信业是目前发展最快、最具创新活力的领域之一。其在支撑引领经济社会转型发展、提升政府治理能力和公共服务方面作出了巨大贡献，在国际上也产生较大影响。

3. 软件服务业

软件服务业，即软件与信息技术服务业，是指利用计算机、通信网络等技术对信息进行生产、收集、处理、加工、存储、运输、检索和利用，并提供信息服务的业务活动。主要从事基于现代电子计算机设备和数字技术收集、整理、筛选和处理信息资源，为相关组织部门提供决策依据的信息服务，包括计算机软件、大数据技术、电子商务、人工智能、区块链等软件技术。软件服务业具有技术更新快、产品附加值高、应用领域广、渗透能力强、资源消耗低、人力资源利用充分等突出特点，对经济社会发展具有重要的支撑和引领作用。

软件是新一代信息技术产业的灵魂，"软件定义"是信息革命的新标志和新特征。软件和信息技术服务业关系着国民经济和社会发展全局，是国民经济发展的基础性、战略性、先导性产业，是引领科技创新、驱动经济社会转型发展的核心力量，是建设制造强国和网络强国的核心支撑。建设强大的软件和信息技术服务业，是中国构建全球竞争新优势、抢占新工业革命制高点的必然选择。发展和提升软件与信息技术服务业，对于推动信息化和工业化深度融合，培育和发展战略性新兴产业，建设创新型国家，加快经济发展方式转变和产业结构调整，提高国家信息安全保障能力和国际竞争力具有重要意义。

中国软件和信息技术服务业持续快速发展，产业规模迅速扩大，技术创新和应用水平大幅提升，对经济社会发展的支撑和引领作用显著增强。随着数字时代的到来，全球新一轮科技革命和产业变革持续深入，国内经济发展方式加快转变，软件和信息技术服务业迎来更大发展机遇。

4. 互联网与人工智能产业

互联网，又称国际网络，指的是网络与网络之间所串连成的庞大网络，这些网络以一组通用的协议相连，形成逻辑上的单一巨大国际网络。随着互联网技术的发展，"互联网+"成为一个趋势，加的是传统的各行各业："互联网+"的"+"，不仅是技术上的"+"，也是思维、理念、模式上的"+"，以人为本推动管理与服务模式创新与创业是其中的重要内容。

人工智能是研究人类智能活动的规律，构造具有一定智能的人工系统，研究如何让计算机去完成以往需要人的智力才能胜任的工作，也就是研究如何应用计算机的软硬件来模拟人类某些智能行为的基本理论、方法和技术。人工智能是计算机学科的一个分支，被称为20世纪世界三大尖端科技（空间技术、能源技术、人工智能）之一，也被认为是21世纪三大尖端技术（基因工程、纳米科学、人工智能）之一。

互联网与人工智能产业包括互联网、大数据、云计算等基础技术的研发，人机交互、计算机视觉、深度学习等人工智能技术的发展和智能语音、人脸识别、智能机器人、无人驾驶等领域的人工智能技术的应用。

6.1.3 数字产业化发展的意义

产业化是某种产业在市场经济条件下，以行业需求为导向，以实现经济效益和社会效益为目标，依靠专业服务和质量管理，形成系列化和品牌化的经营方式与组织形式,是一种在市场经济规律支配下所形成的规模经营的机制。数字产业化是通过大数据、云计算、人工智能等现代信息技术的市场化应用,将数字化的知识和信息转化为生产要素,推动数字产业的形成和发展,最终形成数字产业链和产业集群。促进数字产业化,提升数字产业化水平,是发展数字经济的重点,对经济社会发展意义重大。

1. 提升生产效率

数字技术的产业化将研究、开发、应用和推广产品及服务形成一定的产业规模,既是商业化的过程,也是从简单协作到标准化生产的过程。因此,数字化将带来更高的生产效率和更低的生产成本,从而产生规模经济。产业化后可复制性、智能性的东西"反哺"物理世界,帮助提升企业生产效率,解决企业中间存在的安全性等问题。

2. 成为新的经济增长点和国际竞争的热点

数字产业有着巨大的市场潜力和较快的增长速度。从各项统计数据来看,世界市场上数字产业的增长保持较高的增长率。数字产业具备发展知识经济与数字经济的双重意义,能促进传统产业转型升级为高附加值产业,并提升一个国家的整体产业竞争力。

3. 拉动相关产业的引擎

数字技术的广泛应用,必将会引导从信息制造业到信息服务业、从生物技术到新材料再到光机电领域的发展,而数字产业化发展必将成为数字技术进步的一种市场推动力量。数字技术的应用几乎涵盖每一个工业和服务业领域,产品从系统信息内容、支撑信息内容到各种应用信息内容,具有极强的衍生性。围绕数字技术的创新,可以衍生大量的产品和服务,在带动许多产业的发展的同时,也带来了大量的就业机会。数字产业的产值将会在整个国民经济中发挥重要的乘数作用。

6.2 数字产业化的理论

6.2.1 数字产业化的动因

1. 成本节约效应

数字产业化的成本节约效应主要体现在边际成本递减和交易成本降低两大方面。一是边际成本递减效应。边际成本指的是每增加一单位产品的生产带来的总成本的增量。由于数字产品或服务具有很强的非竞争性,成本主要是开发阶段的开发成本,而开发完成以后,它的商业模式推广、业务推广的边际成本很低,甚至边际成本几乎是零。对应任何一个价格,其产量都是其最大生产能力,因此,数字产业的供给曲线是一条远离原点、与横轴垂直相交的直线。在各种生产要素价格逐步提高的背景下,中国的企业已经进入高成本时代。唯有数字产业带来的边际成本递减效应,成为推动企业总成本下降的长期性力量。二是交易成本降低效应。交易成本是"通过价格机制组织生产中所有发现相对价格的成本",包括搜寻成本、谈判成本、签约成本、监督成本、维护与执行成本及保护性成本等。数字产品和服务的产业化发展,最终形成数字产业链和产业集群,企业能够高效地获得如产品和原材料的价格、规格型号、质量等方面的信息,并且能得到更为精准的信息,降低信息搜寻成本。数字产业化发展使生产、管理、组织、流通、服务等环节的工序和流程得到改造,为组织运行和产业链协同节约大量成本,提供更完善的服务,降低价值链交易费用。在数字产品和服务产业化发展的推动下,产业链和产业集群得以形成,极大地促进了信息沟通的便捷化和常态化,物理世界的时空阻滞在网络空间中瓦解,从而直接降低了企业谈判、签约、监督等信息沟通成本。

2. 规模经济效应

数字化的产品和服务具有边际成本递减或趋于零的特点,这种数字产品和服务的特殊性使得其大规模的产业化发展具有明显的规模经济递增效应。数字经济背景下,互联网电商平台迅速发展、大数据技术大量运用、网络市场快速增长,市场的各种边界逐渐瓦解,消费者和生产者的距离触手可及,产品分工逐步细化,产品品类逐渐增多,数字产品和服务的市场范围和市场规模不断扩大。不断扩大的市场需求为数字产品和服务的产业化生产提供了广阔的舞台。一是互联网营销改变了传统营销方式,提高了商品营销效能。数字经济时代的商业通过网络将商品数字化的广告信息以相对低廉甚至免费的成本通过高清动态的方式传达给消费者,加速提升了商品的宣传效果,让更多的消费潜力被激发出来。二是互联网成为新兴的商品销售渠道,提升了消费者的购物便利性,也刺激了消费的增长,使得企业通过电商平台实现更多的销售增长。三是通过跨境电商平台,企业可以扩大自己的销售市场,将自己的产品销往世界各地,双边市场向多边市场转变,产生范围扩张效应。四是数字经济时代,金融服务、教育服务、科技服务等服务业部门可以借助线上方式和互联网平台进行频繁的交易以及跨国交易,并且数字化的知识产权产品具有边际成本为零的特点,这种数字产品和服务的特殊性也促进了商业的繁荣和贸易的发展。数字经济的发展对数字产业化发展提出了迫切的要求,数字产业的发展又进一步提升其规模经济效应。

3. 效率提升效应

数字产业化使得研发、制造、流通、交易等各个环节有序分工和协作，全方位地提升产业效率。①在研发环节，数字技术能够整合信息、物流等资源，可以在分散的研发机构之间实现协同开发，缩短研发周期，提高研发效率。②在制造环节，利用数字技术可以实时调用外部资源，快速分配生产任务，在线实时智能加工制造，全过程同步检测产品质量，提高制造效率。③在流通环节，利用数字技术可以加强与消费者之间的交流和反馈，与现代物流协同配合，快速实现商品与消费者之间的对接。④在交易环节，数字技术可以提供企业诚信、产品质量、产品价格等方面有效的市场信息，消费者可以实时查询与反馈交流，消除交易双方信息不对称问题，同时提供多元化的数字金融服务，提高交易效率。

4. 创新赋能效应

数字产业化发展带来的成本节约效应、规模经济效应、效率提升效应有利于推动数字技术的创新发展，进而通过产品创新、业态创新、商业模式创新等创新赋能，为传统产业创造价值增值的空间，发掘现有资源的创新利用，探索可持续发展的机制，促进传统产业转型升级。一是产品创新，传统商品被赋予数字化科技含量之后拥有了更高的附加值和衍生价值，更加智能化的产品不仅为企业创造了超额利润，还收集了大量的数据资源，为后续的产品衍生、业态裂变和价值增值提供源源不断的动力。二是业态创新，传统的产业体系内各类业态和服务之间有较为清晰的界限，数字技术促进跨业态、多元化、虚实结合发展，赋予产业生态更多灵活性和创新性，从而得到更为丰富的价值回报和价值增值。三是商业模式创新，利用数字平台和数字工具的便捷性、易传播性和低成本，产生了线上线下融合、社交媒体、网络直播等新兴商业模式，不断为传统的商业赋能。而传统产业的转型升级又反哺于数字产品和服务的发展，推动数字产业化发展。

6.2.2 数字产业化的模式

数字产业化是大数据、云计算、人工智能等数字技术不断成熟并广泛应用于市场，进而推动数字产业形成和发展的过程。数字产业化的本质是数字技术知识流动和数字产品创新的过程，其发展过程大致包括技术层、产品层和产业层三个阶段。按照数字产业化驱动主体的不同，数字产业化的模式可分为研发机构驱动模式、龙头企业驱动模式和特色小镇驱动模式。三种模式分别从研发创新、技术应用、规模发展等环节切入推动数字产业化。不同的驱动主体为数字产业提供了不同的发展模式。

1. 研发机构驱动模式

研发机构驱动模式是指大学、科研院所、新型研发机构和企业研究院等主体从数字经济的研发环节入手推动数字产业化的模式。研发机构是数字产业化的技术驱动力量。在研发机构驱动模式下，5G、人工智能、云计算、物联网等领域的基础研究和技术创新，通过产学研合作、成果转化基金和开放平台建设等方式将基础研究成果进行传播和转化，进而驱动基础研究成果和技术创新实现产业化发展。研发机构驱动模式关注的是数字科技的前沿科学技术问题，具有很强的战略前瞻性。

数字产业化的关键在于基础研究和关键核心技术的突破。一方面，从科技发展规律来看，数字科技强调学科交叉融合，不断产生新的学科增长点，基础研究、应用研究、技术开发使得产业化的边界日趋模糊，创新周期缩短。另一方面，从国际形势看，全球数字科技创新和竞争格局正在发生深刻变化，为抢占未来数字经济发展的战略制高点，世界主要国家都在强化数字科技的战略部署，对基础研究和数字技术的重视程度前所未有。因此，研发机构主导的基础研究和核心技术是创新的源头，对数字产业发展具有重要作用。

以浙江为例，作为数字经济发展大省，浙江在数字产业化的过程中，构建了高校、科研院所和企业多元供给的数字技术研发供给格局，突破数字核心技术研发，抢占未来竞争的制高点。其中可以作为新型研发机构典型代表的是之江实验室和阿里达摩院。之江实验室以创建世界一流的国家实验室为目标，在人工智能和网络安全两大研究领域形成特色优势，对推动浙江数字产业发展有重要作用。阿里达摩院则从企业需求和科技前沿视角提出"BASIC"技术布局，加强数字技术的自主研发。浙江从研发机构的建设入手，积极组织实施重大科技基础研究、科技攻关和示范应用工程，逐步在人工智能、大数据、集成电路、工业软件等领域突破核心技术、形成重大创新成果，努力掌握科技和经济发展的主动权。

2. 龙头企业驱动模式

龙头企业驱动模式是通过培育在5G、人工智能、云计算、物联网等领域具有较高的成果转化能力的数字龙头企业，通过优势产品开发、裂变创业、市场拓展等方式发挥其在产业和地区内的辐射、引领作用，进而推动数字产业化的过程。龙头企业具有规模庞大、经济效益好、带动能力强等特点，往往在某个领域处于领先地位，在技术、人才、资金等方面具有充足的储备，在技术创新应用、开拓新市场和促进区域数字经济发展方面具有规模优势。在产品开发方面，龙头企业基于自身规模优势不断开发新产品，巩固既有优势，提升区域数字产业总体发展水平；在裂变创业方面，龙头企业内部人才溢出，以龙体企业市场互补、产品细分等方式开展创业活动，裂变企业开展产品拓展，丰富数字产业生态；在市场拓展方面，龙头企业以核心技术拓展市场和应用领域，基于不同市场和领域不断深化数字产业发展。基于龙头企业所具有的特征，数字龙头企业成为数字产业化的产品驱动力量。

仍以浙江为例，其在数字产业化进程中，积极培育数字龙头企业，突出龙头企业在产业发展中的引领效应，优先发展新兴数字产业，依靠数字产业形成经济发展新支柱。龙头企业的快速发展也推动了数字技术产业化，龙头企业驱动数字产业化的成功案例众多，如阿里云经过十年发展成为全球领先的云计算科技公司，围绕产业需求自主研发核心软件，为产业数字化提供云解决方案；海康威视以安防监控产业为基础，扩展以视频技术为核心的物联网解决方案；新华三集团作为国内企业网络设备市场龙头，不断创新数字技术产品和解决方案，帮助用户快速有效实现数字化转型。

3. 特色小镇驱动模式

特色小镇驱动模式是指特色小镇以新兴数字产业为核心，加快互联网、大数据、云计算、人工智能和物联网等领域的企业集聚，通过搭建产品平台、建设孵化体系、优化创业生态，加速数字产业集群建设，以协同发展抢占数字产业制高点，实现产业规模化发展，形成数字产业集群。特色小镇以鲜明的产业为支撑，侧重点在于产业特色、功能特色，核心是特色产业，如互联网金融、大数据和云计算、健康服务业等，表现为智力密集型产业。特色小镇是以创新推动供给侧改革，推动产业升级，培育新产业、新业态、新动能，解决经济发展动力的重要平台。

浙江在推进数字产业化的进程中，以数字特色小镇为抓手，着力打造世界级数字产业集群。浙江拥有高新区物联网小镇、余杭区人工智能小镇、西湖区云栖小镇、临安区微纳智造小镇等。以杭州市高新（滨江）区为例，自物联网小镇成立以来，该区一直以信息经济为重点发展方向，通过搭建产品平台、建设孵化体系、优化创业生态推动数字产业化。在搭建产品平台上，积极培育数字产业和数字企业，大力支持新技术、新产品的应用与推广，不断壮大数字产业集群，通过特色小镇推进工业化和信息化产业的集聚。在建设孵化体系上，把全区作为一个大孵化器，鼓励企业、高校院所建设孵化器，形成了杭州创业大街、海创基地、科创中心等众创空间集聚区；充分发挥国家级高新区的引领、示范与辐射作用，带动省市高新技术产业发展，提升区域竞争力。在优化创业生态上，滨江以产业发展和企业经营的客观规律为指引，打造"小政府、大服务"模式，提供最优创业环境，不断优化创新创业的生态环境。

一方面，滨江不断学习产业和企业发展的规律，分析企业可能需要的政务服务和要素供给，为企业发展中可能会遇到的问题打上"预防针"，引导企业健康、快速成长，不断优化政务服务；另一方面，滨江构建以发展高科技为导向的"大部制"性质体制，在科技、人才和产业上形成合力，提高资源统筹效率，通过体制创新提升政务服务效率；与此同时，滨江以"不叫不到、随叫随到、服务周到"的"三到"文化作为核心理念，"围着企业和人才转、向着创新和创业跑"，政策及时落实、资金按时到位、服务随时提供，形成"亲清"政商氛围，重构了政企关系。在一系列举措下，滨江形成了以阿里巴巴、网易为首的智慧互联产业集群，以海康威视、大华控股和宇视科技为代表的智慧安防产业集群和以新华三、华为通信为代表的通信制造产业集群等，走出了一条主导产业突出、高新特色鲜明的产业发展之路。2018年滨江区数字经济实现收入3070亿元，同比增长17%，通信设备、物联网、信息软件和电子商务产业贡献巨大，人工智能、集成电路设计、云计算、大数据等前沿技术领域企业快速成长。

6.2.3 数字产业化的路径

数字产业通过研发机构、龙头企业和特色小镇等主体驱动发展，不同的驱动主体有不同的发展路径和发展机理。研发机构通过产学研合作、成果转化基金和开放平台建设等方式将原始创新成果传播和转化，进而驱动数字产业化；龙头企业通过优势产品开发、裂变创业、市场拓展等方式辐射、引领行业和地区内其他企业，进而推动数字产业化；特色小镇通过搭建产品平台、建设孵化体系、优化创业生态加速数字产业集群建设，快速抢占数字产业发展的制高点。

无论是哪种模式推动的数字产业化，最终都会经历"数字技术研发、数字企业发展和数字产业集群形成"三个阶段。这也是数字产业化的一般路径，即数字技术的应用和产业化推动数字企业的发展，数字企业发展壮大并集聚形成数字产业集群。数字技术研发的核心是要突破一批核心技术，为数字产业化提供技术供给，以前瞻视野布局技术研发，抢占未来竞争的制高点。数字企业发展是数字经济基础研究和数字技术突破产生成果的产业化过程，即将数字化产生的数据资源转化为生产要素，通过数字技术创新和管理创新、商业模式创新及其融合发展，不断催生新产业、新业态、新模式，在这一过程中会涌现出不同产业环节的数字龙头企业和数字产业集群。数字产业集群的形成是数字产业链的龙头企业和中小企业的良性互动，它们带动产业发展集聚，不断完善数字产业生态，最终形成完整的数字产业链和数字产业集群（图6-3）。

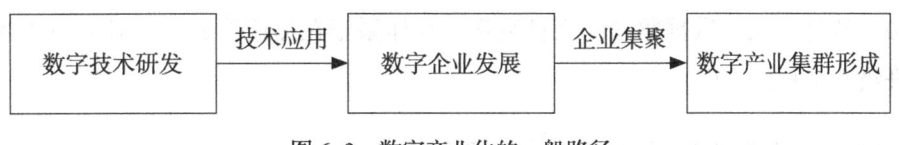

图 6-3 数字产业化的一般路径

6.3 数字产业化对经济的影响分析

6.3.1 数字产业化对产业结构的影响

数字产业化是数字经济的重要内容，通过刺激新兴产业发展，对产业结构产生影响。

（1）数字技术通过产业化发展成为新的产业。根据技术生命周期理论，一项技术从无到有、从萌芽到退出历史舞台大致会经历四个阶段：创新期、成长期、成熟期和衰退期。当技术处于创新期和成长期时，由于技术尚未成型、成本较高、市场需求较小，难以进行大规模的生产，此时还不能形成产业。而当技术进入稳定的成熟期之后，成本持续下降、市场需求不断扩张以及广阔的发展前景将吸引大量企业进行投资和生产，当产量达到一定规模之后，新产业就会形成。信息通信产业是数字经济中的核心产业，也是产业结构的重要组成部分，自信息技术产生以来，经过几十年的发展，电子信息制造业、软件产业、信息服务业等产业已较为成熟，物联网产业、大数据产业、云计算产业、人工智能产业正在强势崛起并引领数字经济的发展潮流，这些新的产业使产业结构的内涵日益丰富，对于推动经济结构调整优化、培育新经济增长点、服务和支撑国家经济建设具有重要意义。信息通信产业的产业化发展推动知识密集型、智力密集型和技术密集型产业的发展，有利于产业结构的改善，并推动产业结构的升级。

（2）数字技术催生新的商业模式，新商业模式形成新的产业。新产业新业态新模式主要包括依托信息技术所打造的"共享经济""数字支付""跨境电商"等。传统商业模式以企业价值创造为中心，而新一代信息技术所推动的商业模式是以客户价值创造为中心、基于互联网而创新的信息匹配模式，缓解了由于信息不对称所带来的资源配置效率低下、社会福利无谓损失等问题，增加了商业利润，激发了商业活力。因此，数字技术所催生的新商业模式能够被快速复制、广泛应用，并发展成为一种新的产业形态。在数字技术不断创新、融合以及市场化推广的背景下，大量新产业新业态新模式呈井喷式增长，为产业结构发展提供了新空间。其中，电子商务、共享经济已成为新商业模式的典型代表。

数字产业化代表了新一代信息技术的发展方向和最新成果。伴随着数字技术的不断突破，软件定义、数据驱动的新型数字产业体系正在加速形成，并对中国产业结构优化升级产生积极作用。

6.3.2 数字产业化对经济发展质量的影响

（1）数字产业化通过获得规模经济效应促进经济高质量发展。由于数字产品或服务具有很强的非竞争性，成本主要是开发阶段的开发成本，开发完成以后的商业推广及业务推广的边际成本很低，具有边际成本递减或趋于零的特点，这使得其大规模的产业化发展具有明显的规模经济递增的效应。随着生产规模的扩大，企业的单位成本变小，生产的效益提高，为企业获取利润创造条件，从而推动企业高质量发展。

（2）数字产业化通过提高交易效率和资源配置效率促进经济高质量发展。数字产业化的发展使得共享经济等新产业新业态新模式获得井喷式发展，买卖个体通过平台企业实现点对点精准交易，极大地改善信息不对称问题，降低交易成本。交易成本的节约进一步扩大市场范围，促进分工的发展，企业可以在全球范围内开展分工和协作，并根据需求变化迅速发现和调整产业链合作对象，从而极大地提高资源的配置效率。由数字产业化发展推动资源的流动加速，加剧行业竞争，改变现有市场结构，加快优胜劣汰，提高行业整合效率，最终能够提高经济增长质量。

（3）数字产业化通过提高创新效率促进经济高质量发展。数字产业化发展有利于推动数字技术的创新，而数字技术的研发和创新，是驱动经济增长的核心要素。数字经济的出现和快速增长本身就是技术进步的结果，数字产业化发展促成新的产业集群，包括大数据、人工智能、云计算、物联网、网络信息安全等系列产业。通过数字产业集群以及横向和纵向产业关联，借助产业协同和反馈效应，提高整个经济体系的创新效率。同时，数字信息产业具有渗透性、外溢性、互补性特点，有着较高的技术提升及广泛的应用潜能，具有较大的纵向和横向外部性，能渗透到生产、分配、流通和消费等各环节，为经济增长开辟新空间，推动经济高质量发展。

6.3.3 数字产业化发展案例分析

科技的发现和发明极大地改变了人类生产、生活的方式，以电子媒体和计算机为中心、以数字科技和通信技术为基础而兴起的数字化产业带给人类前所未有的便捷与刺激，提升了人类的物质和精神享受层次。中国的数字化产业正以前所未有的速度迅速崛起，下面将以中国数字产业化发展为例，深入剖析数字产业化发展过程。

6.3.3.1 中国数字产业化发展现状

信息通信产业作为数字时代的基础性、先导性行业，是推动各行业数字化转型、建设"数字中国"的关键支撑。中国数字产业稳健地发展,基础进一步夯实,内部结构持续优化。

1. 数字产业化规模总体实现稳步增长

中国数字产业不断夯实基础,内部结构持续优化。从规模上看,数字产业化规模逐年提升,2018年数字产业化规模为6.4万亿元,2019年的为7.1万亿元,2020年达到7.5万亿元;占GDP比重也从2018年的7.1%增长到2019年的7.2%,再到2020年的7.3%。从结构上看,数字产业结构持续优化,软件和信息技术服务业、互联网行业增长较快。

2. 数字产业化各行业稳步发展

(1)电信业基础支撑作用不断增强。中国通信业深入贯彻落实党中央、国务院决策部署,坚持新发展理念,大力推进网络强国建设,着力提升基础设施能力,5G建设有序推进,新型信息基础设施能力不断提升,有力支撑社会的数字化转型,助力信息消费活力释放;行业发展稳中有进,对国民经济和社会发展支撑作用不断增强。电信业务总量高速增长,电信业务收入逐年上升,2020年电信业务收入累计达到1.36万亿元,比上年增长3.6%(图6-4)。网络提速效果显著,百兆宽带已近九成,加速向千兆宽带接入升级。截至2020年底,中国三家基础电信企业的固定互联网宽带接入用户总数达4.84亿户,全年净增3427万户。其中,100Mb/s及以上接入速率的固定互联网宽带接入用户总数达4.35亿户,占固定宽带用户总数的89.9%。全国行政村通光纤和4G比例均超过98%,电信普遍服务试点地区平均下载速率超过70M,农村和城市实现"同网同速"。

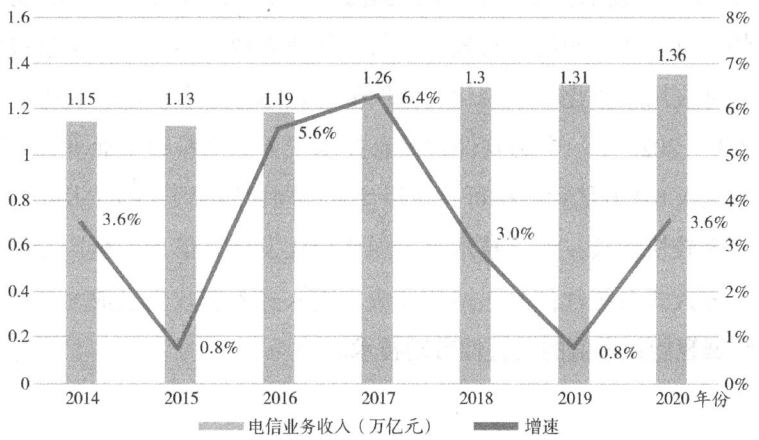

图6-4 中国电信业收入规模与增速

（2）电子信息制造业企稳回升。2019年是移动通信制式换代期，通信基础设施投资和移动终端销售收缩，且集成电路等元器件产业处于周期性波动低谷，全球经贸环境面临不稳定因素。随着移动通信制式换代期的逐渐过渡，通信基础设施投资和移动终端销售回暖，电子信息制造业逐步从周期性波谷进入企稳回升状态（图6-5）。从总体上看，2020年，规模以上电子信息制造业增加值同比增长7.7%，增速比上年回落1.6个百分点。规模以上电子信息制造业实现营业收入同比增长8.3%，增速同比提高3.8个百分点；利润总额同比增长17.2%。从细分行业看，2020年，通信设备制造业、电子元件及电子专用材料制造业、电子器件制造业、计算机制造业的营业收入和利润都实现了增长，不过不同行业的增长速度差别较大。

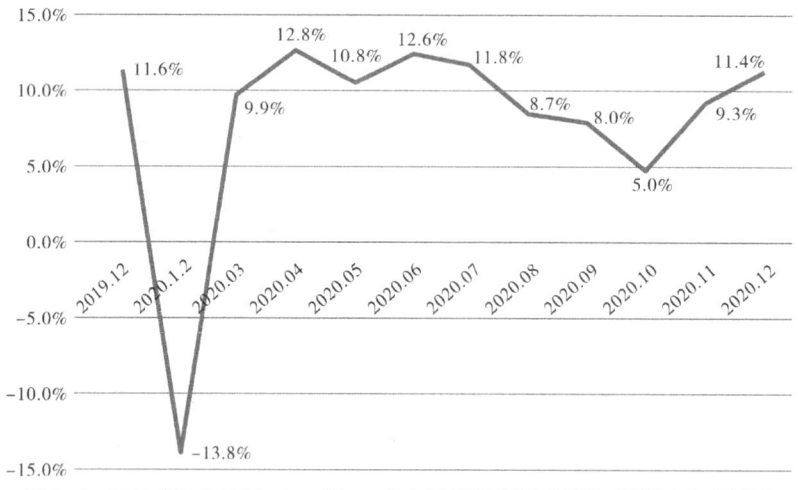

图6-5　2019年12月至2020年12月电子信息制造业增加值增速变动情况

（3）软件和信息技术服务业平稳较快增长。中国软件和信息技术服务业呈现平稳向好发展态势，收入和利润均保持较快增长，从业人数稳步增加；信息技术服务加快云化发展，软件应用服务化、平台化趋势明显。从总体上看，软件业务收入保持较快增长（图6-6）。2020年，全国软件和信息技术服务业规模以上企业超4万家，累计实现软件业务收入8.2万亿元，按可比口径计算，同比增长13.3%。从细分领域看，软件产品收入实现较快增长，信息技术服务加快云化发展，信息安全产品和服务收入增速略有回落，嵌入式系统软件收入增长加快，嵌入式系统软件已成为产品和装备数字化改造、各领域智能化增值的关键性带动技术。

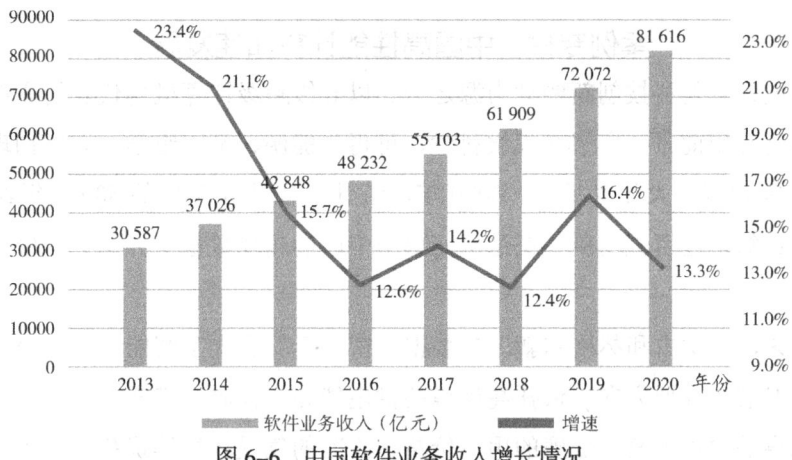

图 6-6 中国软件业务收入增长情况

（4）互联网和相关服务业创新活跃，但稳中有落。在人工智能、云计算、大数据等信息技术和资本力量的助推下，在国家各项政策的扶持下，2019 年，中国互联网和相关服务业保持平稳较快增长态势，业务收入和利润保持较快增长，研发投入快速提升，业务模式不断创新拓展，对数字经济发展的支撑作用不断增强。到 2020 年，互联网和相关服务业发展态势平稳，业务收入稳中有落，利润保持两位数增长（图 6-7）。细分领域呈现不同增长态势，音视频服务企业、在线教育平台等保持较快增长，生活服务平台等受疫情影响较大。

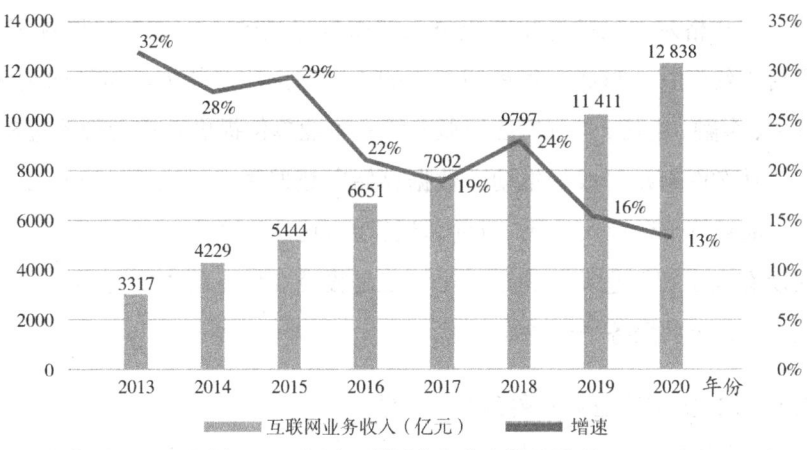

图 6-7 中国互联网业务收入增长情况

案例专栏：中国高性能计算加速发展

高性能计算是科技创新的动力源之一。以 E 级超级计算机为代表的高性能计算具有广阔的应用前景，有望在气候科学、可再生能源、基因组学、天体物理学以及人工智能等领域"大显身手"。2020 年，统计高性能计算机的 500 强组织发布了全球超级计算机五百强榜单，在这份榜单中中国的超算数量世界第一，份额占比超 40%。

近年来，内蒙古和林格尔新区把数据高密度运算和人工智能运算能力建设作为数字经济发展的重要方向，依托高保障的供电能力、优质的带宽条件、充裕的人才保障、优惠的政策配套、低廉的用电价格、冷凉的气候环境等优势，推进实施"计算存储能力倍增计划"，积极搭建产学研用科技创新载体，探索构筑集存储和算力服务于一体的超算生态集群。和林格尔新区围绕内蒙古超算能力建设，积极布局上下游产业，高端服务器生产和图像识别、人脸识别、语音识别等应用项目正在快速落地，初步形成了超算平台项目的集聚效应，数据存储优势正在加快向以数据高密度运算能力、人工智能运算能力为核心的产业发展驱动力转化。目前，应用于图像识别、人脸识别，基于 CPU+GPU 异构系统架构的三大超算系统相继在新区落地运行，东方超算云内蒙古超级大脑项目等多套超算平台落户建设，高性能运算总能力和规模居全国前列。

目前，和林格尔新区超算生态集群已取得良好成效。一是"互联网+"可信身份认证平台上线运行，形成了每秒超万次的人脸识别比对能力，累计向全国 220 多家政府机关、金融、电信、互联网应用服务等企事业单位提供真实身份核验 8 亿余次，日均服务量达 700 万次，成为推动由数据存储向数据高水平应用的标杆项目。二是旷视人工智能超算平台投入运行，目前总运算能力已超过 100PFLOPS 理论计算能力，达到中国现有人工智能超算的先进水平。三是投资 3 亿元的中国北疆最大规模的内蒙古高性能计算公共服务平台建成运营。

6.3.3.2 中国数字产业化发展存在的问题

数字产业是中国数字经济发展的核心，但是目前中国数字产业化发展还处于初步发展阶段，亟待创新发展。

（1）数字产业化基础有待加强。中国数字产业化基础研究比较落后，前沿研究与发达国家相比还存在较大差距，学术研究缺少重大原创性成果，基础理论、核心算法、前沿技术等方面研究滞后，核心芯片、高端软件等尚未取得重大突破。

（2）数字产业发展不均衡。目前，中国互联网、金融和电信行业数字化发展相对完备，数字化程度较高，数据储备量巨大。但在公共服务、教育、就业等领域数字基础设施建设不足，数据不充分、不均衡，数字化程度亟待提升。

（3）数字技术创新与应用亟待突破。中国数字化关键技术装备与系统受制于数字人才、数字化制造和服务系统解决方案提供能力不足、支撑中小企业发展的政策支持不够等，已经成为当前中国数字产业化发展的突出问题。

（4）部分企业对数字技术创新应用重视不够。数字化技术的研发、应用往往投入大、回收慢，导致部分企业对数字技术研发投入积极性不高、关键技术储备不足，技术创新应用能力不强，数字核心技术亟待突破。

6.3.3.3 中国数字产业化发展的制约因素

1. 数字基础设施不完善

近年来，中国政府高度重视新基建投资，特别是在新冠肺炎疫情发生后，对其重视程度显著提升，曾多次提到"新基建"的相关内容。例如，2020年3月4日，中共中央政治局在研究当前新冠肺炎疫情防控和稳定经济社会运行重点工作时强调，要"加快5G网络、数据中心等新型基础设施建设进度"；同年3月20日，工业和信息化部发布的《关于推动工业互联网加快发展的通知》中，"加快新型基础设施建设"被排在了首要位置。新基建涵盖了5G网络、云数据中心、人工智能、工业互联网、物联网等领域，是数字产业化发展的必要前提和基础条件。

虽然中国高度重视新基建投资，主动顺应数字化发展趋势，陆续开展高速、移动、安全、广泛的新一代信息基础设施建设，扩大了信息网络设施覆盖的领域范围，不断强化数字基础设施支撑能力，但是中国数字基础设施仍不够完善。在5G等新一代移动通信网络的大背景下，当前仍需持续推进提速降费，加强5G研发应用；同时工业互联网、大数据、云计算、人工智能、区块链等新基建仍需加强，已有的工业制造、电力、卫生、交通等信息基础设施仍需改造升级。

2. 国家和地方层面数字产业化整体规划相对缺失

发展数字经济、推进数字产业化是一项系统工程，不可一蹴而就，需要明确推进目标、实施路径和推进重点，并通过传统基础设施向数字基础设施的持续转型，充分发挥数据作为生产要素的核心作用，从而促进生产力和生产关系不断调整和变革。目前美国、英国、德国、法国、澳大利亚、日本、新加坡等多个发达国家已纷纷颁布了促进数字经济发展的国家级战略规划，而党中央和中国政府高层虽然在多个场合多次表明大力推进数字经济发展的决心及重要性，但尚未从国家层面开展顶层设计，数字经济发展缺乏全局性、系统性和战略性规划，也缺乏数字产业化的实施路径，以及相关财税、监管等法律法规及配套机制。

3. 产业集聚化发展较为缓慢

为了适应产业数字化转型发展，部分企业建立了相应的生态圈，但由于企业总量规模不大，参与企业的数量较少，部分大企业或龙头企业建立的生态圈仅以自身业务发展为核心，难以辐射带动上下游相关企业的数字化发展。数字经济领域中的大中小企业尚未能形成协同发展的良好局面，因此企业数字化生态圈目前还难以产生"数字化""产业化"的效果。

4. 持续创新驱动力不足

创新是数字产业化的不竭动力。但当前科技创新平台建设仍旧不足，创新服务能力相对欠缺。部分孵化基地、协同创新中心仍停留在基础空间服务阶段，投融资、创业辅导、资源整合等创新服务能力相对欠缺，能够为数字经济企业提供的专业化、精准化创新服务不多。高层次科技人才匮乏，难以形成科技创新的"团队效应"。同时科技研发投入相对不足，产学研协同建设不够。

5. 数字资源开发利用率不高

随着数字经济进入全新的发展阶段，数字产业化成为发展大趋势，企业对外部数据信息的需求呈现不断上升的态势，产业链上下游企业数据共享需求迫切，包括产业链上下游企业信息、消费者信息等。要使数据真正实现产业化，需要将这些资源进行整合、开发、应用，实现行业信息共享，才能实现新应用、产生新价值。但当前行业数据缺乏共享渠道，面向全行业、具有公信力和行业影响力的产业联盟相对较少且质量不高，缺乏高水平的公共信息服务平台及产业链上下游企业间的信息共享平台，行业内数据信息难以共享共通，而且数据权属不清、属权法律法规尚未健全，这些严重阻碍了数字产业化进程。

另外，数字技术、产品、服务正在加速向各行各业融合渗透，数字化进程发展较快，但是对产业数字化过程中产生的数字资源的重视和利用不够，缺乏大数据产业化模式和管理模式，这在一定程度上制约了跨行业数据的汇聚整合，也不利于传统产业挖掘、释放数据价值来实现改造升级，更不利于拓展海量数据应用内容，使之持续推进发展新业态和新模式。

6. 数字产业统计标准和规范尚未统一

部分发达城市和相关智库、研究机构已经形成自己的统计口径和统计标准，但仍有大部分地区尚未明确数字产业、数字产业化和产业数字化的统计标准，对其发展情况统计不足、资料掌握不够全面,导致对未来发展的规划和指导不足。因此,当前亟须探索建立跨部门工作机制,加强数字经济测度和评估的理论研究,建立科学、严密、规范的数字经济统计体系和统计标准,加快开展数字经济相关统计调查工作。开展区域级的数字经济量化测算工作,保障微观数据、调研数据、重点行业数据的规范化采集。

6.3.3.4 中国数字产业化发展的主要着力点

(1)新型基础设施建设。中国信息基础设施建设不足,这会制约数字产业化的发展。因此,加快5G、工业互联网、大数据中心等新型基础设施建设,推动现有基础设施的数字化改造,加快构建新一代信息基础设施应用生态,是当前推进数字产业化的基础。

(2)人才培养。人才是数字化发展的关键,每个行业、每个技术的发展过程中,"选、用、留"人才一定是最核心的。在数字人才的培养上,可通过与高等院校建立协同创新实验室来联合培养人才。中国已有众多产学研联合培养人才的案例,比如北京百分点科技集团股份有限公司通过与北京大学、中国人民公安大学、公安部第一研究所、上海交通大学、中央财经大学、中国科学院等10余家知名高校和科研院所建立技术研究协同创新实验室来联合培养数字化人才。

(3)技术创新。数字技术是数字经济发展的关键,也是数字产业化的重心。企业想要在竞争激烈的市场中占据一席之地,需要通过技术创新让自己保持竞争力。在这方面,企业可通过搭建完善的产品技术、数据科学家及认知智能实验室等研发团队,设立博士后科研工作站等方式来强化技术创新能力,做强做大本企业的同时,推进产业的发展。

(4)生态建设。任何一个企业都不可能全部做,它永远需要找对自己最合适的点,并与伙伴合作将各自所长,如场景、人才、技术进行整合。对于数字产业而言,数据作为关键生产要素,经济运行中形成的信息数据涉及部门众多、数据标准化程度低、种类繁杂、信息量巨大,生态建设更为重要。

6.3.3.5 中国推进数字产业化发展的建议

1. 聚焦发展重点

随着以互联网、大数据、人工智能为代表的新一代信息技术的蓬勃发展,数字产业化新业态新模式不断涌现。在数字经济快速发展的时代背景下,想要在新一轮竞争中抢占先机,必须聚焦发展重点,集中力量推进数字产业化。一是培育壮大核心引领产业——大数据和物联网产业。突破海量数据存储、数据清洗、可视化、边缘计算等关键核心技术,支持数字工厂、数字家庭、数字化医疗等新产品新产业发展;完善云计算产业链条,提升服务企业、行业和社会的能力;支持区块链技术研发及试验,推进区块链技术在互联网金融、电子商务、共享经济、农产品安全追溯等领域的应用。二是布局前沿新兴产业——新一代人工智能产业。积极发展新型芯片、基础软件、智能硬件,支持开展智能建模和自然语言处理等关键技术攻关;大力发展高端数控机床和工业机器人,加快人工智能技术在教育、医疗、家政服务等领域的应用。三是加快发展关键基础产业——新一代信息技术制造业。支持发展基于 IPv6、5G 商用的信息网络设备和信息终端产品及系统应用,积极推进第三代北斗导航高精度芯片、太赫兹芯片等产业化及应用,加快开发智能器件等基础软硬件产品。四是积极培育应用服务产业——高端软件与信息技术服务业。积极开发面向产业转型、社会治理、政务服务、民生保障等领域的应用软件,鼓励北斗信息系统等一批数字化应用系统开展社会化服务,发展基于新一代信息技术的高端外包服务。

2. 强化基础设施支撑

积极推进 5G、大数据、物联网、人工智能等新技术与现有网络深度融合,构建万物泛在互联的信息基础设施,为数字产业化发展提供强有力支撑。一是加快建设新一代信息网络基础设施。规划建设超高速、大容量、智能化的新一代通信网络基础设施,优先布局多网协同泛在无线网络,超前谋划未来网络;推动 5G 网络建设并规模化商用;加快全光网络基础设施建设;建设窄带物联网商用网络。二是积极推进数字化应用基础设施建设。优化互联网大数据中心和云计算基础设施布局,促进内容分发网络与移动互联网、云计算融合发展。三是支持传统基础设施数字化建设和改造。推进交通基础设施数字化,建设陆海空一体化的交通运输通信信息网络;统筹规划水资源保护、旱涝灾害预防、河湖水资源管理等信息化建设,形成水资源智能调配和水患智能防御体系;加快智能电网建设,发展绿色能源智能化分享和交易。

3. 强化创新培育

(1)强化企业创新主体作用,着力培育创新型龙头骨干企业。根据数字产业企业规模、研发团队实力、产品及成长潜力,确定一定数量的龙头骨干企业培育名单,重点培育壮大一批产品技术含量高、研发能力强、具有一定区域竞争力的电子信息产业龙头骨干企业。积极引导有条件的企业和研究院所建立企业数字技术研究中心等企业创新研发平台,强化科技成果向生产力转化的中间环节,提升企业自主创新能力。

(2)支持创新型数字产业企业孵化。研究出台支持创新型数字产业企业孵化在用地、研发、奖补、税收优惠、人才引进和激励等方面的配套支持政策,重点培育一批在电子信息设备、软件开发应用、人工智能研发、数字文创等领域具有一定研发能力和产品竞争力的本地企业。积极推进"楼宇孵化"项目，推动闲置楼宇"变身"创业孵化基地，为以数字通信、互联网服务、数字动漫、数字出版、数字文创、数字化网络教育培训等为主的中小型数字技术研发企业提供孵化平台。实施数字产业中小企业"专精尖"技术攻坚计划，培育专项技术领域的创新型领头企业。鼓励围绕东盟市场、核心数字产品服务加大技术研发投入力度，根据具体的科技研发项目申报给予相应的投入支持和有针对性的要素保障，支持企业以数字产业细分领域为目标强化技术突破和产品服务升级，培育专项领域"小巨人"企业。

（3）加快示范平台建设。从全球范围看，世界各国数字经济发展基本上处于同一起跑线上，几乎没有可以借鉴的成功经验和模式。推进数字产业化，要从实际出发，选择和依托不同类型、不同层次区域，围绕核心关键，开展试点示范，探索发展路径。一是加快推进大数据综合试验区建设。加强各核心示范区、综合示范区协同联动，探索构建产业一体化发展格局。二是加快推进国家数字经济创新发展试验区建设。在创新数据要素流通机制、构建数字化新型生产关系、优化数据要素资源配置、促进数字产业集聚发展等方面，开展探索和创新，激活新要素、释放新动能。三是加快推进数字化城市建设。选择若干试点城市，在城市规划、建设、治理、服务等领域，推广应用人工智能、大数据、物联网、虚拟现实、增强现实、5G通信等信息技术，探索构建以"城市大脑"为中心的智能化管理服务体系。四是加快推进数字化园区建设。选择若干国家级、省级园区，探索建设智慧园区管理平台，支持建设"智慧工厂""无人工厂"，实现园区企业上云全覆盖。

4. 提升数字资源开发利用水平

（1）加快构建以开发利用数字资源为核心的大数据产业链。以开发区域性数字资源为基础，建立数据收集与分析平台、集成与管控平台、应用与开发平台，进一步深入挖掘潜在的数字信息资源以及政府、企业、社会和民众对于数字资源的生产生活需求，加快数字资源的市场化开发，尤其要面向东盟市场创新开发更多异质性强的数字化产品和商品，发展大数据运营服务，创建数据生态链。

（2）加快推进数字资源与各类产业的融合发展。随着数据规模的不断扩大，数据资产管理依然是各行各业转型升级的"秘密武器"。应当重点推动数字产业与工业生产、交通物流、金融商贸、通信等领域的深度融合，鼓励企业整合内部数据，再应用优质的外部数据，进行数字资源的产品开发和商业交易，在挖掘提升产业领域数字资源经济效益的同时，以更为高效、智能的数字化手段促进产业的数字化升级，提质增效。

（3）进一步提升数字产业、数字技术、数字资源与民生应用、公众获得感的融合度。新一代信息基础设施建设不仅是一个技术问题,而且涉及关联应用行业以及延伸体验场景的应用,例如人工智能与智慧城市建设深度融合,日常生活需求与线上数字服务本地化供给融合等。上海的"随申办"、广东的"粤省事"等 App,通过整合各个部门、各个领域现有的公共服务入口和信息资源,在智慧城市核心支撑平台和行业系统上构建起综合性的"超级应用",使其逐渐成为服务人民生产生活的新型基础设施。建议借鉴成功经验,在已有的建设成果基础上进行探索,进一步加强关键核心技术攻关、功能型平台建设,完善智能化、实时化、数字化网格管理,优化配置海量数据,推动一批关键技术与城市治理、公共服务深度融合,增强数字产业、数字技术和数字资源的可及性、可触性。还可重点探索面向东盟的功能服务,例如小语种翻译、语音数据业务等,把新型国际化智慧城市建设推向新高度。

5. 完善配套政策

在落实国家有关大数据、云计算、物联网产业发展政策的基础上,探索创新和完善相应的配套政策,为数字产业化发展创造良好条件。

(1)建立健全数字产业统计标准和应用规范。目前,业界对于数字产业、数字经济等的范畴和边界尚未完全明确,具体产业形态、细分领域、统计口径尚未统一。浙江、贵州等地已经开始探索启动地方数字经济监测工作,贵阳、成都等城市也制定和出台了关于数字产业统计口径的方法。当前应研究制定数字产业统计标准、监测指标体系以及评估方法,重点加快对大数据、物联网、云计算等信息技术应用标准的研制,重点开展对数据汇聚、数据平台、数据安全、大数据应用等领域标准的研制。围绕信息设备、基础设施、数据共享、流程再造、信用体系、数据交易等领域,建立对接国家标准的应用标准体系。实现动态监测、直观测度和科学评估,发布数字产业经济发展报告,为推动数字产业高质量发展提供参考。

建议以国家统计局为主,探索建立跨部门工作机制,加强数字经济测度和评估的理论研究,建立科学的、严密的、规范的数字经济统计体系和测量原则,加快开展数字经济相关统计调查,构建跨部门、跨层级的指数研究、调查和评估工作组,推进数字经济领域的政策影响力和学术价值的提升。开展区域级的数字经济量化测算工作,保障微观数据、调研数据、重点行业数据的规范化采集,形成对全国范围及省级、市级等区域级数字经济发展现状和趋势的研判,助力各区域有的放矢、差异化地发展数字经济。

(2)统筹制定数字产业发展定位及战略布局,做好数字产业发展工作的顶层设计、政策配套、资源配置、投入保障等工作规划。探索设立数字产业发展培育专项基金,重点支持符合条件的重大项目和孵化成功后处于成长期的数字科技型、创新型企业的发展。充分发挥数字产业专项资金的投资补助、贷款贴息、购买服务、奖励等的激励作用，引导和带动社会资本投资。设立数字产业企业标杆奖励机制，给予领军企业资金奖励。加强金融信贷创新，尤其要充分利用好面向东盟的金融开放门户等利好政策，支持鼓励银行业等金融机构加大对数字产业企业的信贷支持力度，鼓励融资性担保机构为数字产业企业提供担保服务，建立数字产业企业与融资性担保机构合作机制，畅通数字产业企业增信融资渠道。

（3）强化人才支撑保障。多层次培养、多渠道引进、多措施激励人才。实施重点产业"企业家培育领航计划"，加大对数字产业等重点发展领域的青年企业家的培育力度。加强对数字产业企业管理团队、科研团队的专业化培训，鼓励培育复合型管理人才和数字专业技术人才。通过校企合作组建研发团队，加强与东盟地区优质高校的人才交流，优化人才引进环境。全面落实"1+6"等各项人才政策，大力引进高端人才、领军人才、学术带头人等优秀人才。聚焦数字经济前沿科技和产业领域，加强精准引进，在创业启动资金、科研经费补贴、研发用房、住房和融资等方面给予重点支持。

小结

本章讨论了数字经济发展的重要内容——数字产业化。数字产业化是通过大数据、云计算、人工智能等现代信息技术的市场化应用，将数字化的知识和信息转化为生产要素，推动数字产业形成和发展，包括电子信息制造业、信息通信业、软件服务业和互联网与人工智能四个行业。促进数字产业化，能够提升生产效率，使数字产业成为新的经济增长点和国际竞争的热点，并成为拉动相关产业的引擎。数字产业化发展的理论随着数字经济的发展而得到发展，本章对数字产业化的动因、模式和路径进行了探讨，为数字产业化更好地发展提供了一定的理论依据。数字产业化发展对产业结构和经济发展质量会产生重要影响，数字产业化在促进数字产业发展的同时，能够促进产业结构升级，促进经济高质量发展。通过对中国数字产业化发展的分析能够映射出数字产业化发展所面临的困难和促进发展的一些举措。

思考题：

1. 数字产业主要包括哪几大行业？
2. 数字产业化发展的意义是什么？

3. 简述数字产业化发展的动因。

4. 数字产业化包括哪几种模式？

5. 简述实现数字产业化的一般路径。

6. 数字产业化发展会对经济产生哪些影响？

参考文献

[1] 王素平. 加快推进数字产业化[N]. 河北日报, 2019-10-30（7）.

[2] 中国信息通信研究院. 中国数字经济发展白皮书（2020）[R/OL]. [2022-02-06]. http://www.caict.ac.cn/kxyj/qwfb/bps/202007/P020200703318256637020.pdf.

[3] 杨大鹏. 数字产业化的模式与路径研究：以浙江为例[J]. 中共杭州市委党校学报, 2019,（5）: 76-82.

[4] 工业和信息化部. 信息通信行业发展规划（2016—2020年）[EB/OL].(2017-06-22) [2022-02-06]. https://fzgh.bupt.edu.cn/pdf/gxbxx.pdf.

[5] 工业和信息化部. 软件和信息技术服务业发展规划（2016—2020年）[EB/OL]. [2022-02-06]. https://www.ndrc.gov.cn/fggz/fzzlgh/gjjzxgh/201706/t20170622_1196824.html?code=&state=123.

[6] 工业和信息化部. 软件和信息技术服务业"十二五"发展规划[EB/OL].（2012-04-06）[2022-02-06]. https://www.miit.gov.cn/jgsj/ghs/wjfb/art/2020/art_e26ab06c350f42ec8d9b9206f1923ff6.html.

[7] 中投产业研究院. 2021—2025年中国人工智能行业深度调研及投资前景预测报告（上中下卷）[R].2016.

[8] 吴佩玲. 信息资源开发产业化的意义和前景[J]. 科技经济市场, 2007（3）: 15.

[9] 曾伟. 我国创意产业的产业化发展研究[D]. 重庆：重庆大学, 2009.

[10] 祝合良, 王春娟. 数字经济引领产业高质量发展：理论、机理与路径[J]. 财经理论与实践, 2020, 41（5）: 2-10.

[11] 陈晓东, 杨晓霞. 数字经济发展对产业结构升级的影响——基于灰关联熵与耗散结构理论的研究[J]. 改革, 2021（3）: 26-39.

[12] 李英杰, 韩平. 数字经济发展对我国产业结构优化升级的影响——基于省级面板数据的实证分析[J]. 商业经济研究, 2021（6）: 183-188.

[13] 唐国华, 李庭燎. 数字经济助推高质量发展[N]. 光明日报, 2021-3-9（15）.

[14] 前瞻产业研究院. 2020年中国数字经济发展研究[R], 2020.

[15] 中国信息通信研究院. 中国数字经济发展白皮书[R].（2021-04-24）[2022-02-06]. http://www.caict.ac.cn/kxyj/qwfb/bps/202104/P020210424737615413306.pdf.

[16] 覃洁贞, 吴金艳等. 数字产业化高质量发展的路径研究——以广西南宁市为例[J]. 改革与战略, 2020, 36（7）: 66-72.

[17] 左越, 窦克勤, 李勤, 等. 我国数字经济高质量发展制约因素及应对策略[J]. 科技创新导报, 2019, 16（18）: 237-242, 244.

[18] 黄新焕, 张宝英. 全球数字产业的发展趋势和重点领域[J]. 经济研究参考, 2018（51）: 53-61.

第 7 章

产业数字化

学习目标

（1）了解产业数字化的基本概念。
（2）掌握产业数字化的动因、机理和作用。
（3）了解我国产业数字化的基本措施。

7.1 产业数字化概述

7.1.1 产业数字化的概念

数字经济已成为全球范围内产业转型升级的重要驱动力，也是我国"十四五"时期提升产业核心竞争力、实现经济高质量发展的必由之路。根据中国信息通信研究院在《全球数字经济新图景（2020 年）》中的估算，2019 年全球数字经济规模达到 31.8 万亿美元，数字经济 GDP 占比达到 41.5%，数字经济在国民经济中地位持续提升，产业数字化占全球数字经济的比重达到 84.3%，成为数字经济发展的主战场。在全球范围内，很多国家都制定了国家战略或部门政策，构建了数字经济国家战略框架，数字化转型已成为发展数字经济的基本路径。产业数字化作为实现数字经济和实体经济深度融合发展的重要途径，是新时代背景下适应数字经济发展的必由之路和战略抉择。

不同国家、不同行业和不同机构对产业数字化转型有不同的理解和定义。美国的数字化转型主要是通过将虚拟网络与实体连接，形成更有效率的生产系统。由于美国软件和互联网经济发达，他们更侧重在"软"服务方面推动新一轮工业革命，希望借助网络和数据的力量提升价值创造能力，保持制造业的长期竞争力。德国对产业数字化的理解充分体现在"工业 4.0"上，德国工业 4.0 战略核心是通过信息物理系统实现人、设备与产品的实时连通、相互识别和有效交流，构建一个高度灵活的数字化、网络化的智能制造模式，借助智能工厂的标准化将制造业生产模式推广到国际市场，以保持德国制造业的国际竞争力和德国工业的世界领先地位。英国提出了《英国数字化战略》，主要包括连接性、技能与包容性、数字化部门、宏观经济、网络空间、数字化治理、数据经济七方面的战略任务。日本构想通过人工智能、物联网和机器人等技术，以数据取代资本连接并驱动万物，将数字化渗透到经济、社会、生活各个层面，催生新价值和新服务，最终实现虚拟空间与现实空间的高度融合，实现"超智慧社会"。

根据中国信息通信研究院在《中国数字经济发展白皮书（2020）》中的定义，产业数字化是指传统产业应用数字技术所带来的生产数量和效率提升，其新增产出构成数字经济的重要组成部分。产业数字化包括但不限于工业互联网、两化融合、智能制造、车联网、平台经济等融合型新产业新模式新业态。《中国产业数字化报告2020》的定义，产业数字化是指在新一代数字科技支撑和引领下，以数据为关键要素，以价值释放为核心，以数据赋能为主线，对产业链上下游的全要素数字化升级、转型和再造的过程。本研究团队根据肖旭、戚聿东（2019）的分析，认为产业数字化是传统产业利用数字技术，构建数据采集、数据传输、数据存储、数据处理和数据反馈的闭环，打通不同层级与不同行业间的数据壁垒，促进供给侧提质增效，创造新产业、新业态、新商业模式，不断满足需求侧改善体验的新需求的一种数字化转型活动，是传统产业利用数字技术对业务进行升级，提升生产数量和生产效率的过程。

产业数字化转型的内涵（图7-1）是围绕业务流程将大数据、云计算、人工智能、物联网、先进生产方法等前沿技术与生产业务相结合，打通不同层级与不同行业间的数据壁垒，使产业实现更高效的业务流程、更完善的客户体验、更广阔的价值创造，改变产业原有的商业模式、组织结构、管理模式、决策模式、供应链协同模式、创新模式等，推动垂直产业形态转变为扁平产业形态，打造出一种新兴的产业生态，实现产业协同发展，达到产业生产模式的转型与升级。

产业数字化转型的外延（图7-2）更为广阔，包含支撑产业数字化转型所需的经济、社会体系

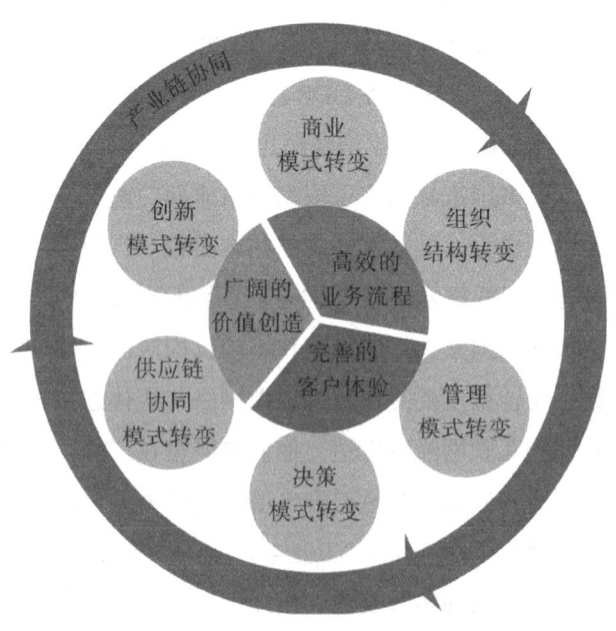

图7-1　产业数字化转型的内涵

等外部支撑环境全方位的转变。从经济维度而言,产业数字化转型将涵盖数字化背景下经济结构、创新体系、市场竞争方式、贸易规则的全面转变;从社会维度而言,产业数字化转型所需的社会治理模式、标准法规、就业模式、教育体系、可持续发展等一系列问题也在产业数字化转型的范畴之内。

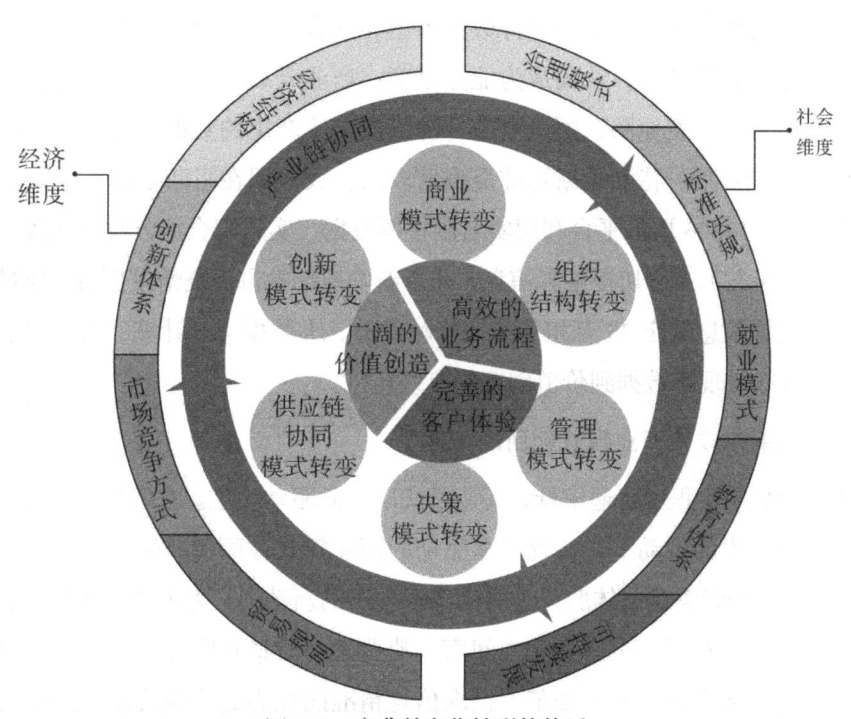

图 7-2 产业数字化转型的外延

7.1.2 产业数字化的特征

在数字经济时代,产业数字化已成为世界各国实现经济创新发展的新动能和经济体系中日益重要的新兴力量,产业数字化转型是大势所趋。产业在数字化转型过程中,呈现出 4 个方面的新特征。

1. 数据成为新的生产要素

不同的经济时代,生产要素会有所差别。在农业时代,土地和劳动是最主要的生产要素;工业时代,资本、技术对生产率起着决定性作用,土地、劳动、资本、技术共同成为生产要素;到了数字时代,数据与土地、劳动、资本、技术一起成为新的生产要素。美国政府认为,数据是"陆权、海权、空权之外的另一种国家核心资产"。数据作为信息的载体,已成为数字经济赋能实体经济的核心生产要素,商业模式的创新、业务流程的优化、商业决策的制定已然离不开对数据的分析,数据已经成为产业数字化转型的核心生产要素。

需要注意的是，数字化转型不仅仅是将新技术简单运用到生产过程中，更应该在转型过程中不断积累并形成数字资产，围绕数字资产发掘数据价值，构建数字世界的竞争力，最终为企业不断创造价值。大数据技术就是数据信息资产的开发工具，让人们在结构数据之外，进一步挖掘多种数据类型和巨大数据体量下的商业价值，实现数据到价值创造的有效转化，从而成为业务创新、产业升级、社会变革的重要源泉。比如我国百度搜索、百度地图、阿里电商、腾讯社交等产生的数据，已成为产业生产和发展的重要生产要素。特别是新冠肺炎疫情以来，大数据在阻断疫情传播路径方面发挥了巨大作用。12306票务平台利用实名制售票数据，实时配合地方政府及各级防控机构，提供确诊病人车上密切接触者信息。北京新发地批发市场疫情发生后，通过微信、支付宝等大数据信息锁定35万相关密切接触人员。大数据、云计算、人工智能、物联网的结合，有效实现了数据到价值创造的有效转化。

2. 消费者需求成为商业模式创新的动力

传统产业数字化程度普遍偏低，商业模式以产品驱动为主。在云计算、人工智能、物联网等数字技术的推动下，传统产品驱动的商业模式被颠覆，生产端企业直接触及消费端用户，消费者需求或体验成为驱动企业生产的新动力，为企业创新提供新方向。在数字化平台的推动下，生产商、中间商、消费者的信息互联互通，促使传统产业向柔性化、定制化和个性化方向变革，供求信息精准匹配为商业模式创新提供新动力，基于应用需求驱动的软件功能创新成为数字化转型的重要抓手。如我国服装业领先的个性化定制厂商红领集团运用大数据、云计算、物联网、智能化的方式，提供互联网化的C2M平台，打造全定制工业化流程化生产方式，实现商业模式创新。

3. 产业互联网成为产业转型的助推器

产业互联网是基于海量数据采集、汇聚、分析，融合应用云计算、大数据、物联网、人工智能等数字技术，构建生产服务体系，重塑和改造各个垂直产业的产业链和内部的价值链，实现产业资源的泛在连接、弹性有效供给、高效精准配置，是产业数字化转型的重要模式。产业互联网将最新数字化技术与现代技术深度融合，通过产业全要素的泛在连接形成资源汇聚分享的重要平台，使得产业能够实现数据的全面感知、动态传输。它提高资源配置效率，构建智能生产模式、达成互动化服务闭环，从而形成互联网生态和形态，成为传统产业转型的助推器。产业互联网是一种新的经济形态，利用信息技术与互联网平台，充分发挥互联网在生产要素配置中的优化和集成作用，实现互联网与传统产业深度融合，将互联网的创新应用成果应用于国家经济、科技、军事、民生等各项经济社会领域中，最终提升国家的生产力。如海尔集团的 COSMOPlat 平台、华为公司的 OceanConnect IoT 平台、西门子集团的 Mindsphere 平台等产业互联网平台，通过数字化技术、大数据挖掘、智能化应用，支撑制造业数字化转型升级；上海钢联通过钢铁网发布的 Myspic 价格指数消除了信息不对称问题，提供撮合交易、金融服务、物流整合三位一体的钢贸服务；用友软件、软控股份、广联达、瑞茂通、汉得信息、保税科技等企业依托产业互联网，实现企业数字化创新发展。

4. 快速、敏捷、开放成为产业运行新常态

产业数字化转型通过对云计算、大数据、物联网、5G、人工智能、区块链等新一代信息技术的应用，将数字技术与各产业的设计、生产、制造、销售、服务等各环节相融合，加快了信息获取、传播速度和生产流转过程，提升了产业和企业运行的效率，敏捷和 DevOps（开发运营）方法不仅在 IT 部门被采用，整个企业乃至产业各个环节都在数字化转型中实现快速迭代和自组织适应。企业作为产业组织的基本单位，是一个封闭型组织，企业边界决定了企业的经营范围，一定程度上也制约了生产要素在市场上的流通。产业数字化转型打破了传统封闭的运营模式，基于大数据、物联网、移动化与云服务等信息技术，各部门间联系更加紧密、依赖度上升，企业与企业、行业与行业之间形成互联互通的开放产业生态。比如 5G、工业互联网等新一代信息技术在助力疫情防控中发挥了至关重要的作用，涌现出了建设火神山与雷神山、防疫物资供给、企业复工复产等典型案例，凸显了我国基于工业互联网的敏捷型产业能力，为打好、打赢这场疫情防控的人民战争、总体战、阻击战提供了有力支撑。

7.1.3 产业数字化的意义

产业数字化转型是传统产业利用数字技术进行全方位、多角度、全链条的改造过程，是传统产业实现质量变革、效率变革、动力变革的重要途径。产业数字化发展对于一个国家的企业、行业以及宏观经济都具有非常重要的意义。从微观层面看，产业数字化能提高企业生产效率，再造企业质量效率新优势；从中观层面看，产业数字化能够推动产业跨界融合，重塑产业分工协作新格局；从宏观层面看，产业数字化可加速新旧动能转换，打造经济高质量发展新引擎。

1. 产业数字化助力传统企业蝶变

随着经济全球化速度的放缓和劳动力成本优势的逐渐消退，经济运行出现了产能大量过剩与有效供给不足、企业所提供的产品和服务不能有效满足消费者需求、生产活动的市场价值难以兑现等问题，经济运行难以实现良性循环。具体到传统产业，主要表现为面临的需求乏力、品牌效益不明显、竞争过度、产能过剩等问题日益突出，传统企业迫切需要探寻新的增长机会和发展模式。与此同时，数字科技日新月异，产业数字化服务愈加广泛，从金融科技、资管科技、数字农牧、数字乡村、数字营销到智能城市，数字科技实现了技术上的进阶及与实体产业的快速融合，快速迭代及进阶的数字科技为传统企业转型升级带来新希望。传统产业要解决日益突出的需求乏力等问题，需顺应消费升级趋势，以产品和服务数字化、智能化为导向推进传统产业转型升级，减少低端无效供给，培育发展新动能。在内部需求和外部供给失衡的条件下，传统产业成为当前数字科技应用、创新的重要场景。产业数字化转型就是要充分发挥数字技术在传统产业发展中的赋能引领作用，通过推动产品的智能化、满足消费需求的个性化以及实现企业服务的在线化等，有效提升企业产品和服务的质量和效率，充分激发传统产业的新活力。数字化转型通过向各行各业渗透数字化知识和技术，引导一二三产业融合发展，助力传统企业实现蝶变，重造企业发展新优势。同时，数字科技和传统产业之间的融合也支撑了数字经济的快速发展。

2. 产业数字化助推行业价值重塑

"从数据中来，到实体中去"是发展数字经济的根本出发点与落脚点，也是产业数字化的根本任务。数据可以打通线上与线下，数字化转型的过程将物理世界的多维信息以及产业知识数字化，产生海量数据，将大数据分析应用的结果反哺到实体场景中会释放数据红利，实现价值创造。同时，数字化可以打通产业链各环节的内外部连接，通过研发重塑、生产重塑、消费重塑、协同重塑重构企业组织架构、再造全业链流程，助推行业价值重塑。

一方面，产业数字化转型直接通过数字化平台与消费者进行及时、深度持久的双向交互，更加精准快速地把握市场变化和用户痛点，有针对性地随时调整研发方向和内容；同时可以让消费者直接参与到产品研发设计中，为产业带来更多的创新源泉，推动研发由过去封闭式自我研发向开放式众包研发转型。另一方面，通过云计算、大数据分析、物联网等数字化技术，企业不仅可以更加及时精准地定位用户群体和需求，还能够挖掘出生产环节产生的大量数据信息的深度价值，再造企业的全产业链流程。此外，数字化技术极大地削弱了传统消费模式下企业依赖中间渠道寻找客户而产生的信息的不对称问题，通过线上线下的多渠道交互实现供需两端的精准高效对接，重构传统消费业态，实现全渠道、交互式、精准化营销。与此同时，产业数字化转型不仅有助于企业内部协作，还能够从整体产业层面实现不同环节的协同联动，打造更具有生命力的全产业生态系统。通过产业数字化转型既可以实现电子商务、互联网金融、智能生产、移动办公等分散应用的连接整合，又能够将产业链的不同环节连接起来，实现上下游企业的协同联动，以及产业生态系统的优化完善。总之，产业数字化转型使得行业各方用共建共生替代自我封闭，实现数据和技术应用在多产业、多链条的网状串联和协同，进而创造更大的产业价值和客户价值。

3. 产业数字化促进产业提质增效

应用数字技术进行数字化转型有助于实现生产物流、仓储、销售等各个环节成本的降低和效率的提高。首先，数字化转型可以提升产品生产制造过程的自动化和智能化水平，将制造优势与智能化相叠加，实现智能化生产，降低产品研发和制造成本，提高生产效率。世界经济论坛发布的《第四次工业革命对供应链的影响》白皮书指出，绝大部分制造业企业和物流企业认为，在不考虑金融影响的前提下，数字化转型将产生积极影响，数字化变革将使制造业企业成本降低17.6%、营收增加22.6%，使物流服务业成本降低34.2%、营收增加33.6%，使零售业成本降低7.8%、营收增加33.3%。其次，在数字化平台的推动下，生产商、中间商、消费者的信息互联互通，产业生产向柔性化、定制化和个性化方向转变，供求信息精准匹配，有利于提高生产制造的灵活度与精细度。因此在数字化平台下不但可以实现产用结合、供需灵活和弹性对接，从而降低企业的仓储、营销成本，而且可以通过大数据分析，帮助企业实现精准化营销、个性化服务，实现商业模式的创新和变革，从而降低销售、服务环节的成本。

此外，数字化转型使信息处理更加智能化、定制化，可以重塑产业流程和决策机制，实现产业效率的提升和成本结构的改变，通过降低边际成本来实现规模覆盖，并形成规模效应和网络效应。在数字化环境下，企业之间处于纵横交错的网络关系中，面对分散的网络节点，整合多方资源的平台型产业组织应运而生，企业价值创造模式由传统线性向链条式、网络化转变，使得传统企业之间竞合方式趋于生态化、平台化。各项经济活动所产生的数据作为独立的生产要素，在价值创造过程中加速流动，强化了信息系统的互联互通和综合集成，挖掘了智慧组织、管理与服务的新价值。信息技术的发展使得数据的流动不必再遵循自上而下或自下而上的等级阶层，这种无差别、无层次的数据流动方式极大地颠覆了企业传统的金字塔型管理模式，驱动企业组织结构的变革、业务流程的优化和工作内容的创新，企业组织管理逐渐由以流程为主的线性范式向数据驱动的扁平化协同化范式转型，形成信息高效流转、需求快速响应、创新能力充分激发的组织新架构。

7.2 产业数字化转型的理论

7.2.1 产业数字化转型的动因

产业结构演变与经济增长具有内在的联系，产业结构的高变换率会导致经济总量的高增长率。因此产业结构的不断演变是一个经济体不断发展的动力源泉。产业结构演变的原因有来自生产要素结构变动的供给因素的变化，也有来自消费者方面的需求因素的变化。在数字经济时代，数据成为新的生产要素，带来新一轮技术革命与产业变革，将不断推动产业数字化向知识创新和技术创新的协同创新转变。以数据和新技术为代表的数字经济催生的新生产力和新供给，通过社会消费新需求实现其商品化和产业化，形成的新供给和新需求是驱动产业发展的两大动力，并带动产业结构转型升级。

7.2.1.1 创新推动产业数字化转型

1. 数字技术创新推动

21世纪以来，全球科技创新进入前所未有的活跃时期，科学技术日新月异，并呈现交叉融合的趋势。一场更大范围更深层次的科技革命和产业变革正在全球范围内如火如荼地进行，这场变革将重构全球创新版图、重塑产业发展方式。

首先，应用驱动、体系融合、开源开放使数字技术保持强大创新活力，网络、计算、感知三大主线迭代升级，与大数据的指数级增长相结合，推动5G、物联网、人工智能、区块链、量子信息等新一代信息技术代际跃迁、前沿突破。

其次，信息技术与生物技术、新能源技术、新材料技术等交叉融合，正在引发以绿色智能、泛在为特征的群体性技术创新，信息、生命、制造、能源、空间、海洋等领域基础性、原创性突破，带动前沿技术、颠覆性技术不断涌现。

最后，新一代信息技术与先进制造技术深度融合，加速推进制造业向数字化、网络化、智能化转型，数字制造、先进材料、智能机器人、无人驾驶汽车等新技术新产品不断突破，网络化协同、智能化生产、个性化定制、服务化延伸等新模式新业态不断涌现，不断培育新增长点、形成新动能。

2. 企业服务平台的商业模式推动

（1）信息与软件服务商：企业云生态服务。

路径依赖失效，包括传统管理成功路径的失效、传统产品创新模式的失效以及合作伙伴协同模式的失效，反映了企业数字化转型面临的内部治理结构的挑战。而构建企业云服务生态，成为信息与软件服务商在数字"新基建"时代赋能企业数字化转型的关键一环。如"浪潮"发布云 ERP 生态战略,通过"浪潮云"ERP 应用市场的聚合能力、平台的支撑能力,以及财务云、人力云等云产品技术能力,以开源模式聚合企业服务应用,铸造中国企业服务全新生态。金蝶国际软件集团认为"数字化转型 = 数字技术 ×(商业模式重构 + 管理模式重构)",打造了云原生平台即服务(PaaS)、企业中台和丰富的 SaaS 应用以及开放的数字共生体系"金蝶云"平台。用友形成了以"融合"为核心的企业云服务生态战略,通过采购云、数字营销平台等的搭建,把采购商、供应商、经销商、分销商、终端门店、会员、最终消费者进行统一运营和分析,实现产业互联,为平台、厂商、经销商、门店都创造了巨大的价值。

(2)物流服务商:供应链综合集成服务。

随着全球供需关系发生重大变化以及我国步入以数字新型基础设施为支撑的经济高质量发展阶段,传统的多级分销体系逐步崩溃,短链经济时代到来。物流服务的边界不断拓宽并嵌入需求、生产、流通、交付等每一个环节中,加速实现体验、效率、成本的不断优化。越来越多的物流服务商通过仓配一体服务,为不同行业、不同类型的商家提供包括智能预测、智能补货、供应商库存管理(VMI)、供应链看板、供应链代运营、供应链金融、电商代运营等一系列解决方案。如上海华能大宗利用云计算、物联网、大数据等互联网新技术,搭建"华能智链"体系,通过整合采购、电商交易、智慧物流、数字化普惠金融、信息技术等服务资源,以一站式集成服务的方式,向供应链节点企业提供全方位、全流程的供应链集成服务。

(3)电子签约服务商:"电子签名 + 合同管理"。

全生命周期服务中的传统纸质合同因签署周期长、难管理、成本高,已不能适应电子商务交易规模大、交易频率高的特点。伴随着云计算、互联网、移动互联网等技术的发展和日益普及,法律及政策的日益完善和成熟,电子签名的数字化属性与链接作用奠定了其产业互联网基础设施的地位,基于 SaaS 交付模式的第三方电子签约平台加速在各行各业渗透。艾媒咨询数据显示,新增电子签名企业用户有 25.5% 集中在制造业领域,占比远超互联网金融行业用户。随着电子签名行业规范和技术的不断完善,电子签名正在逐渐由单一的合同签署工具发展为合同签署、管理、运营、法律增值服务等全生命周期服务产品。如以"上上签"为代表的主流电子签约服务商已经推出合同全生命周期智能化管理服务,海外巨头 DocuSign 布局收购合同管理软件 SpringCM 表明"电子签名 + 合同管理"渐成主流。2020 年新冠肺炎疫情期间,面对疫情带来的各类合同、证明文件签约难及由此导致的履约障碍、款账周期被拉长,现金流中断及复工后员工疫情扩散风险,以"上上签""e 签宝""放心签"为代表的电子签约平台打造在线签约模式,为医疗、物流、教育、电商、金融、人力资源服务、零售制造等行业客户提供多场景的电子签约 SaaS 解决方案,助力企业高效、有序复工与数字化转型。

3. 产业端数字平台的商业模式推动

(1)工业互联网平台:构筑产业数字化"新基建"。

与"铁公基"和房地产为代表的"传统基建"有着本质不同,以 5G、物联网、工业互联网、新能源为代表的"新型基础设施"成为我国经济高质量发展的重点。从工业互联网的角度来看,"数字基建"主要包括各种核心工业软件、底层的实时数据库、工业物联网终端设备、边缘计算设备、工业物联网平台、工业人工智能应用等。这些新的"数字基建",通过打通和加速整个体系中数据的流动,带动相关产业的成本降低和效率提升。有统计数据显示,国际领先工业互联网平台的连接设备数量已达到 1000 万台,多为大型设备。我国主要工业互联网平台的平均设备连接数正在迈向百万级,具备一定行业区域影响力的平台数量超过了 70 个,工业 App 2124 多个,涵盖细分行业 100 多个,我国正逐步形成以数据驱动、快速迭代、持续优化为特征的工业互联网数字新型基础设施和产业化体系。如为应对 2020 年新冠肺炎疫情带来的应急物资供需失衡,以海尔、用友、航天云网等为代表的工业互联网平台,相继搭建医疗物资信息供需对接平台,构建精准、实时、高效的数据采集互联体系,保障应急物资的精准高效匹配。徐工信息的"汉云"平台,通过技术手段对设备保养数据及历史故障数据进行多维度离线计算分析,为客户提供精准的保养提醒及设备异常恢复方案。

(2)工业电商平台:打造供应链数字化协同网。

工业电子商务向供应链的延伸和工业供应链的电商化发展,是供应链和电子商务相向而行、交互融合的两条典型路径。工业企业和行业平台围绕研发设计、采购、生产制造、销售及售后服务等价值链全程正在打造供应商、商家和消费者的协同网,逐步弥补过去传统商贸流通不健全、中转环节多、运输效率低、采购成本高等缺陷。如"酷特智能"创新服装个性化定制 C2M 模式,打造以消费品工业领域为主体,集合客户订单提交、产品设计、协同制造、采购供应、营销物流、售后服务等多项功能的开放性全球个性化定制互联网平台。京东搭建"京采云"平台,运用大数据与 AI 学习技术实现供应商供货与采购需求的精准匹配,并面向 B 端供应链、财务智能结算、智能质量管控等全流程运营管理环节打造一系列解决方案,帮助企业协同税、企、银三方数据直连,让交易各方快速开具电子发票,完成自动结算。为解决维护、维修、运行(MRO)物料货物积压、仓储费用高等痛点,"震坤行工业超市"创新性地提出了智能仓库这一新型仓储模式,通过智能仓、移动集、智能柜等智能仓储设备,帮助客户实现联合库存管理(JMI),从而在配送、仓储等各个环节打造智能化的供应链,实现了MRO物料零库存、取货"零距离"。

7.2.1.2 需求变动倒逼产业数字化转型

1. 消费端数字化能力的产业端传导

目前,中国消费者在行为上已经呈现出高度的线上线下多渠道多触点全面融合的特点,习惯于数字化的消费者使得中国在前端消费侧已经高度数字化。以生活场景为例,在衣食住行方面,中国的数字化程度已经赶超美国。伴随着中国人口红利拐点的到来,经济进入增速换挡、结构调整、政策适应"三期"叠加下的"新常态",2015年中国提出"供给侧结构性改革"的战略方针,在适度扩大总需求的同时,着力提高供给体系的质量和效率,消费端数字化能力逐步向供给端传导,呈现出更加多元化的特征。

(1)内容电商和社交电商重构产业体系。内容电商和社交电商以社群资源为商家赋能,倒逼供应链,形成一整条的顾客到厂家(customer to manufactory,C2M)产业链。一方面,通过发展圈层文化,构建分享价值网络,不断筛选和过滤用户,实现产品/服务跟消费者间的最佳匹配。另一方面,通过用优质的场景化内容来引导粉丝,重构用户消费行为,从而改善供应链,实现柔性生产。如社交电商"花生日记"以人货场重塑新零售的大供货商到渠道商到顾客(S2B2C)模式,在行业抢先进行企业后端的升级,以供应链的产业融合、信息互联、营销共创在商品体验、物流体验和服务体验上完成优化与管控。"抖音""快手"借助社交电商实现流量裂变圈粉,联动社交电商巨头、头部网红资源助力商家开拓营销新渠道。

(2)电商渠道下沉,在农业、工业、交通出行、零售业等领域逐步渗透。渠道下沉是指营销渠道长度结构的变化,企业将自己的渠道纵向延伸,不断细化目标市场。一般情况下,渠道下沉有两种表现形式:一是向上一级网点纵向延伸;二是直接在三四级县域或乡镇市场开辟新渠道。随着数字基础设施的逐步完善,从上游生产到下游消费终端,以商流需求为导向,以城市为节点,联动干支线的枢纽快递物流网络为主流,以电商企业和制造企业携手共进为特征的产业电商综合服务平台不断涌现。如"拼多多""快手"以"渠道下沉"为法宝,通过对三四线城市用户进行补贴,取得高速增长,在短短两年中实现超千亿的零售总额;美团下沉到农村与区域市场,开通"美团买菜"App,增强农村供应链的整合能力。

(3)大型互联网公司基于前端应用和商业模式创新牵引产业链后端进行数字化协同。大型互联网以及科技公司逐渐切入产业价值链,利用自己积累的数据、技术提高工厂效率，为后端价值链赋能，与此同时，迎合消费升级趋势，使用数字化工具带动后端生产进行转型，为消费者提供高性价比和个性化的商品。如以阿里巴巴、京东为代表的互联网巨头借助自身在消费互联网行业领域的技术积累，在工业品买和卖的基础上，不断丰富自身能力类的交易产品，围绕生产制造企业、研发设计企业、创客、终端消费者等主体，汇集产品交易能力、设计研发能力和制造能力，打造按需定制平台，提供包含人工智能（AI）算法支持、系统对接服务、采购数字化平台、物流调度、品牌策略与精准营销等的一系列数字化解决方案。

2. "不确定性"驱动数字化产品与服务创新

克劳德·香农（Shannon）的信息论认为，"信息是用来减少随机不确定性的东西，信息的价值是确定性的增加"。不确定性源于信息约束条件下人们有限的认知能力。从需求端而言，过去更多的是基于相对确定性的需求来实现降本增效。而今天，面对的是更多不确定性、个性化定制、碎片化需求，尤其是那些非常难以预测又通常会引起市场连锁负面反应甚至颠覆的不寻常事件发生时，我们更需要基于不确定性需求持续创新，增强"反脆弱"能力。从供给端而言，过去数字化的解决方案、各种各样的软件均是面向局部的封闭技术体系，而今天需要构建全局优化的开放技术体系。如软件开发业务由面向流程逐步过渡到面向角色、场景、需求；解决方案由单一产品解决方案走向集云、业务中台、数据中台以及快速适应客户需求的价值网络解决方案。

数字化转型的本质是在"数据+算法"定义的世界中，以数据的自动流动化解复杂系统的不确定性，优化资源配置效率，构建企业新型竞争优势。如2020年新冠肺炎疫情突发，虽然对旅游、娱乐、餐饮等行业造成冲击，却倒逼产业端加快数字化转型步伐。以教育、政务和软件行业为例，无论从滚动市盈率还是滚动净资产收益率来看，我国教育信息化、政务信息化、辅助设计与辅助制造软件发展均相对滞后。2020年新冠肺炎疫情"黑天鹅"引发的"宅经济"则为在线教育、智慧政务及工业软件互联网化提供了"逆流而上"的增效。

（1）多方入局教育软件开发与应用。现金、效率、规模是在线教育企业能够受益的三要素。在新冠肺炎疫情下，"宅经济"提供了在线教育大规模流量入口，数字基础设施的不断完善提升了在线教育及培训的效率，市场需求推动阿里巴巴、腾讯、字节跳动等互联网巨头快速入局，促使更多资本进入在线教育和知识付费。从行业发展趋势来看，满足客户需求的软件应用开发能力、教育内容与资源的运营能力将成为教育信息化未来发展的核心竞争力。

（2）疫情倒逼政务软件应用创新。疫情倒逼政府有关部门利用信息化手段为企业和群众提供服务,加速了政务数字化进程。中国软件测评中心调研数据显示,超95%的地方政府利用政务微信、政务微博等及时发布本地疫情防控工作信息。多地政府积极引导群众和企业在疫情防控期间使用PC端、政务App、政务小程序等渠道开展疫情登记、疫情自主申报等相关业务。

（3）自主工业软件与企业服务软件未来看涨。在新冠肺炎疫情下,研发、管理等环节远程实施成为刚需,工业App大规模免费试用有望在短期内培养用户习惯,提升工业App普及率。长期来看,随着中国工业数字化转型与两化（工业化和信息化）融合的深度推进,信息技术（IT）系统上云和形成工业互联网应用生态是大势所趋。再加上中国工业软件企业在系统平台和云应用领域与国外厂商差距逐渐缩小,中国自主工业软件及企业服务软件未来将迎来新的增长点。

7.2.2 产业数字化转型的机理

产业数字化转型（图7-3）能够降低实体经济成本、提升效率、促进供需精准匹配,使现存经济活动费用更低,并激发新业态新模式,使传统经济条件下不可能发生的经济活动变为可能,推动经济向形态更高级、分工更精准、结构更合理、空间更广阔的阶段演进。

（1）数字技术降低实体经济的交易费用。数字技术的运用降低单位信息采集、处理、应用成本,导致经济运行事前、事中和事后交易费用大幅降低。比如通过现代通信手段和互联网平台,企业能够高效低成本地获得产品和原材料的价格、规格型号、质量等方面的信息,大数据帮助企业得到更为精准的用户信息等,降低信息搜寻成本。一方面信息成为重要生产要素,运用在生产、管理、组织、流通、服务等环节中,以信息技术的优势改造了传统的工序和流程,降低生产、管理和运营成本；另一方面数字化的信息融通技术和现代互联网络极大地促进了信息沟通的便捷化和常态化,使得物理世界的时空阻滞在网络空间中瓦解,有效解决企业间信息不对称、信息费用和资产专用性瓶颈,从而直接降低了企业谈判、签约、监督等信息沟通成本。

（2）数字技术深化实体经济产业分工与生产协同。互联网在实体经济领域中的应用不断深化,网络平台促进上游的供应商和生产商、中游的渠道商以及下游的分销商进行产业链整合,在企业内部建立全产业链的业务流程,进行价值保值和创造,从而进一步降低产业链流转过程中的价值消耗,并加速产业链分化、重组。数字技术的运用,使得新应用、新模式、新业态不断涌现,新型企业和产业组织形态逐步形成。数字技术催生智能机器人、虚拟现实、工业互联网等新兴业态,开辟新的产业发展空间,创造云制造、个性化定制、精准化服务等制造业新模式。

（3）数字技术网络外部性对实体经济的作用加速显现。数字技术具有网络外部性，网络价值取决于已连接到该网络的数量，连接数量越多，网络外部性就越大，经济作用也就越显著。互联网通过经济主体之间的广泛连接，大幅提升私人边际收益，导致网络外部性随着连接主体的增加呈现出几何倍数的增长，最终形成显著经济作用。

（4）数字技术深度触及实体经济领域产权变革。产权是实体经济运行的基础，产权分离程度是经济发展高度的核心标志。数字技术促使传统产权在更大程度和更大范围内更加广泛实现分离和组合。产权基础方面，传统产权被"进入权"所取代；产权组合方面，传统经济下权利有限分离逐渐被权利分离泛在化所取代。互联网导致经济主体产权组合不断重构和重新配置，触及最深层次的经济变革。

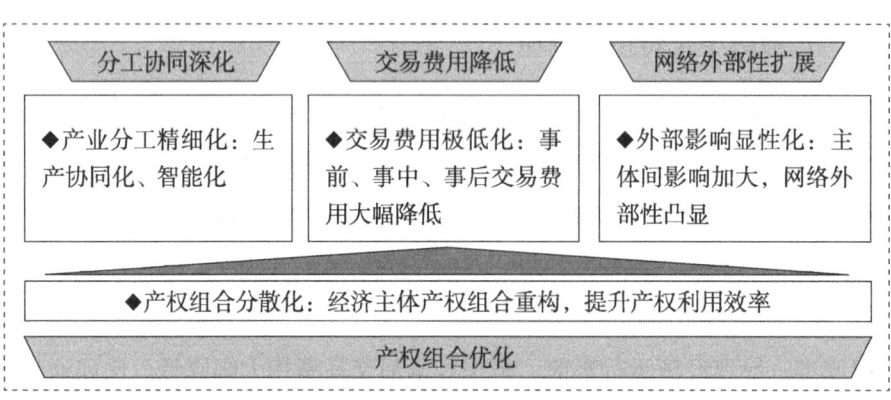

图 7-3　产业数字化转型的机理

7.2.3　产业数字化转型的动力体系

产业数字化转型以数字技术赋能和经济模式变革为内在驱动力，以治理模式创新和基础保障支撑为外在拉力，驱动产业数字化转型，最终实现产业发展的愿景（图 7-4）。

1. 数字技术赋能

以云计算、大数据、物联网、5G、人工智能、区块链为代表的新一代信息技术与各产业的设计、生产、制造、销售、服务等各环节相融合，即为产业数字化转型的数字技术赋能。产业数字化转型的数字技术赋能将数字技术与产业各环节充分融合，从数字层、平台层、物理层、前沿技术 4 个方面数字化赋能产业发展。

（1）数字层。数字层由数据汇聚而成，主要进行数据资源的采集、存储、分析和应用，是产业底层的物理层通过数字化技术到虚拟空间的一个映射，可以在数字端虚拟整个产业的生产过程，同时通过数据建模等方式实现数据知识化赋能。

(2)平台层。平台层提供数据的存储、计算能力,主要由大数据和云计算平台构成,围绕数字闭环、业务闭环等,搭建数字监控平台、数字技能培训平台、社会治理平台、网络安全检测平台等,解决数字化转型过程中的行业和企业发展的关键和共性问题。

(3)物理层。物理层主要由传感器、网络和其他硬件基础设备构成,负责数据的采集、传输和生产执行。物理层的技术主要包括物联网、5G、超算中心等。

(4)前沿技术。人工智能、区块链、人机交互、安全防护体系等数字化转型的前沿技术,推进产业价值链数字化。

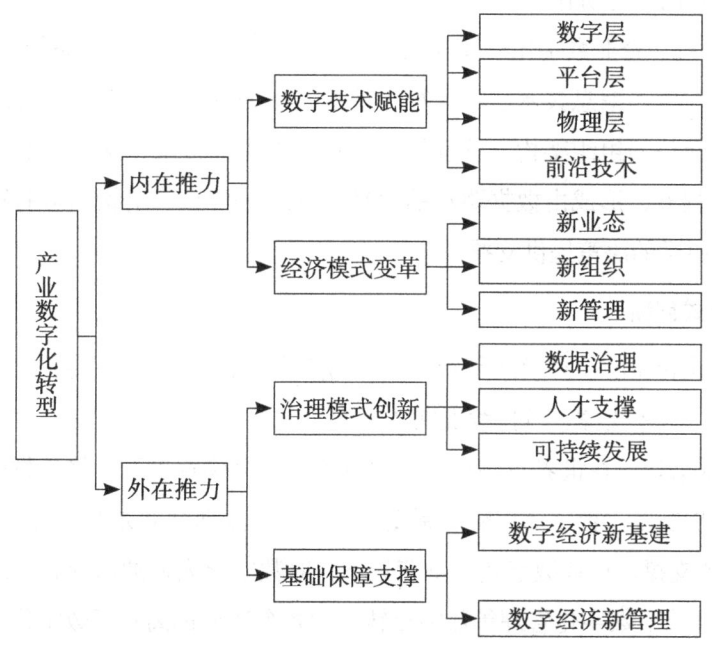

图 7-4 产业数字化转型的动力体系

2. 经济模式变革

产业数字化转型的经济模式变革是在数字技术的作用下,各产业突破传统经济模式,创新产业经济形态,从而催生新业态新组织以及新管理,拓宽产业价值创造模式,提升产业生产效率,增加产业产出效益。

(1)新业态。产业数字化转型主要是基于数字化供应链的视角,通过对数据的采集、存储、传递、分析、管理和应用,从定制化订单、产品开发、数字化采购、数字化生产、自动化生产、智能物流及客户服务的全产业链实现数字化转型,重构供应链和产业链;同时,数字技术与实体经济深度融合,颠覆和重塑了传统产业价值创造模式,创新商业模式,创造新兴业态。

（2）新组织。随着即时连接、高度智能、深度透明的数字化技术逐渐深入企业内外的各个产业链环节，外部合作伙伴与内部业务单元开始实现无缝数字化连接，内部各个层级和各个业务模块也开始实现知情权对等和信息对称。数字化、平台化、生态化将推动企业发展新经济模式。同时，数字技术为规模化个性定制、网络化协同制造、生产服务型制造、智能化生产协作等新型数字化生产方式的实现提供有力的基础支撑。数字化使得各专业化产业互联网平台互联互通，各要素、各环节和各流程的运营成本降低，规模效应显现，形成合作共赢的产业生态系统。通过整合产品和服务供给资源，促进产业组织间的交易协作，共同创造产业价值。

（3）新管理。企业数字化发展的高级阶段，是具有"数字神经系统"的智慧企业。企业在移动互联网、信息技术、云计算等技术发展的基础上，实现了管理的数字化、智能化。数字经济给组织架构、管理模式、管理方式都带来了深刻的变化，推进了管理运行效率的提升，形成由数据驱动的扁平化管理结构和自组织形态的管理模式，为产业制定更为科学的决策提供支撑。

3. 治理模式创新

产业数字化转型的治理模式创新是在新的产业发展模式下建立新的社会治理模式，包括数据治理、人才支撑、可持续发展3个方面。

（1）数据治理。在世界数字经济组织重塑全球合作背景下，将从数据确权制度、数据安全与保护制度、数字产权交易制度、数据跨境流动制度方面创新数据治理。

（2）人才支撑。产业数字化转型背景下，对数字化人才的需求异常旺盛。数字化研发、数字化生产、数字化管理等数字化转型的各个环节都离不开数字化人才的支撑，推动数字化人才结构性转变倒逼社会就业升级及教育方式的转变。

（3）可持续发展。数字化基础设施在给人类带来方便的同时，通过基础设施设备的联网化，基于设备运营数据的采集、存储、分析可优化设施布局，提高设备的运行效率，降低设备能耗，并可进行预防性智能维护，提高设备运行稳定性，降低设备维护成本，从而提高全社会运行效率，降低全社会运行成本。

数字化平台能更好地访问、分析和使用数据资源，帮助企业从单一的上下游延伸到相关领域，产业合作方式更加多元，实现了社会资源共享和集约化利用，助力可持续发展。数字化产业生态圈突破传统供应链供需边界，将生产、科技、人才、金融等各维度资源极大地融合，打破传统封闭式的生产和运营模式，形成更加开放、共赢的合作模式，优化资源配置，实现社会可持续发展。数字化转型重新定义传统商业模式，简化业务流程，更加强调自助服务，员工可以随时随地工作，员工之间的沟通更加高效，运营的透明度大幅提升，生产力随之提高，从而带来可持续性收益。

4. 基础保障支撑

产业数字化转型催生了对新型基础设施的强大需求，包括新型数字化基础设施、传统基础设施数字化。产业数字化转型的基础保障支撑以"数字经济新基建"硬实力和"数字经济新管理"软保障为基石。

（1）数字经济新基建。运用互联网、5G、云计算、物联网、人工智能等先进的数字化技术手段促进传统产业技术改造和设备更新，支撑新型产业发展，从而产生新型经济模式。

（2）数字经济新管理。通过数字化战略、数字化思维理念，整合数字化资源，运用数字化工具，制定数字化规则，打造信息治理社会空间，优化政府数字化服务，提升政府数字化服务效率和质量，降低产业贸易成本，提供产业激励机制。同时，完备的技术伦理制度可以避免大数据引发的隐私问题、人工智能引发的安全伦理问题、算法歧视引发的公平问题等。

7.3 产业数字化对经济的影响分析

7.3.1 产业数字化影响经济的原理

产业数字化是传统产业利用数字技术对业务进行升级，进而提升生产的数量以及效率的过程。产业数字化在推动产业实现高质量发展的同时，也引领经济实现高质量发展。产业数字化对经济发展带来的影响主要通过影响产业的生产效率、推动产业跨界融合、重构产业组织的竞争模式以及赋能产业升级来提高经济发展质量。

1. 产业数字化转型驱动产业效率提升

数字经济的发展，增强了数据的资源属性，数据在企业发展中的作用不断凸显，成为核心的生产要素。一方面数字技术的应用带来协作方式的改变，推动生产效率的提升。随着数字技术的不断完善，企业在数据获取、存储、分析等方面的能力均得以增强，并且创造了可观的销售业绩。数据存储量的增加，有助于强化数据分析对经营决策的支持。在海量数据的基础上，企业通过不断修正数据模型的精确度，以提高分析结果与现实场景之间的匹配程度。数字技术的运用，不但能降低人工失误所造成的信息误差，进而实现业务效率的大幅提升，而且企业可以通过数据挖掘发现价值流程中的低效以及冗余环节，重组价值链条，改善用户体验。数字化转型提高了企业的生产效率，进而驱动产业效率的升级。另一方面，数字技术的应用带来信息处理的智能化、定制化也推动了产业效率的提升。互联网虽然提高了企业对市场信息的获取能力和企业对信息的即时价值的捕捉，但信息量的爆炸式增长也带来了信息过载。为了从大量信息中检索出真正有价值的部分，企业不得不投入大量的成本，这也降低了对信息使用的效率。大数据技术虽然为信息筛选提供了技术支持，但是仍然存在依赖于人工操作的局限。数字技术的应用则能够实现对信息检索的智能化、定制化。企业通过建立数据科学模型，模仿人脑机制对信息进行智能化甄别、筛选、解释，能够保障信息的高效供给。这个过程完全建立在预设的算法逻辑之上，赋予机器常识，克服了由于个人的"有限理性"和"理性无知"对分析结果产生的主观性影响。

2. 产业数字化转型推动产业跨界融合

在企业理论中，作为产业组织基本单位的企业是一个封闭型组织。企业的边界决定了企业的经营范围，一定程度上也制约了生产要素在市场上的流通。在数字经济时代下，数据作为一种生产要素，与其他生产要素相比，具有更广、更深的融合能力，为企业的跨界发展奠定了基础。利用数字技术实现跨界融合，增加生产要素获取，减少交易成本，是产业实现高质量发展的必要条件。交易成本是影响企业边界的重要因素之一。

在数字经济下，数字技术的应用通过三条路径降低交易成本，促进了企业之间在线上与线下的合作，为企业从组织外部获得要素资源创造了条件。

（1）数字技术激活了闲置资产，放松了资产专用性的约束。在传统的产业体系下，要素闲置是制约产业发展的影响因素之一。借助数字技术，企业之间可以对闲置要素实现共享，通过存量调整，缓解增量供给的压力，间接地增加了要素供给。

（2）进一步降低企业之间的信息不对称。信息化增加了企业之间的信息透明性，但是线下资产信息仍然属于网络盲区。物联网、移动互联网、AR/VR等数字技术的应用，将线下资产进行数字化处理后，能够在线上完整地呈现出来。资产信息的变动也将以数据的形式进行线上传递。

（3）数字技术实现信息的实时获取，有助于降低产业发展所面临的不确定性，避免产能过剩。企业利用数字技术可以实时获得用户信息，根据实时信息识别用户需求的变化，也可以根据用户需求进行定制化批量生产，减少前期的无效投资以及库存积压，形成物流、信息流和价值流之间的协同。数字技术的应用使交易成本降低，进一步促进了企业之间在线上与线下的合作，为企业从组织外部获得要素资源创造了条件，更推动了产业间的跨界融合，是产业实现高质量发展的必要条件。

3. 产业数字化转型重构产业组织的竞争模式

数字化转型将重构产业组织的竞争模式，进而构建产业高质量发展的动力机制。在数字经济下，产业组织的基本单位不再是企业，而是企业之间以用户价值为出发点建立合作关系而形成的数字化生态。产业数字化转型降低了信息不对称对要素流通的约束，大数据能够提供更多的质量信号，要素在质量信号的引导下向能够高效创造用户价值的领域集中。数字化生态的战略导向转变为优化用户价值的供给质量和供给效率。在数字经济下，用户价值成为引导生产要素配置的核心指标，依托商业生态圈的竞争方式成为新潮流。信息技术显著降低了协作成本，培育或参与生态体系成为企业在产业组织中发展的现实选择，构建在用户价值供给方面的比较优势成为产业组织竞争的主要维度。传统产业边界被打破进一步加快了要素流通的速度，竞争机制将促进产业组织内部要素配置的优化，实现整个生态的效率升级。

数字化生态之间的竞争关系将发生在产业组织内部的生态之间、生态内部的参与者之间以及产业组织内部的生态与产业组织外部的生态之间。在产业组织内部，针对同一用户价值，将出现多个数字化生态，这些生态之间形成直接的竞争关系。在生态内部参与者之间，为了增强数字化生态本身的竞争优势，各参与者需要不断地进行自我升级，升级的过程中同样也存在着优胜劣汰的竞争机制。此外，数字化连接打破了传统的产业边界，也降低了产业进入壁垒，产业组织内部的参与者将面临更多来自外部的竞争压力。因此，产业数字化转型重构了产业组织的竞争模式，强化了竞争机制，有助于提高资源利用效率、促进收益公平分配、推动产业组织持续优化。

4. 产业数字化转型赋能产业组织升级

产业升级的本质在于企业生产力和市场竞争力的提升。数字化转型赋能产业组织升级体现在实现以用户价值为导向、提高全要素生产率、增加产品的附加价值以及促进现代产业体系的培育等方面。

（1）数字化转型实现以用户价值为导向。数字技术不仅增强了企业之间的连接，而且促进了用户与企业之间的互动。数字技术的应用改变了在传统生产关系中用户一直被视为被动接受者，缺乏对产品设计话语权的状况，用户可深度参与产品的设计与生产，赋予用户对产品的自主选择权，这也使得市场力量从供给端转移到需求端。传统的大规模生产模式逐渐被个性化定制的批量生产模式所替代。用户端的价值流通过数字化连接实时影响企业物质流的调度以及生产活动，降低了运营成本，也提高了库存管理的效率。其中，人工智能的应用加快了信息流的传递，在提高生产效率的同时，通过需求端倒逼供给侧的品质提升，促进了产业结构的升级。

（2）数字化转型提高全要素生产率。在数字化转型的背景下，企业通过对用户数据的分析能够增强对市场趋势的预测能力，提高创新产出。在机器算法分析结果的引导下，以土地、资本、劳动为代表的传统生产要素将向能够高效创造用户价值的领域集中。同时，根据实时采集到的数据不断修正分析的结果，及时对生产要素的配置进行调整和优化。将劳动力向非程序性业务集中，更好地发挥主观意识在处理应急性事件方面的优势，提高组织的创新能力。因此，数据在驱动产业效率提升的同时，优化了传统生产要素的配置，提高了全要素生产率。

（3）数字化转型增加产品的附加价值。随着用户对个性化体验的需求逐渐增加，通过服务的改进，增加价值供给，成为企业实现创新的新思路。数字化转型增强了用户与企业之间的连接，实现了用户与企业之间在任何时间、任何地点进行一对一的互动，帮助用户获得个性化体验，促进了用户与企业之间以多种渠道、选择、交易和价格－体验关系为基础共创价值的过程。互动频率的提高也有利于企业更加精确地把握用户的需求走势，利用互动中所产生的数据促进企业不断升级产品和服务，提高产品的附加价值。

（4）数字化转型促进现代产业体系的培育。数字化转型有助于推动产业对外开放，促进企业参与国际竞争，加强创新能力开放合作。当前，以云计算、物联网、区块链、人工智能、大数据等为代表的信息技术正在重构全球价值链。利用数字化连接整合全球资源，发展数字化业务以及重大技术，加快数字技术在现实场景中的商业化应用，有助于推动产业合作网络、产业链与价值链的创新组合，建立新的比较优势，实现产业发展的乘数效应。

7.3.2 产业数字化转型案例分析

数字经济的高速发展，为传统产业的转型升级带来新的契机。同时，产业数字化率的提高也将增强一国产业的全球竞争力。近年来中国数字经济迅速发展，促进了全要素生产率的提升。数字化将继续通过提升效率重塑中国经济，其中传统产业部门的数字化将加速发展。下面以我国产业数字化发展为例，剖析其产业数字化发展状况。

7.3.2.1 中国产业数字化转型现状

在国家政策推动、数据要素驱动、龙头企业带动、科技平台拉动、产业发展联动等多方面因素的共同作用下，我国产业数字化转型的效果初步显现，传统产业数字化转型整体进度加快。

1. 数据要素成为产业数字化发展的血动脉

产业数字化转型能有效优化资源配置效率，其中数据发挥着关键生产要素作用。一方面，数据流引领技术流、物质流、资金流、人才流，数据要素驱动产业生产要素的网络化共享、集约化整合、协作化开发和高效化利用，深刻影响产业分工协作的组织模式，促进生产组织方式集约、发展模式转变、产业生态创新。另一方面，数据已经成为企业的核心资产，持续激发商业模式创新，不断催生新业态，已成为互联网等新兴领域促进业务创新增值、提升企业核心价值的重要驱动力。

2. 科技平台成为产业数字化发展的牛鼻子

随着物联网、大数据、云计算、人工智能等数字科技的迅速发展，产业数字化转型步伐加快。科技平台通过改变企业的设计、生产、管理和服务方式，推动数据、劳动、技术、资本、市场等全要素的全面互联和资源配置优化，促进供应链、创新链、服务链、物流链、金融链等全产业链上下游的高度协同，生产、流通和消费一体化更加广泛，新的经济模式不断涌现。一方面，科技平台是企业数字化转型和创新发展的"转换器"，驱动生产和管理效率提升、产品供给创新和商业模式变革。另一方面，科技平台是行业数字化转型和协同发展的"助推器"。重点龙头企业建立"行业灯塔"引领行业数字化转型，互联网优势企业建立"科技超市"助力产业数字化发展。基于科技平台，数据资产持续积累，技术架构平滑演进，业务经验不断沉淀，发展模式逐步优化，支撑企业数字化转型步伐加快、经营状况持续向好。

3. 服务业成为产业数字化发展的领头羊

随着互联网特别是移动互联网的发展，中国消费互联网发展迅猛，零售（电商）、金融、餐饮、出行、教育、医疗、社交等服务行业纷纷拥抱互联网，依托各类互联网平台促进供需对接和消费模式创新。中国前端消费侧的数字化全球领先，消费行为高度数字化，得益于国内强大的消费市场和服务业数字化转型发展需求。与制造业和农业相比，中国服务业数字转型遥遥领先，主要表现在电子商务拉动内需强劲有力，平台经济促进供需对接高效精准，教育医疗等传统服务业转型步伐加快，生活消费领域"一站式"服务趋势明显等方面，京东、阿里巴巴、腾讯、百度、美团、拼多多等多家企业市值排名进入世界互联网企业20强。据统计，2018年，中国工业、服务业、农业数字经济占行业增加值的比重分别为18.3%、35.9%和7.3%。

4. 政企协同成为数字化转型发展的双飞翼

十九大报告提出建设网络强国、数字中国，支持传统产业优化升级，加快发展先进制造业，推动互联网、大数据、人工智能和实体经济深度融合。加快5G网络、数据中心、人工智能、工业互联网等新型基础设施建设，夯实产业数字化发展基础；抢抓新一代信息技术革命发展机遇，实现企业以及产业层面的数字化、网络化、智能化发展，成为传统产业实现质量变革、效率变革、动力变革的重要途径和发展共识。一方面，政府带头推进一体化数字政府建设。各地区各部门以电子政务和新型智慧城市建设为抓手，深入推进"互联网+政务服务"加快触网、上网、用网步伐，初步建成了全国一体化在线政务服务平台，涌现了一批"只进一扇门""最多跑一次""不见面审批""城市大脑"等创新实践，随着政务App推广应用，"掌上办""随身办"成为一种新时尚。另一方面，企业数字化转型发展意愿强烈。传统产业数字化改造带来效益明显，多数企业都提出了数字化转型发展需求以实现降本增效和高质量发展。IDC调查数据显示，2018年，67%的全球1000强企业和50%的中国1000强企业都将数字化转型作为企业的战略核心，企业数字化转型的意愿强烈。

7.3.2.2 中国产业数字化转型面临的问题

1. 不会转：数字化转型能力不够

数字化转型是企业数据资产不断积累以及应用的过程。中小企业信息化、专业化程度较低，核心数字技术供给不足，数据采集率低、产业链协同难，难以依靠自身实现数字化转型，需龙头企业、科技平台、数字化转型促进中心等赋能。中国中小企业只有10%左右实施了ERP和CRM方案，6%左右实施了SCM方案，进入了信息化的高级阶段。绝大多数企业的信息化水平仍停留在文字处理、财务管理等办公自动化及劳动人事管理阶段，大数据、企业云、数字化会议等在企业中的普及率仍然不高。此外，目前市场上提供的科技平台多是通用型解决方案，无法满足企业、行业的个性化、一体化需求。

2. 不能转：数字化改造成本偏高

传统产业数字化转型面临较高成本，一方面是由于核心数字技术供给不足，比如关键工业软件、底层操作系统、嵌入式芯片、开发工具等高端技术领域基本被国外垄断，相关产品需要依赖进口。另一方面，企业数字化转型是一项周期长、投资大的复杂系统工程，从软硬件购买到系统运行维护，从设备更新换代到人力资源培训，都需要持续资金的投入。以美的数字化转型为例，连续8年投入已超过100亿元。尽管部分地方对于企业上云、智能工场建设等提供了一定支持，但多数传统企业面临生存压力，数字化转型的投入远远不足。中国数字化转型投入超过年销售额5%的企业占比为14%，近7成企业的数字化转型投入低于年销售额的3%，其中42%的企业数字化转型投入低于年销售额的1%。

3. 不敢转：数字化人才储备不足

随着产业数字化转型发展，人才成为决定企业能否将数字化转变为自身优势的决定性因素。企业的数字化转型要求人力资源结构进行适应性调整，需要既懂数字技术又精通业务，既明白业务的数字化切入点、流程优化点、产品创新点以及全流程管理方案，又熟悉数字化工具技术的应用价值和应用方式的复合型数字化产业人才，来运用数字化管理、运营的新思维、新理念、新视野、新格局，开展数字化运营管理的新场景、新模式、新流程，推动数字化价值理念传播、各项业务的数字化改造和优化以及理念变革、模式变革、流程重构。然而，这类掌握数字技术的产业数字化转型人才严重缺乏。据统计，中国企业ICT员工占总员工的比例为1%~1.5%，而欧盟这个数字为2.5%~4%。Gartner估计，由于数字化人才短缺，2020年将有30%的技术岗位空缺。当前，无论是政府部门，还是传统企业，人才短缺成为数字化转型发展的主要瓶颈。

4. 不善转：数字化转型战略不清

数字化不仅是技术更新，而且是经营理念、战略、组织、运营等全方位的变革，需要做好顶层设计和全局谋划，明确发展目标、推进步骤和工作举措，实现战略性、整体性、规范性、协同性、安全性和可操作性。目前，多数企业数字化转型意愿强烈，但企业数字转型思路不清、意识不坚定，普遍缺乏清晰的战略目标与实践路径，思路还集中在生产端如何引入先进信息系统，没有从企业发展战略的高度进行谋划，认为只要买硬件、上系统就会取得立竿见影的成效，短期看不到经营绩效的提升就左右摇摆、打退堂鼓，导致转型失败。此外，部分企业缺乏对数字化战略的系统性思考，往往仅进行局部数字化改造，难以发挥整体效应。

5. 不愿转：多层级组织模式不灵

数字化转型将重构企业组织模式，基于小型化、自主化、灵活化的决策单元，构建扁平化、平台化的新型组织架构。传统企业层级复杂、多重领导和反应迟缓的组织模式已不适应数字时代。数字时代要求更快的信息交互，缩短数据生产、流通、加工等周期，而传统的组织模式人为割裂了数据的生产、流通、加工，势必造成数据流通不畅。与此同时，数字化转型是一项长期艰巨的任务，面临着技术、业务能力建设、人才培养等方方面面挑战，需要企业全局的有效协同。而当前多数企业没有强有力的制度设计和组织重塑，部门之间数字化转型的职责和权利不清晰，也缺乏有效的配套考核和激励制度。多数企业仍以原有IT部门推动数字化转型，没有成立专门的数字化转型组织，协调业务和技术部门，系统解决数字化转型落地问题，阻碍了相关业务的价值发挥。

7.3.2.3 中国产业数字化转型的短板

1. 数字基础设施建设不足

数字基础设施包括数字化基础设施和传统基础设施数字化转型改造，具有数字化、融合化、平台化、生态化、赋能化等特征。当前，我国企业装备数字化和联网化虽已具备一定基础，但底层设备和过程控制层的互联互通仍是当前需要突破的重点和难点。此外，我国虽然拥有目前全球最大规模的5G网络，在5G建设上领先全球，但在人工智能、物联网、云计算、数据中心智能终端等数字化基础设施的技术领先度和创新方面与发达国家相比还有差距，产业数字化基础设施建设不足，产业数字化基础保障体系薄弱等限制了产业数字化转型。如传统制造业数字化转型需要的工业互联网平台亟待加快建设，汽车产业数字化转型需要的能源互联网、车联网和智能化交通基础设施尚在起步阶段，城市公共产业数字化转型需要的城市物联网地区发展不平衡等。

2. 产业核心技术缺乏

中国已成为全球产业链中重要一环，但由于自主创新能力不足，在高科技领域与发达国家还存在很大差距，信息技术、高端制造及新材料等领域核心技术受制于人，信息基础设施和行业数字化转型的基础相对薄弱，数字化转型的技术架构能力整体上弱于国外，中国产业链整体上仍处于全球产业链、价值链的中低端。特别是国际疫情和全球新经济形势下全球产业链分工协作网络受到冲击，中国部分创新密集型行业的境外上游供应链断供风险加剧，产业核心技术缺乏阻碍产业循环，对产业数字化转型造成了一定的影响。

3. 产业模式创新不足

产业数字化转型以数字化技术为基础，以数据为核心，以人工智能为手段，通过建立集成多环节的数字化平台实现数据积累和互联，向用户交付产品并提升运营维护效率，延展产业的服务链，产生新的价值创造点，触发新的产品服务迭代、商业模式和用户体验创新，实现在数字技术支撑下的组织业务和商业模式创新发展。在数字化时代，客户需求发生了根本性的变化，需要进行产业模式创新，但我国产业模式创新明显不足。

7.3.2.4 中国产业数字化转型的主要着力点

产业数字化转型发展周期长、复杂程度高，不同行业领域及企业类型在产业数字化转型过程中面临着"不会转、不能转、不敢转、不善转、不愿转"等多种问题。为提升企业发展意愿、增强行业转型成功率、凸显整体发展成效，应从"数据要素驱动、科技平台支撑、品牌价值赋能、生态融合共生和政府精准施策"等5个方面推动产业数字化发展。

1. 着力发挥数据要素核心动力作用

以大数据、云计算、人工智能为代表的数字科技迅猛发展及在众多行业领域中的深度渗透，应用催生海量数据并演化成为一种新生产要素。数据作为构建数字生产力、推动数字经济的新型生产要素的基本定位进一步明确。数据成为国家竞相争夺数字经济全球新一轮产业竞争的制高点和改变国际竞争格局的新变量。精准触达客户需求、催生全新商业模式是数据要素驱动产业数字化发展的集中体现。

2. 着力发挥科技平台重要支撑作用

平台模式是数字化转型和落地的主要实现方式，科技平台是平台模式落地实施的基本载体。一方面，数字科技企业或传统行业领先企业通过打造互联网平台、物联网平台等各类科技平台，率先成为平台构建者及产业数字化转型领头羊，基于科技平台为中小企业"上云、用数、赋智"提供核心支撑；另一方面，科技平台依托科技平台整合上下游产业资源，为中小企业调用共享数字资源提供更多选择的同时也催生出平台托管、按需调用、技术加盟等新商业模式。

3. 着力突出品牌价值赋能附加作用

将品牌价值与产业数字化结合到一起，突出品牌价值线上线下迁移整合对于产业数字化转型升级的重要意义。如以京东、腾讯等为代表的互联网科技领军企业，正由过去产业数字化的"工具箱""助力者"向现如今的"资源池""引领者"转变，并演变为产业数字化的"利润中心"。这些互联网企业经过多年行业深耕已经成长为市场知名度高的新一代品牌企业。

4. 着力打造产业发展融合共生生态

纵观国内外各行业领域产业数字化成功转型的典型案例可以发现，"融合+创新"一体化推进思路是其共同之处。新一代数字科技广泛渗透、消费习惯急剧变化、新商业模式快速迭代使得传统产业发展面临的压力不言而喻。线下企业数字化转型主动意愿的增强和线上企业打破发展瓶颈的制约成为产业数字化发展的新动力。

5. 着力发挥政府精准施策放大效力

当产业数字化发展到一定阶段后，制度缺失、行业规范等成为制约数字化转型的主要瓶颈问题，而这些问题的解决有赖于政府积极介入并在政策等方面给予必要引导。政府在产业数字化发展政策引导上突出"精准化"，在政策措施制定及服务方面由大水漫灌向精准滴灌转变，为有效破解当前产业数字化发展中面临的转型能力不足、转型改造成本高、数字化人才储备不足等难题提供新思路、新支撑。

7.3.2.5 中国推动产业数字化转型的建议

1. 加强数字基础设施建设

在数字经济下，产业的发展取决于对数据的获取和利用的综合能力。投资数字基础设施建设，扩大数据流通的范围，提高数据流通的效率，是我国把握数字经济机遇、实现"双轮驱动"的重要条件。但与美国、日本、英国等发达国家相比，我国数字化水平仍然有待提高。根据麦肯锡发布的《数字中国：打造具有全球竞争力的新经济》报告，2013年美国的数字化水平高出我国4.9倍，到2016年缩小至3.7倍，其中在数字基础设施建设上的差距最为明显。我国应加强对关键技术设施的投资与建设，加快技术在商业领域的应用落地，增强数字基础设施服务的能力，并且积极参与到全球技术标准和兼容性的制定中，为我国实现高质量发展培育技术优势。一是加强大数据、人工智能、5G等数字化技术研发，提升产业数字化基础设施水平；二是加快推进传统产业基础设施数字化进程，提升传统产业数字化发展水平；三是搭建产业数字化赋能平台，加快产业价值链的数字化渗透，改造升级产业环节，提高产业资源配置效率；四是利用我国在数字金融数字货币方面的领先优势，大力发展数字金融数字货币，为产业数字基础设施建设提供资金支持。

2. 构建自主创新与开放共享结合的数字技术体系

一是建立和完善自主创新的数字技术体系，明确数字核心技术的主攻方向及优先次序，强化数字技术基础研究，打造长线研发模式，加快数字技术产业应用，培育数字技术人才等，自主研发创新数字核心技术；二是形成全球开放共享的数字技术体系，通过全球范围内横向开放和合作，产业链上下游纵向开放和对接，成立数字技术产业联盟，推动数字技术全球开放共享；三是以资本为纽带，加快形成一批掌握核心技术的跨国企业实施产业数字化工程，建立合理有序的开放竞争并存的产业数字化生态系统。

3. 推动产业数字化模式创新与变革

一是产业数字化商业模式创新。深入挖掘产业数字化转型带来的业务价值，推进新业态、新模式、新产品、新服务等变革，积极推动我国产业数字化转型的商业模式创新。二是产业数字化组织管理模式变革。推动产业组织管理模式由传统的垂直型组织结构管理向扁平化、多元化、模块化的新型产业组织管理模式转变，重构产业组织运行管理模式。

4. 提升产业数字化治理模式水平

企业之间在数字基础设施之上开展合作而形成的数字化生态，是数字经济的基本组织。健全对核心企业的激励机制，探索企业、社会、政府协同治理的模式，是培育数字化生态并且保障其稳定运行的基础。另外，数字化生态内部的数据融合增加了产权的模糊性，数据安全成为各类机构共同关注的热点问题。我国应加快数据安全的立法工作，进一步明确各类机构的权利、责任、义务，提高用户数据的安全性，为建立数字中国提供有力支撑。一是探索产学研相结合的系统化产业数字化人才培养机制和人才能力体系；二是制定统一的产业数据标准，为数据开放共享提供基础保障；三是形成产业、企业、行业协会多方共治格局，全面提升数字化治理能力；四是加强产业数据信息保护、安全监管等安全保护体系建设，建立健全产业数字化信息安全体系。

5. 解决数字创新人才紧缺问题

一是明确数字创新人才的能力素质标准。在充分考虑企业对人才能力需求的基础上，对各级数字技能人才的专业能力以及业务运营、风险管控等跨界能力作出规定，推动数字专业技术人才与各传统行业的融合，并完善基于能力水平的数字技能人才职业化等级台阶设计，为数字技能人才指明成长路径。二是深化校企合作、政企合作，通过建设企业大学、企业培训基地等方式，鼓励高校根据市场人才需求，开设相应的培训课程；通过推动企业深度参与高校课程设置、教学设计、实训课程开发等方式，为培育既精通信息技术又熟悉经营管理的"数字工匠"夯实基础。三是激发行业协会、培训机构、咨询公司等第三方组织在数字技能人才培育中的作用，适度将资格评定、继续教育、国际交流合作等工作交给第三方专业组织承担，促进政府规制和行业规制有效结合的数字技能人才培育体系的形成。四是积极营造良好环境，探索高效灵活的人才引进、培养、使用、评价、激励和保障政策，优化人才引进和培养环境。

6. 强化传统产业数字化转型政策支持。

优化政府服务，提高政策精准度，使政府真正成为传统产业数字化创新的"后台服务器"。要统筹研究制定推动传统产业数字化发展的政策意见及配套政策，整合财税、金融、人才、土地、要素等政策力量，全力推动传统产业数字化转型。财税支持方面，要强化财政专项资金统筹，引导各级财政资金加大对传统产业数字化转型的投入，加大对数字经济领域重大平台、重大项目及试点示范支持。探索成立传统产业数字化发展基金，推动各级政府产业基金按照市场化运作方式，与社会资本合作设立数字经济发展相关投资子基金。积极落实数字经济领域软件和集成电路税收支持政策、重大信息技术装备首台套（软件系统首用）政策等惠企举措，确保政策落地见效。人才要素方面，要完善人才激励机制，支持开展股权激励和科技成果转化奖励试点，鼓励相关企业采用期权、股权激励等方式吸引领军人才和团队。此外，加强传统产业数字化转型领域用地、用能、排放、创新等要素资源优化配置和重点保障。

小结

本章分析了数字经济发展的另一重要方面——产业数字化。产业数字化是实现数字经济和实体经济深度融合发展的重要途径，也是各国各界关注的重点，各方对产业数字化转型的理解和定义也不尽相同。数字产业化有着丰富的内涵和外延，呈现出四大特征。产业数字化发展，有助于传统企业蝶变、行业价值重塑、产业提质增效。产业数字化专业的理论已经得到一定发展，本章重点分析了产业数字化转型的动因，包括创新推动和需求变动倒逼两个方面；产业数字化转型的机理，一是数字技术降低实体经济的交易费用，二是数字技术深化实体经济产业分工与生产协同，三是数字技术网络外部性对实体经济的作用加速显现。产业数字化转型的动力体系，包括数字技术赋能、经济模式变革、治理模式创新、基础保障支撑。产业数字化转型通过驱动产业效率提升和产业跨界融合、重构产业组织的竞争模式、赋能产业组织升级进而推动经济高质量发展。中国的产业数字化转型虽然取得了一定成效，但仍存在巨大的转型空间，需要继续推动产业数字化转型。

思考题：

1. 简述产业数字化的内涵和外延。
2. 产业数字化的特征包括哪些？
3. 为什么要进行产业数字化转型？
4. 详细叙述产业数字化转型的动因。
5. 产业数字化转型的机理是什么？
6. 产业数字化转型包括哪几大动力？
7. 试分析产业数字化影响经济的原理。

参考文献

[1] 祝合良，王春娟. "双循环"新发展格局战略背景下产业数字化转型：理论与对策[J].

财贸经济，2021，42（3）：14-27.
［2］肖旭，戚聿东. 产业数字化转型的价值维度与理论逻辑［J］. 改革，2019(8)：61-70.
［3］吕铁. 传统产业数字化转型的主要趋向、挑战及对策［N］. 经济日报，2020-2-4（12）.
［4］中国信息通信研究院. 中国数字经济发展与就业白皮书（2019）［R/OL］.（2019-04-17）［2022-02-06］. http://www.caict.ac.cn/kxyj/qwfb/bps/201904/P020190417344468720243.pdf.
［5］祝合良，王春娟. 数字经济引领产业高质量发展：理论、机理与路径［J］. 财经理论与实践，2020，41（5）：2-10.
［6］杨卓凡. 我国产业数字化转型的模式、短板与对策［J］. 中国流通经济，2020,34（7）：60-67.
［7］国家信息中心信息化和产业发展部，京东数字科技研究部. 中国产业数字化报告 2020［R/OL］.（2020-07-02）［2022-02-06］. http://pdf.dfcfw.com/pdf/H3_AP202007021388897043_1.pdf.
［8］国家发展改革委. 聚焦产业数字化发展五个着力点与三大效应——解读《中国产业数字化报告 2020 年》［N］. 光明日报,2020-7-14.
［9］中国信息通信研究院. 中国数字经济发展白皮书（2020）［R/OL］.［2022-02-06］.http://www.caict.ac.cn/kxyj/qwfb/bps/202007/P020200703318256637020.pdf.

第四篇
数字技术的创新经济学分析

第 8 章

数字经济中的创新

学习目标

（1）了解创新的基本概念。
（2）掌握创新理论中重要的观点。
（3）了解数字经济中创新的基本特征。

8.1 创新概念与基本理论

创新的过程可以被理解为是人们根据预先设定的创新目标，对创新要素（信息、思想、物质、人员）实现的流动、转化过程。这一方面表明创新动力的产生机制，另一方面也说明创新要素在不同组织方式下的链接和交互行为，即创新要素与创新载体的关系。创新理论研究的是创新的过程机制和影响因素，包括技术创新、组织创新、市场创新、金融创新和制度创新等。

创新问题相关研究始于熊彼特在 1912 年所著《经济发展理论》一书，他认为创新是资本主义经济增长的主要源泉，而不是资本和劳动力。这与传统的要素型生产理论（如马克思的剩余价值论）以及与马歇尔的新古典经济学理论有所不同。

8.1.1 创新的概念

迄今为止，创新的概念有许多不同的理解和定义，国内学者对创新理论做了大量的研究工作。

创新思想可以追溯到马克思。弗里曼这样评价马克思的贡献："马克思（1848 年）恐怕领先于其他任何一位经济学家把技术创新看作为经济发展与竞争的推动力。"

马克思认为，社会生产力的发展来源于三个方面："来源于发挥着作用的劳动的社会性质，来源于社会内部的分工，来源于智力劳动特别是自然科学的发展。"马克思把"科学的发展水平和它在工艺上的应用的程度"明确为劳动生产力的重要决定因素。劳动生产力是随着科学和技术的不断进步而不断发展的,其效应,一方面表现为"旧的机器、工具、器具等等就为效率更高的、从功效来说更便宜的机器、工具和器具等等所代替……旧的资本也会以生产效率更高的形式再生产出来"。另一方面,科技在生产中的运用,可以带来劳动生产率的提高和生产成本的下降等,从而提高利润率,增加资本积累量;而且,由于生产要素效率提高,使这些产品的价格得以下降,同量的资本积累额可以购买更多的生产要素,使资本积累的实际效果提高。结果正如马克思所说:"科学和技术使执行职能的资本具有一种不以它的一定量为转移的扩张能力。同时,这种扩张能力对原资本中已进入更新阶段的那一部分也发生反作用。"马克思认为,相对剩余价值生产"必须变革劳动过程的技术条件和社会条件,从而变革生产方式本身,以提高劳动生产力,通过提高劳动生产力来降低劳动力的价值,从而缩短再生产劳动力所必要的工作日部分"。因此,由绝对剩余价值生产转向相对剩余价值生产。这种转变本身反映科技创新在生产中的重要作用。

熊彼特认为所谓创新就是"建立一种新的生产函数",也就是将生产要素和生产条件进行重新组合,经济发展就是执行新的组合。熊彼特认为,创新包括5种情况:①采用一种新的产品;②采用一种新的生产方法;③开辟一个新的市场;④控制原材料或半成品的新供应来源;⑤实现一种新的工业组织。熊彼特的创新理论对后来创新经济学的发展产生了深远的影响。

美国经济学家曼斯菲尔德认为,创新就是"一项发明的首次应用"。他认为与新产品有关的技术变动才是创新,产品创新是从企业的产品构思开始,以新产品的销售和交货为止的活动。

美国企业管理学家德鲁克认为,"创新的行动就是赋予资源以创造财富的新能力"。他认为"创新并非都在技术方面""凡是能改变已有的资源的财富创造潜力的行为,都是创新。"比如管理、市场营销和组织体制等方面的新能力、新行为等,也就是管理创新、市场创新和组织创新。

国内学者对创新理论也作出了重要的贡献,如傅家亦认为,技术创新是企业家抓住市场机会,以获取商业利益为目的,重新组织生产条件和要素,建立起更高效、成本更低的生产系统,从而推出新产品、开辟新市场的过程。许庆瑞认为,技术创新是技术变革的一个阶段,技术变革大体可分为技术发明、创新和扩散三个阶段。发明是指第一次提出某种技术的新概念、新思想、新原理;创新是发明之后实现新技术的第一次商业应用,是科学转化为直接生产力的阶段。赵玉林认为,技术创新是与新产品的制造、新工艺过程或设备的首次商业应用有关的技术的、设计的、制造及商业的活动，它包括产品创新、过程创新和扩散阶段。

8.1.2 创新的动力

如上所述，创新是一个过程，一个阶段，是一个不断向上发展的过程。推动创新的内在动力是创新理论研究中重要的工作。

1. 生产需求是创新的内生动力

最开始，研究创新理论的经济学家提出劳动短缺、生产瓶颈/压力是创新的来源这一观点。以熊彼特为例，熊彼特在其早期和晚期的工作中，提出了两个关于创新的模型，强调了技术创新在创新理论中的核心地位。具体可以希克斯的《工资理论》一书为例，说明早期的创新理论强调生产需求是创新的内生动力。

希克斯将创新分为两种，一种是"引致"的创新，他认为，引致的创新几乎所有都是为了节省劳动而产生的。这是因为，在他所处的时代，科学技术发展还不像今天这么迅速，劳动在生产中仍处于重要的地位，劳动仍是生产函数的主要绝对因素。而资源稀缺是人类经济活动面临的永恒问题，为了解决资源稀缺这一客观存在的问题，人们只有不断创新，不断开发新的劳动产品，不断改进劳动工艺，不断提高劳动使用的机器的效率。希克斯进一步认为，劳动才是最根本的稀缺资源。人们做的一切创新活动，都是为了寻找新的产品，改进生产工艺，节省劳动的消耗，以替代劳动这一稀缺资源。为了节省劳动，人们所开展的创新活动就称之为"引致"的创新。另一种是"自发"的创新，这是指人们在生产活动中自发产生的对现有的工艺、技术、设备、方法、流程、组织架构等诸多方面所做的改进或创新，不是由某一特定的要素引起的创新活动。

罗森博格对希克斯的观点做了进一步的发展。他认为，诱导机制是存在的，但不是要素稀缺在诱导，而是出于下面三个机制：技术发展的不平衡、生产环节的不确定性和资金供给的不确定等。这些机制的共同点是它们是生产的瓶颈，是生产进一步发展的障碍。这种障碍形成了一种压力，诱导厂家围绕这些障碍进行创新（魏江等，2017）。

2. 新的技术发现是创新的推动力量

技术推动创新的支持者认为创新是由技术发展的推动作用产生的，一系列革命性的发现为重大的技术创新提供了动力，掀起了源源不断的技术创新浪潮。不仅如此，创新还可以导致出现新产业并形成经济发展的新势头。

以第一次和第二产工业革命为例。当时，涌现出来像蒸汽机和电力这样的新型技术，伴随着这些新技术出现了大量的新型技术、设备、工业、产品、组织管理模式、生产流程、社会形态等，尤其是汽车行业和与电信有关的行业，一跃成为整个经济社会最受人瞩目的行业。新型行业越发达的国家，国力就越强，越能成为世界的霸主，在国际经济政治生活中越具有重要的主宰地位。技术史学家巴萨拉（Basalla）指出，"以内燃机为动力的发明创造了对汽车运输的需求，而汽车的发明绝不是由于全世界范围内的马荒或马匹短缺引起的。"克雷普斯（Kreps）也认为，1850年之后的科学发展，尤其是物理学上的发展，已经使一项新发明在实现之前就可以大致勾画出其蓝图（魏江等，2017）。

熊彼特的创新模型 I 和创新模型 II，是对新技术的发现推动创新发展这一观点的有力说明。熊彼特的创新模型 I 认为技术推动创新是由基础研究、应用研究与开发、生产、销售、市场等诸多环节构成。这其中新的技术和发现是源泉，也是最为根本的因素，往往是某些科学家或研究人员的努力，带来新的技术或发现；往往只有极少数企业家能够意识到新技术或发现所蕴含的巨大商业和经济效益，他们愿意承担其中的风险，投入资金来将新的技术和发现转化为实际的产品和应用；最后新的产品和应用改变了现有的市场格局，冲击了旧的市场地位，往往是新的产品的生产商打败了原有的市场主宰者，成为市场新的主要领导者。

熊彼特的创新模型 II 认为，新的产品的生产者打败了原有的市场主宰者后，凭借其独特的新生产技术、工艺、产品等，在一段时间内可获得超额利润，形成一定程度的垄断。在大量的利润驱动下，该生产者将加大对其创新部门的投入，从而带来更多的创新，获取更多的超额利润。但这一阶段并不能维持很久，因为新的生产者被超额利润吸引，也会加大对新技术和产品的投入，从而有可能打败现有的生产者，成为新的市场主宰者。

3. 市场需求是创新的主要拉动力量

20世纪60年代中期，通过对大量技术创新的实证研究和分析，人们发现大多数创新特别是渐进性创新，并不是由技术推动引发的，而是由需求拉动的，市场需求才是整个创新过程的起点。需求拉动创新的支持者认为技术创新源自市场需求，即市场需求信息是技术创新活动的出发点。

市场需求是创新的主要拉动力量。施莫克勒在其著作《发明与经济增长》中首次提出了市场增长和市场潜力是决定创新速度与方向的主要因素，认为创新是市场需求引发的结果，市场需求在创新过程中起着关键作用。他通过对相关行业的研究发现，市场需求的变化导致了新的发明出现，或者新的专利出现，在新的专利带动下，出现新的投资变化，这就说明，在创新活动中，需求因素要先于技术因素，市场需求是创新的主要拉动力量。

斋腾优提出 N-R 关系模式，即需求和资源关系的假说。该理论的假设之一是"需求是发明之母"。他认为，经济主体首先产生了各种需求，并由之筹措了满足需求所必需的资源。罗伯茨（Roberts）在统计研究中发现，由需求拉动因素引起的创新高达78%，市场需求在渐进性创新中发挥更大作用。

8.2 协同创新理论

8.2.1 五阶段协同创新理论

在熊彼特提出创新问题之后，学者们对创新模式的研究不断深入，逐渐提出了新的创新理论——协同创新理论，从而将创新理论的研究引向一个新的高度。协同创新（collaborative innovation）最早由美国麻省理工学院斯隆中心（MIT Sloan's Center for Collective Intelligence）的研究员彼得·葛洛（Peter Gloor）提出，即"由自我激励的人员所组成的网络小组形成集体愿景，借助网络交流思路、信息及工作状况，合作实现共同的目标"。其中，关于"合作（cooperation）与"协同"（collaboration）的本质区别，国外学者认为："合作双方是以自身利益为基础开展活动，而协同要尽可能顾及对方的利益，就像对自己利益的考虑一样。"显然，与"合作"相比，"协同"更加强调基于实现共同目标而风险共担、利益共享。当协同创新放大到宏观层面，主要表现形式即是产学研协同创新。

罗斯威尔（Rothwell）在回顾前人研究的基础上，将创新模式的发展划分为五个阶段：①技术推动模式；②市场拉动模式；③耦合模式；④整合与并行研发模式；⑤系统整合与网络化模式。

第一和第二阶段都是线性阶段，研究者为了简化分析，抓住问题的本质而在开始时删除了不确定性、模糊、混沌等因素的影响。

（1）技术推动阶段。在这一阶段，人们忽视市场需求、市场状况、市场条件在创新中的作用，而只关注技术方面的创新，从而投入大量的人力、物力、资金和设备在基础研究上，希望通过推动基础研究来促使新发现和新技术的产生，从而带来新的产品，新的生产模式。政府的各项扶持政策在这一阶段也已为高校、研究机构、生产企业提供大量的资金、良好的融资制度等主要手段，吸引更多的人才来从事基础技术的研发，产品的生产等工作,从而推动创新的发展。

(2)市场拉动阶段。这个阶段人们认识到创新的主要模式是市场推动,或市场需求的拉动,一切研发要围绕市场需求来展开。企业更加重视市场需求,投入大量的人力物力,对市场做充分的调查和研究,分析消费者的需求变化趋势,分析行业未来走向,分析新产品受欢迎程度,从而有针对性地投入相关的资源在相关的领域,生产更有针对性的新产品,通过密切跟随市场需求来获得更大的市场份额和超额利润。政府在这一阶段的政策主要是更注重需求管理方面,比如通过政府采购的形式来创造需求,引导企业根据市场需求情况有针对性地进行创新。

前两阶段均为线性关系,线性创新模式由于其形式简单明了、理论浅显易懂、论证直接而被广泛接受。政策制定者们较容易被线性模式说服,并将其用于制定国家科技政策。线性创新模式的政策含义是非常明确的:在整个技术创新的流程中,政府只需确定哪些属于基础研究并给予资助,余下的流程可以由私人企业来资助并从市场获得回报。

然而,技术创新往往充满了不确定性,是一个成功和失败共处的冒险活动,是一个充满了随机、复杂甚至混乱的过程。这就促使学者将研究推进到第三阶段,即耦合模式阶段,协同创新理论也从这一阶段开始进入研究者的视角,日益成为创新理论中主要的研究内容。

(3)耦合模式阶段。大量实证研究发现,技术推动和需求拉动模式太极端,不具有典型性,实践中的创新模式更多是技术推动与需求拉动的结合形式。20世纪70—80年代初期,人们提出了技术与市场交互的创新过程模型。

莫维利和罗森博格强调技术和市场需求在创新中的共同作用,认为"科学技术作为根本的、发展着的知识基础和市场需求的结构,二者在创新中以一种互动的方式起着重要的作用。"创新活动由需求和技术共同决定,需求决定了创新的报酬,技术决定了成功的可能性及成本。

他们理论的主要观点如下:①创新要以市场需求为导向,客户的需求是最终决定因素,一切创新都必须以客户的需求为出发点和落脚点,技术进步和应用创新必须以市场为指导力量,从而形成所谓的技术与市场交互的"双螺旋结构"模型。②市场和技术之间是密切联系、互相作用、互相促进,共同发展的关系,而不是孤立、毫无关联的。该模型强调,创新绝不仅仅是一个技术或纯科学的问题,相反,创新是一个技术与市场、科学与经济紧密联系,成为一体的过程,技术只有适应市场的需求,产品只有受到用户的欢迎,才能体现出创新的价值,否则,创新只是纸上谈兵,是实验室中的没有生命力的产物，只是科技工作者闭门造车的产物，是一个失败的东西。③用户的需求为技术的创新指明了发展方向，技术创新为满足用户需求提供了技术上的保证。在创新过程中，技术和市场是互动和协同的关系，一个国家要努力实现技术和市场的这种良性互动、协同发展的创新生态系统，才能共同促进创新的发展。

克莱恩指出，科学发展并非是技术创新的必要前提，相反，在很大程度上它受到创新活动的制约，在此基础上，他提出了链环模型。

链环模型主要讲的是链接创新过程的诸多要素，如研究、发明、生产等活动而展开的五种路径。它们分别是：①创新链，这是指市场调查→产品设计→反复研究→生产产品→产品销售这一链条。②反馈链，这是指在创新链中发生的反馈和修改的过程和工作步骤等。③创新链与研究活动的联系，这是指通过以上两个链而产生的新的知识、技术、发现的产生、传递和传播的过程。④发明和设计的研究活动的联系链，这是指发明与研究和开发之间的纽带作用。⑤产品与研究之间的直接联系，这是指市场需求给产品研究与开发带来的新的课题和研究方向，这两者之间的联系关系等。

1996 年由 OECD 出版的、具有广泛影响的《知识经济》（*The Knowledge-Based Economy*）的报告专门介绍了链环模型。该报告认为，根据链环模型，创新的思维有多种来源（包括产业制造能力和市场信息等），创新的表现有多种形态（新产品、新设计等），创新活动涉及不同的参与者（企业、国家实验室、大学、市场用户等）。因此，研究创新活动不同参与者之间的互动关系，研究在怎样的制度设计下，如何促进创新活动者之间良性互动、互利互惠是非常重要的。

（4）整合和并行研发模式阶段。这一阶段最为显著的例子是日本的创新生态体系。日本独特的新产品研发系统使日本企业能够更快更有效地创新。日本成功的创新系统具有两点特征：①日本企业实现了整合与并行的创新流程，创新活动一开始就以客户为中心，客户直接参与到产品研发的早期阶段工作中，并在全部工作流程中有自己的发言权，使得创新活动的方向性、针对性更强；②企业将不同职能部门协同在一起，共同围绕创新活动来展开各自工作，互相支持、互相配合、互相促进，从而最大程度地发挥企业的创新潜力和效果。

（5）系统整合与网络化阶段。这一阶段人们认识到，传统的线性创新模式和耦合创新模式无法适应现代的大型的更为复杂、涉及面更广的创新活动，已不适应新形势下的新的环境和要求。创新不再是一个从研发到新产品这样一个线性发展的过程，而是一个从技术到市场的非线性的函数。创新活动包含了众多的创新主体，他们之间是互动和相互作用的关系。这是一个非线性过程，从而创新理论也从线性的创新理论发展为协同创新理论。这一阶段的创新强调的是借助现代技术和管理方法，着重考察创新的系统性、灵活性、网络化、集成性、复合型、多种信息及时处理的特点。

8.2.2 其他协同创新理论

本节分别对国家创新系统理论、区域创新系统理论、产业创新理论、三螺旋理论、网络系统创新理论等协同创新理论加以介绍。

1. 创新体系的协同：国家创新系统理论

国家创新系统理论的主要代表人物有弗里曼（Freeman）、伦德瓦尔（Lundavall）、纳尔逊（Nelson）等。国家创新系统将地理和行政边界作为创新系统的边界，关注国家经济与政策对技术创新和扩散过程的影响。"国家环境内，文化、语言的接近对学习、互动和创新的推动作用。"弗里曼在对日本创新系统研究的基础上，首先将国家创新系统界定为"公共和私人部门中的机构网络，（通过）其活动和相互作用，激发、引入、改变和扩散着新技术"。国家创新系统框架中，创新不是一个独立的过程，而是一个需要多种创新主体交互作用的系统性工程，是政府、企业、大学研究机构和中介机构等主体为寻求一系列共同的社会经济目标而建立起来的，将创新作为国家变革和发展的关键动力系统。

国家创新系统理论的主要观点如下：

（1）弗里曼把国家创新系统定义为"公共和私人部门中的机构网络，通过其活动和相互作用激发、引入、改变和扩散各种新技术"。纳尔逊把国家创新系统定义为"其相互作用决定着一国企业的新实绩的一整套制度"。可见，国家创新系统理论认为主要是国家在推动技术创新。

（2）在整个国家创新系统中，国家的作用是提供一个国家层面的制度安排和体系设计，从而影响参与创新资源配置、创新活动开展、创新效率提升的众多创新主体，其中最主要的是企业和其他经济组织，并将整个国家的创新活动纳入国家的整体网络和运行机制中，推动整个国家的技术和科技的创新、发展、应用和扩展等。

（3）国家创新系统是政府、企业、大学研究机构、中介机构等为寻求一系列共同的社会经济目标而建立起来的，将创新作为国家变革和发展的关键动力系统。

（4）现代国家的创新系统在制度上相当复杂，既包括各种制度因素和技术行为因素，也包括致力于公共技术知识研究的大学和科研机构，以及政府部门中负责投资和规划等机构。

（5）国家创新系统中的制度安排应当具有弹性，发展战略应该具有适应性和灵活性，这是因为科技创新、产品发明具有高度的不确定性，充满失败的风险，这就要求国家创新制度必须是柔性化管理，以应对各种突发事件（魏江等，2017）。

2. 创新要素的协同：区域创新系统理论

区域成为真正意义上的经济利益体，而跨国企业关键性的商业联系也集中于区域范围内。于是，在批判继承国家创新系统理论的基础上，学者们增加了对区域创新系统的关注，认为区域创新系统是由地理上相互分工与关联的生产企业、研究机构和高等教育机构等构成的区域性组织系统，这种系统支持并产生创新。

英国学者库克于1992年提出区域创新系统。库克认为区域创新系统主要是由在地理上相互分工与关联的生产企业、研究机构和高等教育机构等构成的区域性组织体系，且这种体系支持并产生创新。此后，库克经过大量研究后又对其原定义做了进一步的说明，认为区域创新系统是指在一定的地理范围内，经常地、密切地与区域企业的创新投入相互作用的创新网络和制度的行政性支撑安排。

目前普遍认为，区域创新系统的基本内涵应包括以下几方面：①具有一定的地域空间；②以生产企业、研发机构、高等院校、地方政府机构和服务机构为主要的创新主体；③不同创新主体之间通过互动，构成创新系统的组织和空间结构，从而形成一个社会系统；④强调制度因素以及治理安排的作用。

下面介绍一些有代表性的理论和观点。

阿斯姆（Asheim）和艾萨肯（Isaksen）认为，区域创新系统主要包括两大类的主体，第一类是区域的主要产业集群，如支持产业发展，为产业价值做主要贡献的企业；第二类是研究机构、高等教育机构、技术转让和交易机构、职业培训机构、金融机构、行业工会、企业协会、政府部门等基础设施，这些设施为区域创新系统提供制度上的保障。两者之间的良性互动极大地促进区域创新系统的健康发展。

加利（Galli）和涂伯尔（Teubal）则认为，一个完整的区域创新系统包括功能、构成部分和联系。功能又可分为硬功能和软功能：硬功能，如提供科学和技术服务；软功能，如知识传播、政策制定以及制度设计和实施等。

奥提欧（Autio）从功能性角度对区域创新系统进行了分析，认为功能性区域创新系统内都存在两个关键的子系统：一是知识运用和开发子系统，客户和供应商围绕生产企业组成纵向网络，合作者和竞争者则构成生产企业的横向网络，知识在这个以生产企业为中心的纵横交错的网络系统中得到运用和融合；二是知识产生和扩散子系统，知识主要在公共组织，如研究机构和教育机构中产生，其通过技术转移机构、劳动中介机构以及支持创新的其他区域机构得到扩散和传播。这两个子系统之间通过知识、资源和人力资本等要素流动来相互作用。

考黑曼根据制度学和演化论等理论也提出了一个区域创新系统的模型。在他的模型中，区域政治系统、区域教育和研究系统、区域产业系统以及区域创新环境（包括区域制度环境、区域基础设施和需求）构成区域创新理论的主要组成部分。这四个部分是统一和互相作用的关系，彼此联系、相互作用，并在互动的过程中不断学习和发展，最终推动整个区域创新系统逐步由低层次向高层次发展。

最后，相关研究表明，区域创新系统有三种类型，即企业基础型创新系统、科学基础型创新系统和政策基础型创新系统。①在企业基础型创新系统中，企业与顾客和供应商之间的合作关系最重要，而与大学、研究机构等的关系则次之；②在科学基础型创新系统中，企业除与顾客、供应商和咨询顾问保持重要的联系之外，与大学和研究机构的合作关系也相当重要；③在政策基础型创新系统中，企业除与顾客、供应商和咨询顾问的合作之外，更多的是与技术转移机构、培训机构、创新支持机构或地区研究组织等保持着重要的合作关系（魏江等，2017）。

3. 产业技术创新的协同：产业创新系统理论

产业创新系统是指开发、生产和销售特定部门产品的参与者之间市场或非市场联系所构成的网络。从学术发展的角度看，产业创新系统研究是一个新兴领域，其起源最早可追溯到20世纪80年代初期形成的网络合作化技术创新理论和20世纪80年代末期形成的国家创新系统理论。其后，波特在其创新模型（钻石模型）中，把产业基础纳入创新系统，贯穿了深刻的产业创新系统思想。

马莱尔巴认为，产业创新系统与国家创新系统和区域创新系统不同，技术创新是企业和组织之间的主要联系，企业和组织对技术的相互依赖、相互影响非常重要，从而技术创新在企业和组织中的动态协同和传播发展是一个非常重要的因素。产业创新系统理论强调理解产业部门的边界、各参与者之间的相互作用和影响、产业的发展和变化、国家在产业变化中的地位等方面的问题。另一个有重要影响力的理论是罗斯威尔提出的以并行工程为基础的综合创新模型。目前国际上较有影响的产业创新论著当属澳大利亚大学道奇森（Dodgson）教授和英国苏塞克斯大学罗斯威尔教授合编的《产业创新手册》（*The Handbook of Industrial Innovation*）。产业创新系统的贡献在于其关注了不同的技术和产业创新过程各自的特征，必须更好地理解科学和技术的关系以及技术的本质才能更好地理解创新过程。同时，在产业创新系统中他们还提出尽管不同产业存在不同的竞争、互动和组织状态，但其地理边界的延伸仍是动态的，既可能在某一个区域内，也有可能跨越多个国界。

4. 创新要素协同：国家–产业–学界的三螺旋模型理论

亨利·埃兹科维茨与勒特·雷德斯道夫一起于1995编写了《大学和全球知识经济：大学–产业–政府关系的三螺旋》一书，并发表了《三螺旋–大学、产业、政府关系：以知识为基础的经济发展的实验室》一文，标志着三螺旋理论的诞生。

三螺旋理论突出了大学、产业和政府在创新过程中的主导作用，认为这三者不仅是创新的要素，更是创新活动最重要的主体。它为研究创新活动的组织管理和实现等问题提供了一个新的思路。

在埃兹科维茨和雷德斯道夫看来，现代大学的地位与作用已经发生了根本性的变化，大学已由社会次要机构上升为社会主要机构，它不仅是知识生产与转化的关键，还是知识空间、集聚空间和创新空间得以形成的关键。

三螺旋理论试图揭示和准确描述在创新系统中正在出现的制度力量的新结构，换言之，新的三螺旋理论（相对于传统线性）抓住了在知识资本化过程不同阶段制度安排中的多元互惠关系。根据大学、产业与国家三者之间的作用关系，埃兹科维茨提出了"国家干预模式"（etatistic model）、"自由放任模式"（laissez-faire model）和"重叠模式"（over-lapping model）三种三螺旋理论的表现形式，见图8-1。

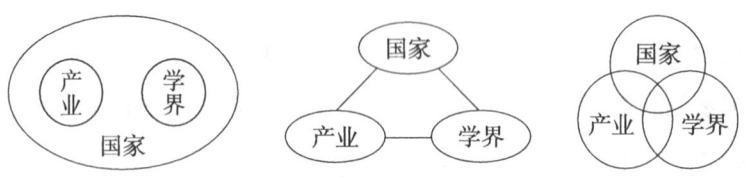

图8-1 三螺旋理论

第一种模式主要是以政府干预、控制为主。这种模式容易出现以下弊端：政府干预过多，遏制了市场机制作用的发挥，限制了大学和产业之间的良性、灵活、高效的相互作用，从而往往容易扼杀创新活动。第二种模式大学、产业和政府之间的联系是不确定的、随机的、偶尔的，没有规划、没有目标的，从而导致创新主体各自为政，互相之间没有往来和互动，这同样不利于创新活动的开展。第三种模式就是目前备受推崇的三螺旋模型，大学、产业和国家三者之间有机联系、良性互动，发挥各自的优势，实现创新资源的系统管理、创新活动的系统开展、创新效率的极大提高。

从大学本身而言，三螺旋理论有力地刺激了"象牙塔"的办学理念，使得大学行为逐步转移到创新创业方面，从而消除知识商品化过程中的各种障碍性因素，而知识的商品化不但改变了大学教授对他们研究成果的认识，也改变了大学与企业和政府的关系，正是由于这些关系的变化，知识在创新活动中的作用才得以体现。

埃兹科维茨和雷德斯道夫认为，由于社会经济结构处于动态发展过程中，而创新过程也是不断变化的，大学、产业与政府之间复杂的互动过程必须通过三螺旋模型来剖析，国家创新系统理论无法剖析其内在机制。随着研究的逐步深入，与三螺旋相关的研究也逐步向定量化方向发展。以往对官产学关系三重螺旋模型的研究多是理论探讨、对策研究或案例分析，缺乏正式的计量分析和检验。从方法论角度看，三重螺旋在案例分析水平上进行的典型研究、比较研究是补充性的，缺少强有力的经验基础来支持大学的企业作用以及知识基础的促进作用。特别是出现了用于测量官产学关系的三重螺旋算法，较好地衡量了三重螺旋之间交互的质量和密度，这种算法还适用于技术、区域和组织关系的三重螺旋等模型的研究。在官产学关系模型中，大学的角色之一就是提供知识；而在技术、区域和组织关系中，技术仅仅是知识的外在表现。从测量信度讲，技术、区域和组织三重螺旋模型比官产学关系三重螺旋模型信度更强一些。虽然大学更能直接体现知识基础的本质，但在实际应用中，体现大学知识基础的指标常用 SCI 论文数或者专利数表示，相比之下，中高低技术的分类对知识基础的体现更好一些（魏江等，2017）。

在我国，长期以来，传统大学 – 政府 – 产业间的合作要么各管各事，要么职能混淆，出现了各参与主体之间的关系过强或过弱，导致创新绩效低下，并且带来若干遗留问题，比如产权纠纷。此外，创新除了是指技术上的创新之外，更主要的是体现在资源重新整合以创造财富的能力，而创新的整合必然是在社会各主体之间重新优化组合创新的力量，以使其发挥最大的效用。鉴于我国这种长期存在的管产学合作的功能障碍以及创新的内在要求，三螺旋模型为在数字经济时代设计创建政产学结合的、和谐发展的创新系统运作模式提供了很好的理论依据。

有学者提出，"产学研协同创新是指企业、大学、科研院所（研究机构）三个基本主体投入各自的优势资源和能力，在政府、科技服务中介机构、金融机构等相关主体的协同支持下，共同进行技术开发的协同创新活动"。国外学者认为"协同创新是通过思想、知识、专门技术和机会的共享创造跨越组织边界的创新，是保持个体组织（企业）的持续创新，是增补其创新力量的一种手段，能够使企业弥合已有创新水平和所需创新水平之间的差距"。从宏观层面上看，我国协同创新主要组织形式是产学研即大学、企业和政府的协同一致，互相合作、互相配合、互相支持、互相保障。目前建立的协同创新机构，就是希望能整合大学、企业和市场、政府这三大力量的各自优势，发挥各自的强项，通过系统化设计、制度化安排、不断改革创新，不断破除旧的制度、旧的思想观念、旧的方法等不良束缚，构建起以政府为主导力量，充分发挥政府的战略高度和调动国家财力物力的优势，充分发挥高校科研技术力量雄厚、科研实力雄厚、科研基础扎实、科研潜力巨大的优势，充分发挥企业熟悉市场情况、管理组织制度灵活的优势，建立起政府主导、大学引领研究方向、企业广泛参与的良好局面，从而为创新的各要素的整合、集聚和流动创造良好的生态系统。有学者指出，在协同创新中心的组建运行过程中，要坚守人才第一资源、科技第一生产力的理念，抓住人才、科技等核心要素，围绕汇聚优秀的人才，为产出最高质量的成果配置资源与服务，促进教育、科技与经济的紧密结合。

国家－产业－高校协同创新可以分为战略协同、知识协同和组织协同。战略协同指的是国家、企业和大学以及科研机构在价值取向上能协同，对于相互之间的合作有着共同的愿景，并且在项目实际实施上对于风险和利益能够达成共识。知识协同指的是企业和大学及科研机构所拥有的隐性和显性知识相互渗透、转换和提升的过程，也是双方的知识信息相互沟通产生创新性知识的阶段。组织协同指的是承载协同创新的新型组织模式，如科学园、孵化器、合作研究中心等。不同于传统的、非正式的、个人的产学研合作方式，协同创新的组织模式能够为大型的、跨学科的、探索性的项目服务。

高校不仅要自身内部合作，而且要与科研院所、企业等外部合作，瞄准国家急需的战略性研究、科学技术尖端领域的前瞻性研究、涉及国计民生重大问题的公益性研究等领域的协同创新需求，启动从资源共享、项目深度合作，到建立协同创新战略联盟，或联合建立引导行业核心技术与关键技术研发的研究院。高校主导的外部协同创新，高校既是科技成果的创造者，又是科技成果转化给产业、转化为商品并实现产业化的创新者；既是研发主体，也参与产销。具体表现在：以高校为主体，以科技活动及其成果为主导，参与从基础研究到应用研究、开发研究、技术成果产品化、科技成果商品化，从产品设计到中试、投产，直到形成产业并占有市场的全过程。高校主导的外部协同创新典型实现形式有大学创办经济实体、共建大学科技园、联合培养人才等。

近年来，产业与高校的互动愈加频繁，高校的角色和作用愈显突出。三螺旋模型对理顺传统大学、产业和政府之间的关系，发展新型的协同创新系统具有重要的参考价值。我国高校肩负着数字人才培养和基础研究的双重创新重任，既需要按照学科前沿的指向为人才培养提供最前沿的知识传授功能，培养具有创新能力的工程科技人员，又需要开展数字经济的基础研究工作。在这一过程中，高校创新活动从最初的研究人员间项目合作到高校和企业科研团队间建立长期互动关系，发展为高校与产业建立产学战略联盟,乃至协同创新体系搭建,对高校的功能拓展和管理不断提出了新命题。象牙塔不是庇荫之地,高校传统角色的出离和面向创新的重构势不可挡。

国家数字经济发展的重要手段和战略选择已将高校、企业和国家之间的协同创新作为重点考虑对象。高等院校,尤其是研究型大学,是培养高层次的数字经济方面创新人才的重要基地,又是开展数字经济领域方面的研究和研发相关技术产品的重要基地,是国家创新战略体系的重要组成部分,也是我国实施自主创新战略的一支重要力量。

鉴于高校在湾区数字经济协同创新中的重要地位与作用,高校已经成为湾区数字经济创新体系的重要力量。我国开展了政府主导的,旨在促进高校间、高校和科研机构及企业间深度合作的协同创新计划,该计划以学科、科、研"三位一体"创新能力提升为核心任务,深化高校机制体制改革,转变高校创新方式,旨在突破高校内外部机制体制壁垒,促进高等教育与科技、经济、文化有机结合,建立协同创新的战略联盟,促进资源共享,联合开展重大科研项目攻关,在关键领域取得实质性成果。同时,该计划在政策支持上侧重于体制方面,如在高水平队伍组建、协同机制、学者流动机制、学生培养方式以及资源共享方式上提供支持,而非简单的经费支持(魏江等,2017)。

5. 创新的网络协同:网络系统理论

目前对创新的研究更侧重考察创新过程的非线性、复杂和模糊的方面,认为创新过程是一个涉及多参与者、多部门、多主体、多学科、多层次的协同系统,没有一个主体能独立完成较为复杂高级的创新过程。尤其在数字经济时代,大学、企业和政府联系日益紧密,在创新过程中发挥着各自的优势,互相联系、互相促进,日益构成一个有机完整的创新生态系统。在数字经济时代,创新系统出现以下三个特点:①科技正以前所未有的速度加快向前发展,新的技术、产品层出不穷,正极大地改变现有的市场结构和社会结构,这就需要我们积极系统考虑多学科、多部门的技术,从而适应数字经济时代的要求;②创新网络中各个主体分别有自己的创新动机与利益诉求,需要各主体间实现协同,达成创新目的;③创新系统本身具有多层次性,包括微观的企业创新系统、中观的产业创新系统、宏观的国家创新系统与区域创新系统,不同层次的创新系统会相互影响、相互作用,实现单一系统不能达到的创新效果。以上这些复杂的、非线性的、迭代的关系需要人们用系统的、协同的观点重新审视创新过程,深入剖析创新过程从无序到有序的内在规律和演进机制。

复杂系统科学经历了两个发展阶段,第一阶段是在20世纪前半叶发展形成的"老三论"(系统论、信息论和控制论);第二阶段是在20世纪后半叶发展形成的"新三论"(耗散结构论、协同学和突变论)。复杂系统理论的日益丰富,为人们更好地研究复杂系统,认识复杂系统内在的运行机理和内在规律提供了科学和理论上的依据。

国外学者已用复杂理论证明了创新主体间的交互关系对创新成功与否起决定作用。里克罗夫(Rycroft)和卡升(Kash)出版的《复杂性的挑战:21世纪的技术创新》,从技术、生产和组织三个方面分析了技术创新向复杂性的转变,认为在复杂环境中复杂技术创新的成功依赖于对组织网络的适应。富林肯(Frenken)发表的关于创新网络方面的研究成果,认为创新的成功依赖于生产者、用户和政府在网络中交互的能力。弗莱明(Fleming)和索伦森(Sorenson)通过专利数据的实证研究得出结论:个体间的相互依赖程度对技术发明的成功起决定作用。

国内学者将复杂系统理论引入创新研究,研究了大到产学研合作、创新集群,小到科研团队的创新过程、知识创新和转移机制。例如,叶伟巍等借鉴复杂系统理论中经典的"B–Z"反应模型探索了产学研协同创新的动态演进机制,发现企业吸收能力是我国创新系统主导产学研协同创新的主导因素。

8.3 数字时代的创新

8.3.1 数字时代中创新的规律

数字经济时代的创新是指以使用数字化的知识和信息作为关键生产要素、以现代信息网络作为重要载体、以信息通信技术的有效使用在以下5个方面取得突破:引入一种新产品、采用一种新的生产方法、开辟一个新的市场、获得一种新的原材料或半成品的供应来源、实现一种新的工业组织形式和管理模式(宋爽,2021)。具体而言,数字经济时代的创新具有以下特征:①它是凭借各种数字技术,应用各种数字化手段,以知识和信息作为最关键的要素而进行的创新活动,有别于传统经济下以各种机器设备为关键要素进行的创新;②它是科技含量更高、创造性更强的创新活动,相比传统经济中的创新,更注重产品的新颖性、独创性,科技含量更高;③它是对整个社会的经济生活产生全面影响的创新活动。数字经济时代,创新已不再是每个企业内部自己考虑的事情,而更强调高校、企业、政府、市场等多方面协同创新的活动,这样才能成功占领市场,支配未来的经济发展趋势。

AT&T、索尼、雅虎、诺基亚、摩托罗拉等独霸市场的龙头企业,现在都已衰败下去。导致其衰败的原因很多,其中最重要的一条就是,无视市场发展的趋势,无视技术创新的最新发展,故步自封,不肯投资在新产品、新工艺、新方法上面,不肯对组织、经营、销售等环节进行创新改造,从而在激烈的市场竞争中被打败。在数字经济时代,创新周期的加快,产品的生命周期缩短,技术变化速度加快,市场的竞争日趋激烈。市场地位固然可以提供一定的保障,但只有不断进行创新的企业才会在激烈的市场竞争中存活下来。

8.3.2 数字经济时代创新的特征

1. 创新主体多元化

国家创新系统理论有以下几个主要观点:①弗里曼把国家创新系统定义为"公共和私人部门中的机构网络,通过其活动和相互作用激发、引入、改变和扩散各种新技术"。纳尔逊把国家创新系统定义为"其相互作用决定着一国企业的新实绩的一整套制度"。可见,国家创新理论认为主要是国家在推动技术创新。②在整个国家创新系统中,国家的作用是提供一个国家层面的制度安排和体系设计,从而影响参与创新资源配置、创新活动开展、创新效率提升的众多创新主体,其中最主要的是企业和其他经济组织,并将整个国家的创新活动纳入国家的整体网络和运行机制中,推动整个国家的技术和科技的创新、发展、应用和扩展等。③国家创新系统是政府、企业、大学研究机构、中介机构等为寻求一系列共同的社会经济目标而建立起来的,将创新作为国家变革和发展的关键动力系统。④现代国家的创新系统在制度上相当复杂,既包括各种制度因素和技术行为因素,也包括致力于公共技术知识研究的大学和科研机构,以及政府部门中负责投资和规划等机构。⑤国家创新系统中的制度安排应当具有弹性,发展战略应该具有适应性和灵活性,这是因为科技创新、产品发明具有高度的不确定性,充满失败的风险,这就要求国家创新制度必须是柔性化管理,以应对各种突发事件。在数字经济时代,相比传统经济条件下的创新活动,数字经济时代的创新活动更是一个多方面主体参与的过程。

首先,物联网和互联网技术的融合发展拓展了经济系统内各类信息的传播范围,同时也扩大了创新资源配置的空间范围。数字经济时代,物联网和互联网技术的融合发展极大地扩充了物理空间与网络空间之间的映射关系,物理空间内实物型创新资源的获取一般会受到物理距离等库管因素的限制,如供应链对接服务、生产制造服务等一般要受到场地、物流成本、生产设备情况等多个因素的限制。而随着物联网和互联网技术的融合发展(特别是工业互联网、智能制造等领域相关技术和应用的成熟),不仅物理空间创新资源的对接和信息的获取(如代工企业和零部件厂商市场供求信息的获取）可以通过信息化的手段在网络空间实现，物联网技术和实物创新要素的融合还使资源配置在一定程度上突破了物理空间的限制，从而为跨区域的生产和协同创新提供了物质条件。同时，网络空间提供的服务类创新资源一般不受物理距离的限制。

其次，数字经济时代，大数据、云计算、人工智能技术的应用使网络空间的功能进一步拓展，实时在线且可交互的数据流和信息流使多元创新主体可以进行跨区域、跨领域的协同创新。在此条件下，企业不再是创新活动的唯一主体，政府、大学、科研院所、个人开发者甚至用户均可以通过网络空间参与整个创新过程，并推动整个创新生态系统的动态演化。

2. 高校 – 企业 – 政府的三螺旋创新

三螺旋创新理论突出了大学、产业和政府在创新过程中的主导作用，认为这三者不仅是创新的要素，更是创新活动的最重要的主体。这一理论日益成为指导数字经济时代创新的重要思想，数字经济创新的不断发展也不断验证和深化该理论。高校在数字经济创新中起着关键的作用。高校已上升为数字经济中主要的创新机构，它不仅是知识生产与转化的关键，还是知识空间、集聚空间和创新空间得以形成的关键。企业则是数字经济中创新理论转化成产品和效益的实践者，通过企业的具体生产和销售，创新产品得以被市场接受，被消费者使用，得到经济利益，从而推动创新活动的开展。企业是数字经济创新中的重要参与者和推动者。政府则在数字经济的创新中起主导作用，搭建数据中心、信息基础设施等，为发展数字经济提供必需的硬件基础设施；政府组建一个联系政产学研各方的创新开放平台，并利用数据的开放和创新资源的贡献来促进和推动创新创业主体与智能化需求所衍生的应用场景的结合。

3. 企业的核心能力体现在数字化创新能力

数字化创新造就企业核心能力。对互联网企业而言，最为关键的能力主要体现在两个方面：①能够和竞争对手实现差异化发展且无法被轻易模仿；②根据市场环境及消费需求的变化，灵活地对自身的产品、服务、商业模式等及时进行优化调整。而这两种能力都与企业的创新能力直接相关。

1990年，Prahalad和Hamel发表的《企业的核心能力》一文中提到的，能力理论的一个分支——核心能力（core competence）理论引起了理论界的重视，并得到了快速发展。Prahalad和Hamel认为，核心能力是指市场上一个企业拥有的不同于其他企业的资源、技术的协调组合。

例如，奇虎360作为国内最大的互联网安全服务供应商，其最为典型的技术创新就是将沿用多年的"黑名单"机制转变为"白名单"机制。"黑名单"机制对于更加复杂的网络环境，已经不再适用，形式各异的病毒及木马很难让杀毒软件检测出来。为了解决这一问题，360杀毒软件采用"白名单"机制，将经过安全认证的程序、文件等都放置在其云计算中心，监测系统只需要对电脑中的文件和存储与云计算中心的数据进行匹配，无法被识别的程序或文件将会被隔离起来，由用户进一步判断。此外，360还将传统杀毒引擎升级为人工智能引擎，充分借助大数据、云计算、人工智能及移动互联网技术。在PC端及移动端使用的安全软件也被360升级为云安全软件，并通过云计算中心的强大数据分析及处理能力，精准高效地完成以前需要客户端完成的工作。

阿里巴巴的淘宝、天猫所取得的巨大成功就是建立在技术创新的基础之上。为了带来更为安全、便捷的购物体验，阿里巴巴在搜索技术、云计算技术、大数据分析技术等方面投入大量资源，开发出阿里旺旺、菜鸟物流、支付宝等专业产品。目前在阿里巴巴的不断努力下，以前每逢"双11""双12"等重大电商交易日必定爆仓的问题得到了很好的解决。

小结

本章论述创新的基本理论和最新的发展，然后在此基础上论述了数字经济时代中的创新活动。

首先介绍了创新的基本理论，如马克思的创新理论，熊彼特的创新理论，然后重点介绍了创新理论的最新发展，如五阶段理论、国家创新系统理论、区域创新系统理论、产业创新理论、三螺旋理论、网络系统创新理论等。

在以上创新理论基础上，介绍了数字经济时代创新的含义、创新的规律、创新的新特征等内容。

思考题：

1. 马克思的创新理论对我们目前的数字经济仍有什么指导意义？
2. 熊彼特的创新理论是如何为后来的创新理论发展提供指导思想？
3. 借鉴三螺旋理论，结合具体的实例，分析数字经济中的创新活动。
4. 如何理解"数字经济中，企业必须不断创新，否则就会被淘汰"这句话？

参考文献

［1］魏江，吴伟，朱凌.协同创新：理论与探索［M］.杭州：浙江大学出版社，2017.
［2］清华大学技术创新研究中心.演化与创新经济学评论［M］.北京：科学出版社，2015.
［3］宋爽.数字经济概论［M］.天津：天津大学出版社，2021.
［4］易高峰.数字经济与创新管理实务［M］.北京：中国经济出版社，2018.
［5］赵立斌，张莉莉.数字经济概论［M］.北京：科学出版社，2020.

第 9 章

数字经济中组织模式的创新

> **学习目标**
> （1）了解传统组织管理理论。
> （2）掌握数字经济中组织模式的创新。
> （3）了解数字经济中组织模式今后的发展趋势。

9.1 传统组织模式概述

9.1.1 传统组织理论

企业组织理论是研究企业如何安排其组织结构、层次和职能等方面的理论。企业组织往往是指由两个以上的人组成的，为实现销售产品、获取利润、为客户提供产品，以一定的组织形式集合起来的人与人、人与物的联合体。企业组织是人类社会组织活动中的一种，随着人类社会分工日益复杂，组织种类愈加繁多，除了常见的企业组织形式之外，行政组织、文化教育组织等也是社会生活中重要的组织形式。下面简要介绍组织理论的发展，企业组织理论是其中主要的组成部分。

组织理论至今大体上经历了3个阶段。20世纪初期开始，组织理论开始发展起来，然后大致经历了传统组织理论、行为科学组织理论和系统管理理论三个阶段。传统组织理论盛行于20世纪10—30年代，创立者主要有提出官僚制度理论的M.韦伯，提出一般管理理论的H.法约尔，提出科学管理理论的F.W.泰勒。传统组织理论着重分析组织的结构和组织管理的一般原则，研究内容主要涉及组织的目标、分工、协调、权力关系、责任、组织效率、授权、管理幅度和层次、集权和分权等。此外，美国学者L.厄威克及时综合和传播了传统组织理论者的观点和主张，扩大了传统组织理论的影响。

30年代后产生了以人际关系为研究重点的组织理论，后来逐步发展成为行为科学组织理论。该理论的主要代表工作有美国学者梅奥等主持的霍桑实验,巴纳德的均衡理论,西蒙的行政决策理论,马斯洛的需求层次理论,麦克格雷戈的 X 理论、Y 理论,赫茨伯格的双因素理论等。上述理论一反传统组织理论的静态研究方法,着重研究人和组织活动过程,如群体和个体行为,人和组织的关系、沟通、参与、激励、领导艺术等。

系统管理理论是综合早期传统组织理论和行为科学组织理论的成果,并以系统观点来分析组织的一种理论。其特点在于把组织看成一个系统,从系统的互相作用和系统同环境的相互作用中考查组织的生存和发展。目的是通过研究寻求组织在这种互相作用中取得平衡的方法。美国行政学家巴纳德首先用封闭系统的观点来考虑组织;帕森斯、卡斯特、罗森茨韦克则把组织看成一个开放系统,即组织系统除了要维持本身的平衡外,还要维持与环境的平衡。60 年代后又出现了权变理论。这是一种反对一般管理原则,主张相机行事的理论,其代表人物有英国的伍德沃德,美国的劳伦斯、洛奇和菲德勒等。

组织理论的发展过程表明了管理思想的变化和研究方法的变化,即组织理论从刚开始对"事和物"等方面的重视逐步转向对"人"的重视,努力从单独考虑组织中涉及的人、事、物等单个因素向将组织作为一个有机整体,全面和系统地考虑多个因素之间的相互作用和相关影响关系,并日益从定性研究向定性与定量研究并重的方面转变。组织理论对人们认识组织活动规律、改进组织结构、提升组织效率等方面具有重要的理论指导意义。

9.1.2 传统组织结构

传统企业往往有以下三种主要的组织结构。

1. 直线职能型组织结构

这是指在各级生产行政领导下设置相应的管理职能部门,企业组织架构呈现直线的特点。各个职能部门分别从事专门的职能管理和生产工作,生产行政领导者对各个职能部门直接下达生产计划、工作方案、销售安排等有关指令。该组织结构有助于发挥职能部门的专业管理的特长,提高企业的经营效益。

2. 事业部制组织结构

在这种组织结构中,企业设立各个事业部。事业部是企业根据产品、地区和市场、客户等情况划分的,统一进行产品设计、研发、采购、生产、销售的相对独立核算、自负盈亏的经营单位。事业部受企业管理层直接管辖,具有独立的利润核算和生产的功能，有自己的产品生产、销售和服务单位，有自己独立的客户和市场。该组织结构有利于企业灵活应对市场的变化需求，有助于企业的管理者和经营者对企业整体发展做规划，调动各个事业部的生产销售的积极性。

3. 矩阵制组织结构

企业把按职能划分的部门和按产品、服务、客户划分的小组组合成一个矩阵，同一成员既能与职能部门保持联系又可以和各产品或项目小组进行工作上的合作。该组织结构有助于加强企业内部的横向和纵向联系，加强各个职能部门直接的相互协调和合作，提高企业员工的积极性，从而提高企业的效率。

9.2 数字经济中组织模式的创新

9.2.1 数字经济时代对企业组织结构的新要求

数字经济时代，企业管理的计划、组织、领导与控制等环节都会受到影响，所以数字经济下企业管理理论与传统经济下有很大的不同。首先，传统管理理论强调的是企业之间的竞争，企业和企业之间是一场零和博弈，一方的盈利就是另一方的损失。但数字经济条件下，尤其是数字经济中出现的新型经济模式——平台经济体，为企业之间提供了协同合作、互惠互助、共同创造价值的机会。平台经济体是一个由数字技术驱动，高度协同的各个企业所共同组成的开发、共享、互惠互利的经济生态系统，这就导致企业的经营思想与管理理念开始从单纯强调竞争向协同管理转变。其次，由于数字技术下信息的获取极其便利，不再需要更多的中间层级，企业组织结构从等级严明的科层级管理向松散的网络化管理转变，沟通渠道也更加顺畅，企业高管可以随时直接与普通员工对话。最后，传统经济中，产品的营销需要经过层层中间商，层层流通才能到达消费者手中，而在数字经济中，大数据、人工智能等的发展，帮助企业精准对客户进行画像，准确预测客户的需求，从而可以和客户直接就产品的方方面面进行沟通和协商，这带来了产品营销管理的根本转变（赵立斌、张莉莉，2020）。

数字经济对企业组织结构提出以下几个方面的要求。

1. 扁平化

传统的企业组织形式呈现出金字塔式的层次结构，这是为了适应工业经济中的生产经营要求而产生的结构。工业经济中，着重的是对物和资金的使用，为此金字塔的组织结构能保证企业层次分明，分工明确，管理严格。但在数字经济条件下，这种组织形式的弊端开始显现，比如管理部门较多导致政出多门，让被管理者无所适从；管理人员过多，机构臃肿，出了问题互相推诿，企业内部的信息资源流动受阻，越来越不能适应数字经济时代对企业灵活、迅速、智能等方面的要求。企业的组织结构出现扁平化的趋势，通过对扁平化的改造，企业删除了多余的管理层次和管理流程，加快了信息和指令的流通，加强了行政管理的力度，提高了整个企业对市场和客户的反应速度，提升了企业的管理和经营效率。

2. 网络化

数字经济时代，企业组织开始向网络化、平台化发展。网络化的组织目前有较多的定义，一个比较被大家认可的是：网络组织是由多个独立的个人、企业和部门为了共同的任务而结成的联合体。它的运行不是采用传统的层级控制，而是各个成员根据自己的任务和职责进行多边联系，通过交互式的协作完成企业的目标。网络化的一个特点就是个人、部门、企业都可以成为网络中的一个节点，节点与节点之间互相独立又互相联系，可以根据任务和项目自由组合，灵活性、便捷性很强。

3. 组织决策的分散化

传统的组织结构中，企业行政领导层具有最高的决策和管理权，这就容易出现权力过分集中、个人主义、官僚主义、办事效率低下等问题。数字经济中，借助各种数字技术，企业的组织形式正由只有一个决策中心的管理模式向存在分散的多个决策中心的组织模式转变，企业的决策权向基层实践部门和组织下放。这样就改变了传统权力过于集中带来的弊端，调动了基层部门和组织的生产经营的积极性，更好地适应市场，更好地为客户服务。

9.2.2 数字经济中组织模式的新特征

传统工业时代，企业的组织模式创新活动主要以企业内部为主体，创新活动的开展往往集中在企业内部进行。数字经济时代，新的技术范式推动着企业组织模式创新的变革与升级。随着大数据、云计算、人工智能技术的发展和应用，网络空间和物理空间的融合，企业组织模式创新有了新的发展思路，创新范式也在从机械式的创新体系向有机式的创新生态系统演变。以数字经济时代出现的新型创新生态系统为基础，数字经济条件下的企业组织模式正在向网络化、平台化、生态化等方向演进，其创新过程亦呈现出与传统经济条件下不同的特征。本节对数字经济中的组织模式出现的新特征做一介绍。

1. 数字经济时代创新组织的平台化

平台经济是数字经济时代最主要的组织形式。企业大体上可划分为两类，一类是传统的专门公司，另一类就是在数字经济中发展壮大的平台公司。据统计，全球100强公司中70%为平台公司，其价值超过总量的80%。平台公司可分为企业平台、行业平台、生态平台三大类。企业平台是供应链管理平台，主要是为了解决传统企业供应链中出现的两大问题：①确保供应链涉及的企业单位之间在产品质量、价格、交货时间等方面的准确无误；②为供应链上的所有成员服务，降低供应链涉及的成本，提高供应链的效率。行业平台是指为整个行业服务的平台，其服务对象是整个行业中的供应方、需求方、合作方等，其服务内容是提供行业产业发展需要的基本服务和专业服务等。生态平台是平台企业发展的高级模式（钱志新，2018）。

2. 数字经济时代创新组织的生态性

生态化的平台是指平台演变成一个具有共生优势、协同优势、创新型、自我进化、自我发展的生态系统。Gordon Moore 在对英特尔和苹果等公司商业生态系统的研究中指出，商业生态系统中各企业围绕创新发挥协同作用，在相互的竞争与合作中开发新产品，从而满足客户的异质性需求，并最终融入下一轮创新。Gordon Moore 认为商业生态系统由个人、组织、政府、商业规则、客户、竞争对手、媒体等各部分组成，生态系统领导者的职能是使生态系统成员相互支持与协作，从而达成共同的目标。

在数字经济时代，基于数据生态的互联网平台企业成了数字经济发展中创新活动的主导者和引领者。一方面，互联网平台企业向数据和创新服务等方向转型，凭借其在整合资源、产品研发、金融服务等方面的优势，为平台上的企业提供更好的发展生态环境；另一方面，互联网平台以"平台+赋能+开发者"的模式不断拓展其商业生态，为平台中的企业的组织、生产、经营、销售等方面的创新提供更好的条件和环境（钱志新，2018；赵立斌、张莉莉，2020）。

3. 数字经济时代创新组织的协同性

协同创新理论对数字经济具有重要的指导意义。目前对创新的研究更侧重考察创新过程的非线性、复杂和模糊的方面，认为创新过程是一个涉及多参与者、多部门、多主体、多学科、多层次的协同系统，没有一个主体能独立完成较为复杂高级的创新过程。在数字经济时代，大学、企业和政府联系日益紧密，在创新过程中发挥着各自的优势，互相联系、互相促进，日益构成一个有机完整的创新生态系统。在数字经济时代，创新系统出现以下三个特点：①科技正以前所未有的速度加快向前发展，各自新的技术、产品日新月异，正极大地改变现有的市场结构和社会结构，需要积极系统考虑多学科、多部门的技术，从而适应数字经济时代的要求；②创新网络中各个主体分别有自己的创新动机与利益诉求，需要各主体间实现协同，达成创新目的；③创新系统本身具有多层次性，包括微观的企业创新系统、中观的产业创新系统、宏观的国家创新系统与区域创新系统，不同层次的创新系统会相互影响、相互作用，实现单一系统不能达到的创新效果。以上这些复杂的、非线性的、迭代的关系需要人们用系统的、协同的观点重新审视创新过程，深入剖析创新过程从无序到有序的内在规律和演进机制。

数字经济条件下，各种先进的数字技术为企业组织模式创新的发展提供了新的途径和思路。大数据通过联结虚拟世界与现实世界、匹配历史数据与即时数据、刻画真实情景与行为规律，使得对消费者与生产者需求偏好的"精准预测"成为可能，企业的生产越来越定制化、个性化、柔性化、精准化，企业和客户已密切参与到产品设计、研发中，这就使得企业逐步抛弃传统僵硬的金字塔式的管理组织模式，根据新的生产流程来重新改造企业的组织架构，尤其是注重协同创新对企业组织架构改造中的指导意义，使新的架构体系能广泛调动客户和消费者的参与性，与其他创新主体的互动，从而推动企业组织结构协同创新的不断发展，创造更大更好的价值。

4. 数字经济时代创新组织的包容性

包容性创新是企业面向金字塔底层（bottom of the pyramid，简称 BOP）市场进行多元价值创造的全新创新形态，在创造经济财富的同时也通过为穷人提供平等参与市场的机会而缓解与降低贫困，体现了创新能促进商业与社会相容性发展的最新理念。数字经济条件下，随着创新主体的多元化与创新组织的网络化，创新过程将更多地依赖多元创新主体的互动与协作。一方面，网络化的组织方式为 BOP 群体提供更多参与创新活动的机会；另一方面，创新生态系统中，网络化的资源配置和广泛的技术赋能，可以更高效地满足 BOP 群体的技术需求，从而为跨越"数字鸿沟"和实现包容性创新奠定基础。

在数字经济条件下，随着网络空间的拓展和网络化的创新资源配置方式的普及，大数据、云计算、人工智能等信息技术逐渐演变为通用性技术，BOP 群体可以更低的成本获取这些技术，并利用其进行新产品的开发。同时，随着互联网平台企业的兴起和其商业生态系统的拓展，平台企业开始着手建立以自身为核心的开放式技术平台。通过技术研发和软件的模块化，开放式技术平台极大地提升了大数据、云计算、人工智能等新技术的易用性和可操作性，其"平台+赋能+开发者"新模式亦为 BOP 群体参与创新过程提供了强力支撑。以阿里巴巴为例，通过淘宝、阿里云等数字化平台的支撑，阿里巴巴在拓展其商业生态系统的同时，支持了大规模的草根创新创业活动（赵立斌、张莉莉，2020）。

9.3 案例分析

下面通过谷歌通过世界级平台为用户创造价值的案例来说明数字经济中企业组织模式的创新。

1. 谷歌的基本情况

在强手林立的互联网企业中，谷歌因其特别的成功和特别的创新而引人注目。自微软以来还没有哪个公司能在这么短的时间里取得这么大的成功（Iyer，Davenport，2008）。谷歌公司成立于1998年9月，是一个跨国互联网服务企业，总部位于美国加利福尼亚州。谷歌的诞生源于一个学术项目，项目负责人Larry Page是斯坦福大学计算机专业的研究生，研究网络的数学特征，他想找出网络中相互连接的各个部分。后来，Sergey Brin加入进来。1996年，他们开发了一种基于PageRank算法的网页搜索引擎——BackRub程序，它可以搜集整个网络上的数据，并根据链接来确定各个网页的重要性从而进行排序。BackRub获得了巨大的成功。1997年，他们决定将BackRub搜索引擎重新命名为谷歌，试图整合无穷无尽的网络信息并帮助人们找到最确切的问题答案。

现在，谷歌已经演变成一个以搜索引擎为核心的软件平台，控制了大量网络服务器。谷歌提供众多桌面、移动和在线产品，还包括广告服务、交流和发布工具、开发和统计工具及与地图有关的产品。谷歌也生产移动操作系统Android、Chrome OSAGoogle TV及桌面和移动应用程序。最近，谷歌还开发了一些硬件产品，从移动设备Nexus系列到可穿戴的Google眼镜和无人驾驶汽车。由于规模巨大，谷歌还提供一种危机响应服务，即覆盖灾害、骚乱和紧急事件及灾害发生时的开源失踪人员探测器。

谷歌的使命是"整合全球信息，使人人皆可访问并从中受益"。谷歌制定的十大信条体现了它的使命和业务范围：以用户为中心，其他一切水到渠成；专心将一件事做到极致；越快越好；网络也讲民主；信息需求无处不在；赚钱不必作恶；信息无极限；信息需求无国界；认真不在着装；追求无止境。虽然谷歌是一家相对年轻的公司，但其能量不容小觑。它在很多方面已经向世界一流企业（如微软、苹果、三星等）发出了挑战。在一定程度上，谷歌已经改写了商业规则并创新了我们的文化。

2. 谷歌搜索引擎的市场份额

搜索是谷歌的核心业务。从全球范围来看，不管在桌面电脑还是在移动/平板设备上，谷歌搜索引擎的市场份额都遥遥领先。以 2013 年 12 月为例，谷歌在全球桌面电脑搜索引擎的市场份额达 68.10%，大大领先于排名第 2 至第 4 位的百度（18.84%）、Yahoo!（6.40%）和 Bing（5.59%）。而且，在过去的两年中，谷歌全球桌面市场份额一直保持在 70%～80%。在移动/平板设备的搜索引擎市场份额上，谷歌高达 90%。

在中国市场上，各主要搜索引擎整体网民渗透率如图 9-1 所示。受多种因素影响，谷歌搜索引擎整体网民渗透率只有 37.3%，远低于排名第一的百度搜索引擎，但仍然相当高。百度可能得益于谷歌于 2010 年 3 月退出中国大陆市场，其国际化/全球化程度不高，目前仅在中国和日本开展业务。在全球市场上，特别是在英文搜索方面，谷歌搜索引擎处于绝对领先的地位，至少在短期内还没有哪个搜索引擎能与之抗衡。而且，谷歌搜索引擎所采用的商业模式也是其他搜索引擎企业争相模仿的范本。谷歌是这个行业的标杆。

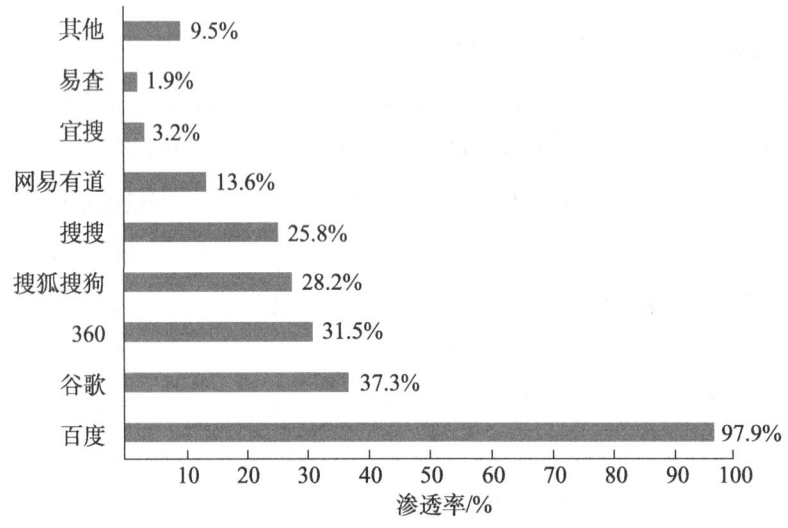

图 9-1　2013 年中国市场主要搜索引擎整体网民渗透率
资料来源：中国互联网络信息中心.2013 年中国网民搜索行为研究报告［R/OL］.（2013-8-20）［2016-10-02］.http://www.cnnic.cn/hlw-£zyj/hlwxzbg/ssbg/201308/t20130820-41306.htm.

3. 谷歌平台的基础架构

除了信息技术方面的创新,谷歌的成功在很大程度上与其构建的世界级平台有关。谷歌花巨资创建了一个基于互联网的操作平台并开发了相应的专有技术。通过这个平台，谷歌提供实验研究、即兴创作、分析型决策、参与式产品开发和其他非凡的创新形式。这个平台不仅能够确保公司达到规定的服务水准和亚秒级反应时间，还使得公司能够迅速开发并推广它自己或合作伙伴发明的新服务。谷歌平台的基础架构有以下三个主要特性。

（1）可扩展性。谷歌构建的这个平台能够支持新兴的、不断成长的在线服务。据报道，谷歌的网络基础架构包含大约100万台计算机，它们运行开源定制的Linux操作系统，使得新的计算机簇可以插入并进行全球化组织，从而可以立即投入使用。另外，这个基础架构是按比例创建的。如果谷歌需要更多的数据，通过这个专有操作系统可以轻而易举地进行添加。谷歌俨然是一个世界级的"信息工厂"。

（2）较快的产品开发周期。谷歌的基础架构有助于快速有效地执行整个产品开发过程。谷歌的研发人员在谷歌平台上推出各种新的应用程序原型，如果得到用户关注就推出。例如公测版，以便观察被吸引的用户反应是否热烈。在这个过程中，谷歌形成了与顾客的独特关系：随着新产品的定型和成长，顾客实际上成了开发团队的一部分，从而加快了新产品的开发。

（3）支持第三方开发各种应用程序。谷歌专有的基础架构提供了一个更加有效和易得的选择，它能确保更好的用户体验和更高的服务质量。谷歌的基础架构作为一个创新中心，第三方可以分享接入，创造新的、体现谷歌功能要素的应用程序，并与数以亿计的最终用户进行互动。第三方正是通过这种方式利用谷歌的基础架构来创建混搭应用程序。这种模式的好处是：可为反复改进或增加谷歌产品的特色提供持续的反馈；同时，由于最终用户通过条目进行搜索流露了他们的兴趣爱好，谷歌的广告客户就能够把广告信息有针对性地放在相关顾客的面前从而达到广告效果。

总之，谷歌公司、第三方开发者、广告客户、商业用户和个人用户之间充满活力的互动形成了基于谷歌平台的商业生态系统，如图9-2所示。可以看出，谷歌公司创造并运作了一个双边或多边市场。在这个市场中，每天数以亿计的访客吸引了其他用户的参与和关注，最终，他们相互吸引并互利互惠。

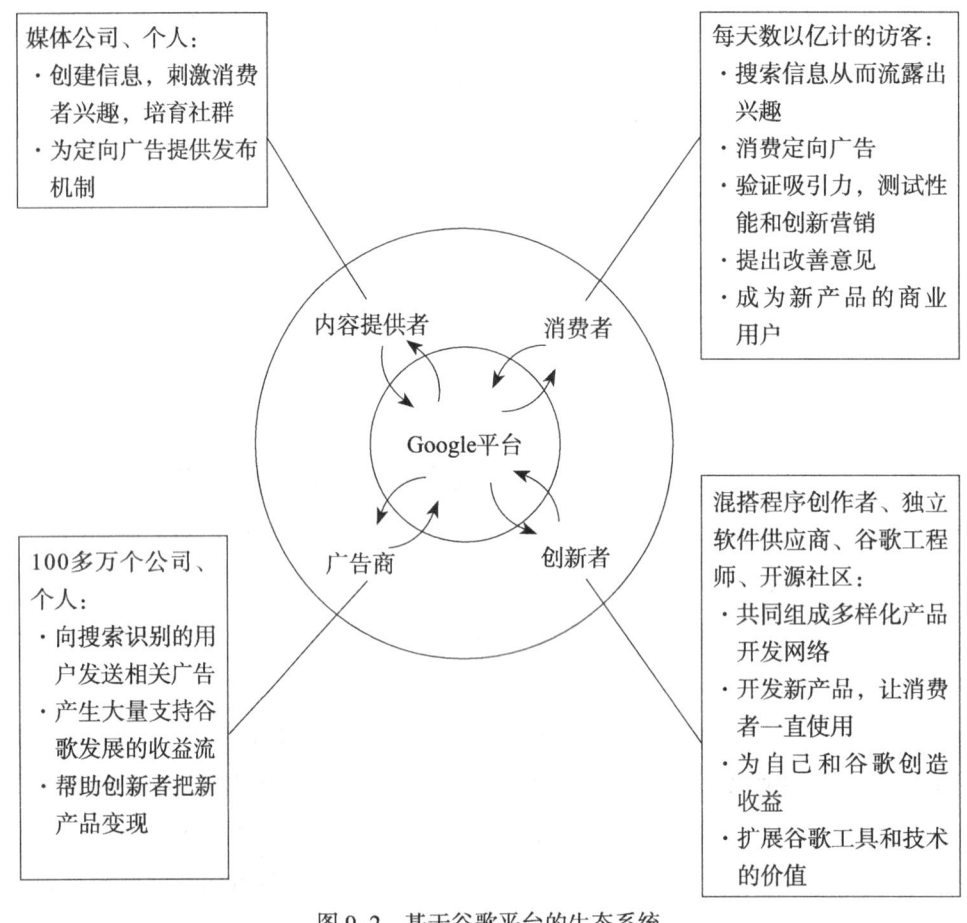

图 9-2 基于谷歌平台的生态系统

资料来源：Iyer 和 Davenport（2008）

4. 谷歌平台的价值主张

谷歌平台具有优异的用户价值。一方面，它帮助个人用户尽可能轻松地找到所需信息及完成所需操作。谷歌的联合创始人兼首席执行官 Larry Page 曾将"完美的搜索引擎"定义为"确解用户之意，切返用户之需"，即使现在谷歌提供的产品已不再局限于搜索，它仍然秉持这种理念。谷歌使用的所有技术，如搜索引擎、Chrome 浏览器、Gmail、Android 系统，其宗旨都在于能够让人们更轻松、更快捷地在线完成想做的事。

目前，谷歌为个人用户提供 8 类业务，如表 9-1 所示。

表9-1 谷歌的个人用户业务

类别	内容
网络	Google网页搜索、265导航、Google Chrome浏览器、工具栏
移动	通过手机使用Google产品，包括移动搜索、Google手机地图等
媒体	YouTube、Google图片搜索、视频搜索、Google图书、新闻、Picasa
地理	地图、Panoramio
专业搜索	博客搜索、Google财经、Google快讯、Google购物、Google学术
家用与办公	Gmail、Google协作平台、Google翻译、Google Keep、Google文档、Google日历、Google云打印
社交	Blogger、Hangouts、网上论坛
创新	开放Google代码，为开发者提供工具、API和相关资源

资料来源：http://www.google.com.hk/inti/zh—CN/about/

值得强调的是，谷歌还通过APIs向应用程序开发者提供技术服务。目前，谷歌主要提供四套API。其中，Web API为开发者提供接入谷歌搜索引擎的通路以便他们开发的程序能够从网站提取信息，如定期发出升级某个主题的搜索请求。AdWords API允许开发者编写与谷歌AdWords服务器互动的程序，从而帮助广告用户管理搜索页面上显示的赞助商链接。DesktopAPI涉及一种谷歌已经使其对本地使用而言可得的搜索引擎程序，开发者通过它们可以编写在个人或企业电脑上使用这种搜索能力的应用程序。Map API能够让开发者应用谷歌的地图服务编写应用程序以便人们找到某个位置，因为谷歌已经建立了一个世界地图和卫星图像的数据库。

另一方面，谷歌能够帮助众多商业用户在网络内外取得成功。为此，谷歌提供各种相应的工具，这些计划是谷歌自身业务的支柱，同时也让世界各地的企业家和发布者能够增加他们的业务。例如，谷歌的营销计划（小到简单的文字广告，大到丰富的媒体广告）能够帮助商家寻找客户，并帮助发布者使用他们的内容来获利。谷歌还为商家提供云计算工具，帮助他们节省资金、增加成效。

目前，谷歌为商业用户提供的业务有四类，如表9-2所示。

表9-2 Google的商业用户业务

类别	内容
在线宣传	通过Google+信息页，可为企业提供一个网上家园，让企业与广大客户建立紧密的联系

类型	内容
广告投放	Google AdWords可以帮助企业发掘潜在的新客户
工作改善	Gmail，Google日历、云端硬盘、Google文档、电子表格、幻灯片等Google应用程序可以帮助企业提高工作效率。目前，已有500万家企业使用Google应用程序
网站优化	Google Analytics可以帮助企业深入了解自己的网站，让企业不断改善，并为访问者带来更好的使用体验

资料来源：http://www.google.com.hk/inti/zh-CN/about/

总之，在纯技术层面，谷歌平台让相应的软件产业获得了巨大的规模经济：向应用程序开发者、硬件制造者和内容提供者提供他们所需要的服务；谷歌平台使得这个生态系统能够避免巨大的重复建设。在商业层面，谷歌平台形成了一个生态系统，通过不同用户群体之间的互惠共生关系来创造价值。毫无疑问，谷歌平台是这个系统的"拱心石"，它能够掌控平台上发生的一切，而这种能量来自平台的基础架构和专有技术。

5. 基于"免费"的"最大化战略"

令人惊奇的是，谷歌为各类用户提供的产品或服务大多是免费的，仅有少数产品收取很低的费用。谷歌堪称史上最大的免费公司（Anderson，2009）。谷歌为什么要采取免费策略呢？因为它相信免费是获得最大可能的市场并实现大规模采用的最佳方法，也就是说，免费有助于召集最大规模的双边或多边用户。谷歌公司的CEO Schmidt称之为"最大化战略"，而且他认为这样的战略将定义信息市场——初次生产成本较高，边际生产和分销成本几乎为零，从而可能实现免费。

由上可知，为了贯彻基于"免费"的"最大化战略"，谷歌至少做了三件事。

（1）花巨资创建谷歌平台，从而为各类用户提供互动的场所。通过这个平台，谷歌不但能够控制生态系统的发展和相关战略的设计与演化，还能够获得系统创造的大部分价值。

（2）开发大量与核心业务（即各类搜索业务）互补的产品并把它们打包提供给用户，从而增加用户对谷歌平台的依赖性。对谷歌而言，基于互联网的任何东西都是其核心业务的互补品。因此，绝大部分谷歌员工当前都忙于开发各种基于互联网的新产品以增加用户流量、黏性和忠诚度。

（3）通过免费或低费用形式吸引尽可能庞大的用户群体参与平台。使用互联网的人越多，对谷歌的核心业务就越有好处。如果谷歌通过免费战略能够鼓励人们在线花费更多的时间，最终它就有可能赚得更多。在庞大的双边或多边用户群体中，只要有一小部分用户（绝对数量可能很大）最终能够购买谷歌的收费业务，免费战略就可能成功。

事实上,"免费"的本质是"交叉补贴"。通过上述方式,谷歌试图在不同的用户、不同的产品、不同的市场、不同的消费时期之间进行交叉补贴。

6. 谷歌平台的收益

最初,谷歌公司试图将搜索技术销售给建立在搜索基础上的互联网企业,但是遭到了回绝。后来,谷歌通过向其他公司(如 Netscape 和 Yahoo!)授权使用搜索引擎获得部分收益。最终,谷歌转向了广告业务——向企业用户提供广告服务以获得收益,这也是绝大多数具有搜索功能的网站(如百度)的赢利模式。在这个意义上,可以将谷歌看作是由广告收益资助的信息平台,它与其他受广告支持的传统媒体和新兴媒体进行竞争,它们都是连接广告用户和最终用户的双边或多边平台。

Google AdWords 是其产生收益的主要业务:事先由广告用户制作广告并选择关键字,当其他用户使用该关键字在 Google 上进行搜索时,该广告就会展示在搜索结果的旁边。但是,只有当有人点击该广告(而不是广告得到展示)时,广告用户才需要支付费用。而且,广告用户可以选择使用 AdWords 费用套餐:50 元的每日预算或 0.1 元的最高每次点击费用。使用该业务要求用户进行注册,并且所有业务都要由谷歌来处理。通过这种方式,Google AdWords 可以精确覆盖目标,为广告用户提供更全面的控制权和可衡量的回报。

基于谷歌平台的广告业务消除了传统广告中两种主要的无效率现象:一是广告不能吸引对产品不感兴趣的消费者,从而对广告客户造成浪费;二是消费者可能接触到对他们毫无用处的广告,这也会造成浪费。谷歌平台提供的广告服务完全杜绝了这两种无效现象,而且提供了一种全新的互联网体验。

谷歌通过 API 来平衡相关各方的利益。例如,向接入其搜索引擎和数据库的开发者收取一定的费用;增加了相关站点的流量从而获得流量收益;向其他关联站点输出它的付费广告服务。一方面,由于每笔交易/互动都要通过谷歌平台及其接口,谷歌能够借助其专有技术获得有关交易/互动的全部信息;另一方面,谷歌是所有原始收益流的中心,掌握大量财务信息并由它来分配和平衡各方利益。

小结

本章介绍了数字经济中的企业组织模式的创新。首先介绍了传统的企业组织理论,然后是 3 种传统的企业组织模式。

接下来分析了数字经济对企业组织模式的冲击，比如扁平化、网络化等，然后介绍了数字经济中企业组织模式的新特征，如平台化、生态性、包容性等。

最后结合具体的案例，详细介绍了数字经济中企业组织模式如何做了相应的创新。

思考题：

1. 如何理解传统的组织模式理论和实际情况。
2. 传统的企业组织结构在数字经济中出现了哪些弊端？
3. 如何理解数字经济对企业组织模式的新冲击。
4. 如何理解数字经济中企业组织模式出现的新特征。
5. 结合具体案例，说明为了适应数字经济的要求，企业的组织模式做了哪些改进。

参考文献

[1] 麻元元，秦成德，刘杨林.网络经济学基础［M］.北京：清华大学出版社，2008.
[2] 钱志新.数字新经济［M］.南京：南京大学出版社，2018.
[3] 马化腾，孟昭莉，闫德利，等.数字经济［M］.北京：中信出版集团，2017.
[4] 宋爽.数字经济概论［M］.天津：天津大学出版社，2021.
[5] 刘培刚，等.网络经济学［M］.上海：华东理工大学出版社，2014.
[6] 汤潇洒.数字经济［M］.北京：人民邮电出版社，2019.
[7] 马文炎.数字经济2.0［M］.北京：民主与建设出版社，2017.
[8] 熙代.区块链经济学［M］.北京：机械工业出版社，2019.
[9] 管同伟.金融科技概论［M］.北京：中国金融出版社，2020.
[10] 王佑强，涂晶.区块链改变未来［M］.北京：人民日报出版社，2020.
[11] 凌发明.区块链：开创新商业时代［M］.北京：北京工业大学出版社，2019.
[12] 陈应龙.双边市场中平台企业的商业模式研究［M］.杭州：浙江大学出版社，2016.
[13] 赵立斌，张莉莉.数字经济概论［M］.北京：科学出版社，2020.

第 10 章

数字经济中商业模式的创新

学习目标

（1）了解商业模式概念。
（2）掌握数字经济中主要的商业模式创新。
（3）了解数字经济中商业模式今后发展趋势。

10.1 数字经济中的商业模式

10.1.1 商业模式概述

商业模式一词最早出现在 20 世纪 50 年代，而商业模式引起研究人员的重视并逐步发展成一门独立的研究学科却是 20 世纪 90 年代以后。商业模式目前仍未有一个被企业界和学术界公认的定义，其概念内涵和外延仍存在多种解释。宋爽（2021）认为，商业模式是指企业创造利润的逻辑范式，即企业在一定的价值链或价值网络中如何向客户提供产品和服务，并获取利润。商业模式创新是改变企业价值创造的基本逻辑，既可能包括多个商业模式构成要素的变化，也可能包括要素间关系或动力机制的变化。李静等（2020）则认为，商业模式是对企业的基本经营方法的总结，也是企业获取核心竞争力的关键。商业模式是一种描述企业如何通过对经济逻辑、运营结构和战略方向等具有内部关联性的变量进行定位和整合的概念性工具，用来阐明某个特定实体的商业逻辑。它描述了公司所能为客户提供的价值以及公司的内部结构、合作伙伴网络和关系资本等用以实现这一价值并产生可持续盈利收入的要素。

10.1.2 数字经济对商业模式的冲击

数字经济时代，各种新的数字技术的广泛使用，给社会的方方面面带来了深远的影响，企业的传统商业模式也受到了极大的冲击，企业纷纷对商业模式进行创新，以适应数字经济时代的要求。

数字经济对传统商业模式的冲击体现在以下几个方面：

（1）传统商业模式的供给层面受到冲击。传统商业模式中生产商不直接面对消费者，而是各种中间商、批发商和零售商，所以传统商业中生产商的生产活动具有批量化、标准化的特点，产品从生产到达消费者手里有一定的时滞。而数字经济中，利用大数据、云计算、人工智能、物联网等网络技术，生产日益柔性化、定制化、个性化，消费者和生产者可以面对面就产品的设计和生产销售整个过程进行交流，这就导致传统的供给层面的商业模式必须要改变。

（2）传统商业模式的需求层面受到冲击。传统商业模式中消费者往往是被动地选择商品，自己对商品的特殊需求和个性化要求往往无法满足。数字经济时代，借助大数据、人工智能等技术，企业能够实现精准营销和个性化服务，根据每个消费者的特定需求而提供相关的产品和服务，从而在数字经济时代中，传统的消费者被动接受商品，没有太多选择余地的商业模式也受到了较大的冲击。

10.1.3 数字经济对传统商业模式的改造

数字经济对传统商业模式的冲击和改造是目前研究中非常活跃的一个领域，下面我们引用相关的研究，对这一问题做些论述。

（1）数字化技术重新定义了企业的价值链。数字经济将线上的虚拟经济与线下的实体经济有机融合重塑价值链，成为商业模式创新的方向之一。数字化技术使得企业和客户的关系升级成为"服务关系"。产品本身只是价值链条上的一环，所创造的利润远不如后续深度服务创造的利润。如现在的"软件服务"和"服务器租赁"，产品购入价格很低，甚至免费，但后续使用的技术支持费用极高。企业的利润不仅源自产品，更源自对消费者数据的进一步加工利用。

（2）无人商店、虚拟仓库等新的商业模式出现，对传统的实体商店、实体经济模式产生大的改造。随着大数据、人工智能、移动支付等技术日渐成熟，电子商务"新物种"层出不穷，生鲜电商、无人零售、社交电商、优品电商等新模式、新业态快速发展。就生鲜电商来看，2017年我国生鲜电商市场交易规模为1391.3亿元，同比增长597%，共有752家新企业成立，其中350家获得融资，占比达46.5%；新兴业态涵盖生鲜配送平台、生鲜超市＋餐饮、社区生鲜便利店等多种形式。就无人零售领域来看，猩便利、盒马鲜生、淘咖啡、缤果盒子、EATOWN、24爱购、Take Go等无人货架、无人便利店层出不穷。

（3）企业的数据变现日益成为数字经济中的主要盈利模式。在数字经济中数据成为最主要的生产要素和盈利主要来源，使得借助大数据、云计算、人工智能等数字技术对数据进行分析，挖掘出其中蕴含的巨大商业和经济价值具有重要意义，也日益成为企业盈利的主要手段。

10.2 数字经济中的主要商业模式创新

10.2.1 O2O 模式

O2O 模式（online to offline），是线上和线下融合模式，即不仅包括线上到线下、也包括线下到线上模式，是一种将线上和线下两种模式有机结合起来的新型商业模式。O2O 模式经历了这样一个发展过程：最开始是线上和线下初步对接，如美团的线上网购和销售，平台和客户的互动较少，交易结束后平台和客户的联系就基本结束。后来出现了服务型电商模式，即通过线上支付商品和服务，再到线下实体商店去收取商品和获得服务，这样就提升了用户的满意度，平台和客户之间的联系更为紧密，使得线上和线下加深融合，出现线下实体和线上虚拟店协同发展的趋势。例如，阿里巴巴提出的"新零售"，京东提出的"零售革命"，其本质都是线上线下的融合、实体虚拟的协同。阿里巴巴的成功是依靠 B2B 和 B2C 模式获得的，但这并不代表电商将来可以完全取代实体市场。随着移动互联网时代的发展，阿里巴巴各大产业逐渐从线上向线下拓展。以往的电商是将传统实体市场拉上线，在线上获得更大的利润；而数字时代中电商模式不是线上取代线下，而是线上线下的深度结合。O2O 模式恰恰是符合这一市场特点的商业模式。

O2O 模式将成为未来移动互联网的主要商业模式。O2O 模式将线上和线下有机融合起来，构建了一个更为庞大的商业环境生态发展圈，未来的发展潜力非常巨大。

（1）O2O 与 LBS 的结合。基于位置的服务（location based services，LBS），是利用各类型的定位技术来获取定位设备当前的所在位置，通过移动互联网向定位设备提供信息资源和基础服务。当前移动互联网市场中与 O2O 模式结合最密切的模式当属 LBS，导航、地图等移动终端软件都是基于 LBS 模式之上开发的。O2O 模式盈利方式之一就是抓紧用户的零散消费，而这一特点就是利用 LBS 体现的。

（2）O2O 双线模式。所谓双线模式就是指综合利用 O2O 线下线上的销售优势进行统筹创新的新模式。现在很多企业都在做这种电商模式，线上有自己的销售渠道，线下也有自己的品牌代理。这种将实体店与网店有机结合的方式被称为当代的双线O2O模式。具体包括以下四种模式。

①先线上后线下模式。所谓先线上后线下模式，就是企业先搭建起一个线上平台，例如江湖科技作为业内知名的O2O系统开发商，以这个平台为依托和入口，将线下商业流导入线上进行营销和交易，同时，用户借此又到线下享受相应的服务体验。这个平台是O2O运转的基础，应具有强大的资源流转化能力和促使其线上线下互动的能力。在现实中，很多本土生活服务性的企业都采用了这种模式。比如，腾讯凭借其积累的资源流聚集和转化能力以及经济基础，构建的O2O平台生态系统即是如此。

②先线下后线上模式。所谓先线下后线上模式，就是企业先搭建起线下平台，以这个平台为依托进行线下营销，让用户享受相应的服务体验，同时将线下商业流导入线上平台，在线上进行交易，由此促使线上线下互动并形成闭环。在这种O2O模式中，企业需自建两个平台，即线下实体平台和线上互联网平台。B2B电子商务的基本结构是：先开实体店，后自建网上商城，再实现线下实体店与线上网络商城同步运行。在现实中，采用这种O2O模式的实体化企业居多，苏宁云商所构建的O2O平台生态系统即是如此。

③先线上后线下再线上模式。所谓先线上后线下再线上模式，就是先搭建起线上平台进行营销，再将线上商业流导入线下，让用户享受服务体验，然后再让用户到线上进行交易或消费体验。在现实中，很多团购、B2B电商等企业都采用了这种O2O模式，比如京东商城。

④先线下后线上再线下模式。所谓先线下后线上再线下模式，就是先搭建起线下平台进行营销，再将线下商业流导入或借力全国布局的第三方网上平台进行线上交易，然后再让用户到线下享受消费体验。这种O2O模式中，所选择的第三方平台一般是现成的、颇具影响面的社会化平台，比如微信、微淘、大众点评网等，且可同时借用多个第三方平台，这样就可以借力第三方平台进行引流从而实现自己的商业目标。在现实中，餐饮、美容、娱乐等本地生活服务类O2O企业采用这种模式的居多。

10.2.2 平台型商业

平台型商业模式是指依托一定的技术手段，连接供应者和需求方以及其他各方，为他们提供互动机制，满足所有参与各方的需求，并从中获得盈利的商业模式。平台是双边市场、多边市场的产物，它必须借助移动互联网的优势。平台经济的特点是开放、服务最大化，并提供部分免费服务。平台型商业模式有两个特定，一是网络效应，即使用该平台的人越多，该平台给每个参与者创造的价值就越大；二是双边市场效应，即平台通过提供良好的硬件和软件环境，借助有效的数据处理能力、资源整合能力、协同管理能力来为平台的参与者服务，帮助他们实现价值。

平台经济是双边市场、多边市场的产物，开放和服务最大化是其本质特点和核心优势，"免费"只是开放和服务最大化带来的边际效应。360杀毒软件、百度、搜狐、新浪、网易的搜索引擎，无不凭借数字化的特有优势，通过免费的成功导流，获得了海量的用户。在互联网和物联网年代，某种意义上，拥有了用户就拥有了定价权。

10.2.3　长尾经济

工业经济时代，生产规模越大，单位成本就越低，效益则越好，这就是规模经济。规模化量产、产品品类相对集中，是制造业获利的重要手段。反之，产量少、品类多，制造型企业就难以生存。而数字经济时代，出现了新的市场规律：品类多、产量少，企业整体还是可以获利，尤其是软件类、服务类企业，这就是长尾经济。

长尾经济或称为小众经济的新型商业模式能够在数字经济中出现，有其必然的原因。大数据、云计算、人工智能、物联网等数字技术的广泛应用，使得生产定制化、柔性化、个性化，改变了传统经济中批量化和标准化的现状，使得市场更加细化，市场精密度达到了传统经济无法想象的地步，这就为长尾经济或小众经济的出现提供了基础保障。科技创新将大规模市场转化为无数的利基市场，只要存储和流通的渠道足够大、足够多，小众商品的经营者仍然可以通过自己的能力和努力，与大型公司争夺市场、争夺客户。例如，在线音乐零售商 Rhapsody 网站的日常下载量中一小部分为少数畅销音乐，而另一大半则为小众音乐所包揽。

长尾经济给企业带来新的利润收入渠道，以亚马逊为例，有超过10万个独立卖家在其网站上开店自行销售，大大增加了亚马逊的产品种类，使其迅速获得了长尾市场强大的"尾部"力量。这些第三方卖家给亚马逊带来了40%以上的营业收入。一家大型书店通常可摆放10万本书，但亚马逊网络书店的图书销售额中，有四分之一来自排名10万以后的书籍。这些"冷门"书籍的销售比例正在快速增长，预计未来可占销售总量的一半。从前在传统渠道卖不动的书，在网店的销量很好。再以谷歌的广告业务为例，Google AdSense 携手以百万计的中小型网站和个人网页，大大降低了广告业务的门槛。在需求侧，做广告不再高不可攀，可以自助操作、价格低廉，谁都可以做广告，通过个性化定制的广告服务，形成了长尾广告市场。

长尾经济是数字经济中一个非常特殊且有巨大发展前景的新型商业模式，各项新型的数字技术，极大细化了市场需求，改变了传统的产品设计、研发、仓储、上架、销售等流程，突破了产品从研发到销售整个过程存在的一些限制，使得工业经济中的规模经济、批量化生产等约束有所减弱，从而极大激发了广大经济参与者的生产和经营的积极性，极大提高了整个社会的效率，为数字经济的继续发展作出了重要贡献。

小结

本章介绍了数字经济中的商业创新模式。首先介绍了商业模式的概念，传统商业模式在数字经济中受到的冲击。

接下来介绍了数字经济通过价值链和经营形式等方面如何改造传统商业模式，重点是数字经济的种种新的特征起到的作用。然后介绍了主要的几种商业创新模式，如O2O、平台型商业、长尾经济和小众创业等。

思考题：

1. 如何理解商业模式，商业模式的主要要素有哪些？
2. 传统商业模式在数字经济中受到了哪些冲击，试着结合一个具体的数字技术做一分析。
3. 详细介绍O2O的含义，并以具体的例子做分析。
4. 什么是长尾经济，如何理解数字经济中的长尾经济。
5. 如何理解区块链对小众创业的作用。

参考文献

[1] 麻元元，秦成德，刘杨林．网络经济学基础［M］．北京：清华大学出版社，2008．
[2] 钱志新．数字新经济［M］．南京：南京大学出版社，2018．
[3] 马化腾，孟昭莉，闫德利，等．数字经济［M］．北京：中信出版集团，2017．
[4] 宋爽．数字经济概论［M］．天津：天津大学出版社，2021．
[5] 刘培刚，等．网络经济学［M］．上海：华东理工大学出版社，2014．
[6] 汤潇洒．数字经济［M］．北京：人民邮电出版社，2019．
[7] 马文炎．数字经济2.0［M］．北京：民主与建设出版社，2017．
[8] 熙代．区块链经济学［M］．北京：机械工业出版社，2019．
[9] 管同伟．金融科技概论［M］．北京：中国金融出版社，2020．
[10] 王佑强，涂晶．区块链改变未来［M］．北京：人民日报出版社，2020．
[11] 陈义佳，蔡天琪．区块链商业思维［M］．北京：中国财政经济出版社，2020．
[12] 赵立斌，张莉莉．数字经济概论［M］．北京：科学出版社，2020．